寂夜强音

成都进步报刊档案研究

成都市档案馆 编

巴蜀书社

图书在版编目（CIP）数据

寂夜强音 ：成都进步报刊档案研究 / 成都市档案馆编. —成都 ：巴蜀书社，2021.6

ISBN 978-7-5531-1479-8

Ⅰ. ①寂… Ⅱ. ①成… Ⅲ. ①报刊-新闻事业史-研究-成都-现代 Ⅳ. ①G219.296

中国版本图书馆CIP数据核字（2021）第091809号

JIYE QIANGYIN CHENGDU JINBU BAOKAN DANGAN YANJIU

寂夜强音——成都进步报刊档案研究

成都市档案馆　编

责任编辑　徐庆丰
出　　版　巴蜀书社
　　　　　成都市槐树街2号　邮编 610031
　　　　　总编室电话：（028）86259397
网　　址　www.bsbook.com
发　　行　巴蜀书社
　　　　　发行科电话：（028）86259422　86259423
经　　销　新华书店
印　　刷　成都市金雅迪彩色印刷有限公司
版　　次　2021年6月第1版
印　　次　2021年6月第1次印刷
成品尺寸　210mm × 285mm
印　　张　13.75
字　　数　200千
书　　号　ISBN 978-7-5531-1479-8
定　　价　80.00元

《寂夜强音——成都进步报刊档案研究》编委会

前言

所谓进步报刊，一定是勇于追求真理、捍卫正义，为揭露和批判落后腐朽的事物和现象而呐喊；敢于报道实情、传播真理，为伸张公理、促进社会进步而振臂疾呼；是关怀民生、服务民众，为社会广大人群绘制美好愿景……翻开成都近现代历史，可以清楚地看到，不断涌现的进步报刊为推动成都地区社会进程发挥了重要的作用。

在不同时代和同一时代的不同阶段，进步报刊有不同的内涵和特点：在新文化运动时期，进步报刊宣传反帝反封建，倡导民主科学，传播马克思主义，歌颂十月革命；在新民主主义革命时期，在中国共产党的影响感召和直接领导下，进步报刊如雨后春笋，蓬勃而出。在大革命和土地革命时期，它坚持反帝爱国，拥护国共合作，反对军阀暴政，宣传红色苏维埃；在抗日战争时期，它揭露日寇罪行，宣传全面持久抗战，讴歌抗日将士英勇事迹；在解放战争时期，它反内战、反独裁、争民主，揭露国民党腐败，歌颂解放区民主政治，宣传解放战争胜利进程。

进步报刊坚持真理、伸张正义、引领方向、鼓舞斗志，它是一道划破黑夜的闪电，是一声冲破寂夜的惊雷！《国民公报》立论公正，报道求实，勇于揭露鞭挞社会弊病。《戊午》提出“世界大同”，介绍马克思主义和《共产党宣言》。《川报》反对封建礼教，提倡女权，抨击军阀混战。《星期日》成为成都地区传播新思想的“急先锋”。《人声》更提出“直接以马克思主义的基本要义，解释社会上一切问题”。《工友》介绍工人境况，唤醒工人觉悟，推动工人运动发展。《野火》以燎原之势，让“社科社”成为成都地区人数最多、规模最大、活动最有效的学生组织。《四川晓报》成为照亮黑暗成都的革命灯塔。《大声》是宣传党的抗日民族统一战线的“喉舌”。此外还有倡导言论自由，反内战、反迫害、争民主，号称“民主堡垒”的《华西晚报》，以及用鲜血和生命迎接成都解放的《火炬报》……

进步报刊的发行必然会遭遇腐朽落后势力的歪曲和指责，更遭致种种限制、停刊和查封。他们对进步报刊实施严苛的新闻检查，对进步报人加以政治、经济压迫乃至血腥屠杀。为此，进步报人为他们神圣而伟大的事业付出了巨大的牺牲，他们承受着经费拮据、生活贫困、环境险恶、死亡威胁，还有许多进步报人为坚守真理、伸张正义、改造社会付出了宝贵的生命。

20世纪初清王朝《报馆条规》《大清报律》规定，办报必须经警署批准，严禁“诋毁宫廷”“淆乱国体”。1914年袁世凯颁布的《报纸条例》使其钳制舆论、控制新闻的暴行合法化。此后国民政府颁布了《宣传品审查条例》《民国政府出版法》《战时图书杂志原稿审查办法》《四川省印刷业条例》《成都市出版品审查取缔规则》《成都市非常时期取缔反动书刊小组组织及取缔审查办法》等数十种法规，限制出版、钳制文化、压制民主、镇压革命。《四川学生潮》被成都卫戍司令部以“著述思想过新”“影响治安”为名查封，《川报》因宣传进步思想被四川军阀杨森查封，《半月》因反对当局限制女子剪发被查封，《华西日报》因宣传民主、反对独裁被停刊，《力文》因“言论极为反动”被禁声。此外，《活路》《战旗》《战时学生旬刊》《星芒》被当局以“未立案”的借口停刊。《大声》在发行的三年中，三易其名，四次被查封。

进步报刊办报人还遭到反动政府和军阀的残酷杀害。四川军阀借贵州军阀之手杀害了王右木。袁诗荛、李正恩、钱芳祥、龚堪慎等报人牺牲于四川军阀制造的“二一六”惨案。国民党当局借“抢米事件”查封《时事新刊》，杀害记者朱亚凡于成都新西门。为办进步报刊牺牲的还有谭德政、谢荣华、洪宗希、薛特恩、徐佑根、罗世文、车耀先、陈子涛、王白与、唐征久、秦世禄等等。他们在为民疾呼、为民启智、为民服务的道路上，树立了一个个不朽的丰碑。

奋斗百年路，启航新征程。为庆祝中国共产党成立100周年，成都市档案馆积极探索创新，推动党史学习教育，深挖馆藏，筛选出民主革命时期，特别是新民主主义革命时期具有代表性的红色进步报刊相关档案资料，以原始真实的档案为凭，生动反映特殊时期红色进步报刊的艰难创办，以及在新民主主义革命斗争中发挥的重要舆论宣传作用，以此充分发挥红色档案资源的教育作用，推动党史学习教育走深走实，激励人们知史爱党、知史爱国，践行“不忘初心、牢记使命”，以昂扬姿态奋力开启全面建设社会主义现代化国家新征程！

编委会

2021年3月

CONTENTS

目 录

第二篇

第三篇

第一篇 新文化运动前后和中国共产党创建时期报刊

王右木

辛亥革命推翻了几千年的封建帝制，清政府的各项禁令被取缔，民众的思想得到极大解放，《国民公报》《大汉国民报》《报选》《女界》《醒群报》等十余种报刊，它们或宣传变法图强，或倡导妇女解放，或宣传民主共和，或启迪民智。

1915年9月，以陈独秀创办《青年杂志》为标志，全国各地掀起了以民主和科学为旗帜，向封建思想、道德、文化宣战的新文化运动。到五四运动前后，新文化运动在成都更加蓬勃发展，一大批革命进步青年投身其中。他们创办许多进步刊物，提倡民主科学，抨击封建礼教，反对军阀暴政，倡导男女平等，宣传马克思主义。

1918年创办的《川报》发表了许多反对封建礼教，提倡女权，揭露军阀罪恶的文章。五四期间，《川报》驻京记者王光祈从北京发回大量北京五四运动的通讯，在成都学界引起强烈反响。《戊午》在1919年9月发表了日本学者河上肇的《马克思社会主义之理论体系》，重点介绍马克思的《共产党宣言》。四川公立外国语专门学校创办的《威克烈》以“阐明真理，介绍新思潮为宗旨”。四川省学生联合会的《四川学生潮》宣传新文化，反对封建思想，揭露军阀罪恶，宣传“劳工神圣”，倡导男女平等，揭露教育黑暗。

《半月》发文赞颂十月革命是“世界革命的先声”“轰轰烈烈、沸腾了全世界”，大声倡议“中国效（仿）俄国”。

1922年2月7日，四川第一份全新的、公开系统地宣传马克思主义，宣传社会主义运动的革命报纸——《人声》报在成都诞生。王右木在其创刊号上旗帜鲜明地提出“直接以马克思主义的基本要义，解决社会上一切问题”，明确地把马克思主义理论作为中国革命的行动指南。

1

《国民公报》

1912年4月，《中华国民报》与《四川会报》合并在成都出版《国民公报》。社长汪象荪，编辑陈少松、沈峰，经理谢翼谋、向竹贤，发行人谢翼谋，主笔李澄波。发行所初设于成都总府街163号，成都聚昌公司承印。

《国民公报》设社论、代论、时事小言、选论、专电、公电、政令、时评以及国际国内本省新闻等版面，同时分小说、文苑、杂俎、来函等栏目，融新闻性、知识性、趣味性为一体，初期销售量就高达二万余份。

《国民公报》立论公正，报道求实，敢于揭露社会弊病，得到时任四川省省长张澜先生的肯定。《国民公报》更以反映时政要闻，消息多快新，内容全面丰富而享有盛誉。1916年4月，还刊登了声讨袁世凯称帝的系列文章《勉死》。

五四运动前夕，《国民公报》刊登许多介绍马克思主义和俄国布尔什维克主义的文章。1919年4月23至27日，《国民公报》转载了《晨报副刊》《近代社会主义鼻祖马克思之奋斗生涯》，介绍马克思的生平和他为共产主义事

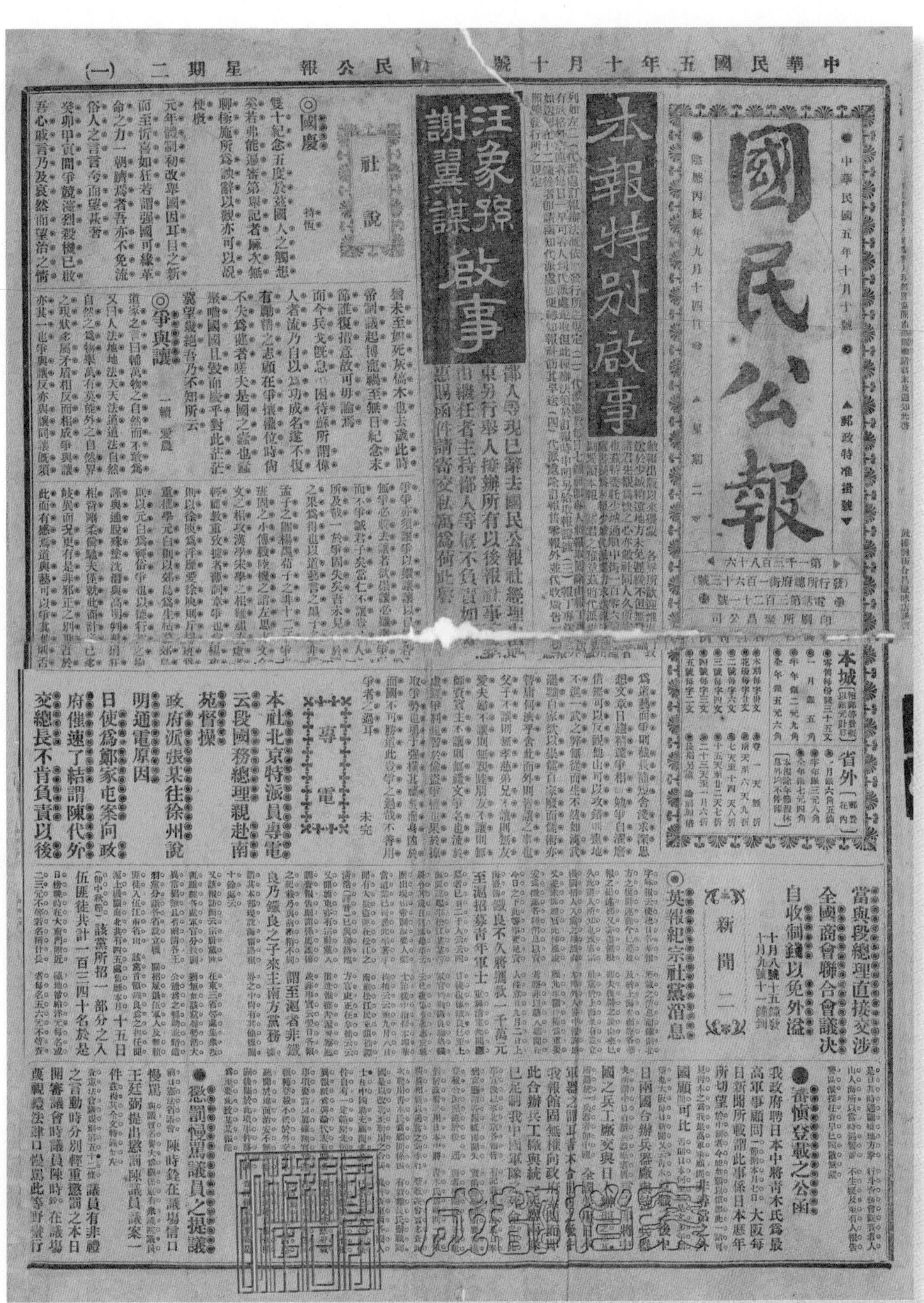

中華民國五年十月十號 國民公報 星期二 (一)

國民公報

本報特別啟事

汪象孫 謝翼謀 啟事

社說

◎國慶

◎爭與讓

專電

本社北京特派員專電云段國務總理親赴南苑督操

政府派張某往徐州說明通電原因

日使爲鄭家屯案向政府催速了結謂陳代外交總長不肯負責以後當與段總理直接交涉

全國商會聯合會議決自收銅錢以免外溢

新聞 二

英報紀宗社黨消息

審慎登載之公函

懲罰慢罵議員之提議

1916年10月10号《国民公报》

业而奋斗一生的事迹，感悟马克思写《资本论》的艰辛，称赞《资本论》为“空前绝后之名著”，是近代社会主义者的“圣经”。文章同时还附有马克思夫人给朋友的信，以深沉的感情叙述了马克思不畏强暴、坚守贫穷、百折不挠地研究社会主义，献身人类幸福的高尚品德。文章最后写道：“孟子曰，天将降大任于斯人也，必劳其筋骨，饿其体肤。而马氏之大著作告成，就于此种境遇之中，此殆天所以造就马氏者也。”

同年4月29日的《国民公报》又刊载《我对于反对新青年者之希望》，对那些所谓代表四川“七千万人拒绝社会主义、拒绝共产主义”，甚至像泼妇骂街地胡说“倡导共产主义之说，即懒人之要义也”，是“欲共他人产业，是流氓思想，强盗心肠”的人，给予尖锐而有力的回击。

同年5月13日至16日，《国民公报》又连续转载了《布尔什维克主义之解释》指出：“布尔什维克主义就是马克思主义”“马克思的学说在现代各种社会新思潮中，可算得上最稳健的主张，最有科学的基础”。同时还介绍了列宁在1918年1月全俄中央执行委员会上提出的《被剥削劳动人民权利宣言》，说：“这个宣言里面，很可注意的地方，就是劳农政府组织民族的联邦国的主张。”

同一时期的《国民公报》还以《欧战常识》为名连续刊载《何为过激党》，介绍了所谓过激党的起源，列宁的革命活动和十月革命的成功，同时节录列宁发表在《纽约时报》的文章及全俄苏维埃中央执行委员会的施政纲领。

1919年5月30日至6月12日，《国民公报》再次连续转载《俄国过激派之研究》，明确提出俄国过激派就是马克思主义派，同时介绍了科学社会主义的四个特点。同年12月24日，《国民公报》又刊登了《马克思小传》，重点介绍了马克思生平及其组织国际共产主义同盟和发表《共产党宣言》，对世界革命产生的重要影响。

《国民公报》刊登的这些关于马克思主义和布尔什维克主义的文章，比较系统地介绍马克思和科学社会主义，介绍十月革命的胜利与苏俄的大政方针，批驳了人们对马克思主义和布尔什维克主义的种种曲解，初步划清了共产主义和无政府主义的界线，并且指明了社会主义是人类发展的必然规律。这些革命宣传对当时的成都社会产生了巨大的影响。

1924年4月19日，《国民公报》刊载的《社会主义研究会等追悼列宁会公启》说："今宇内诸邦，南北各省，闻此噩耗，莫不累念哲人，同申哀悼。我成都市民在国际帝国主义、武人封建政治压迫之下，对于反对强权、改造社会之先觉逝世，能不敬致哀悼，且自激励！同人等爰定于五月一日午前九钟在少城公园外交运动场开会追悼，并于是日整队游行，用昭纪念领袖，使群众有所矜示，于兹会集。"

1935年5月16日，《国民公报》在成都停刊，此后又于1936年8月1日在重庆复刊，直到1950年2月6日终刊。

1922年6月12日，成都卫戍总司令部、陆军第三军司令部给四川省会警察厅* 就《国民公报》登载“四川社会主义青年团宣言”一事的训令

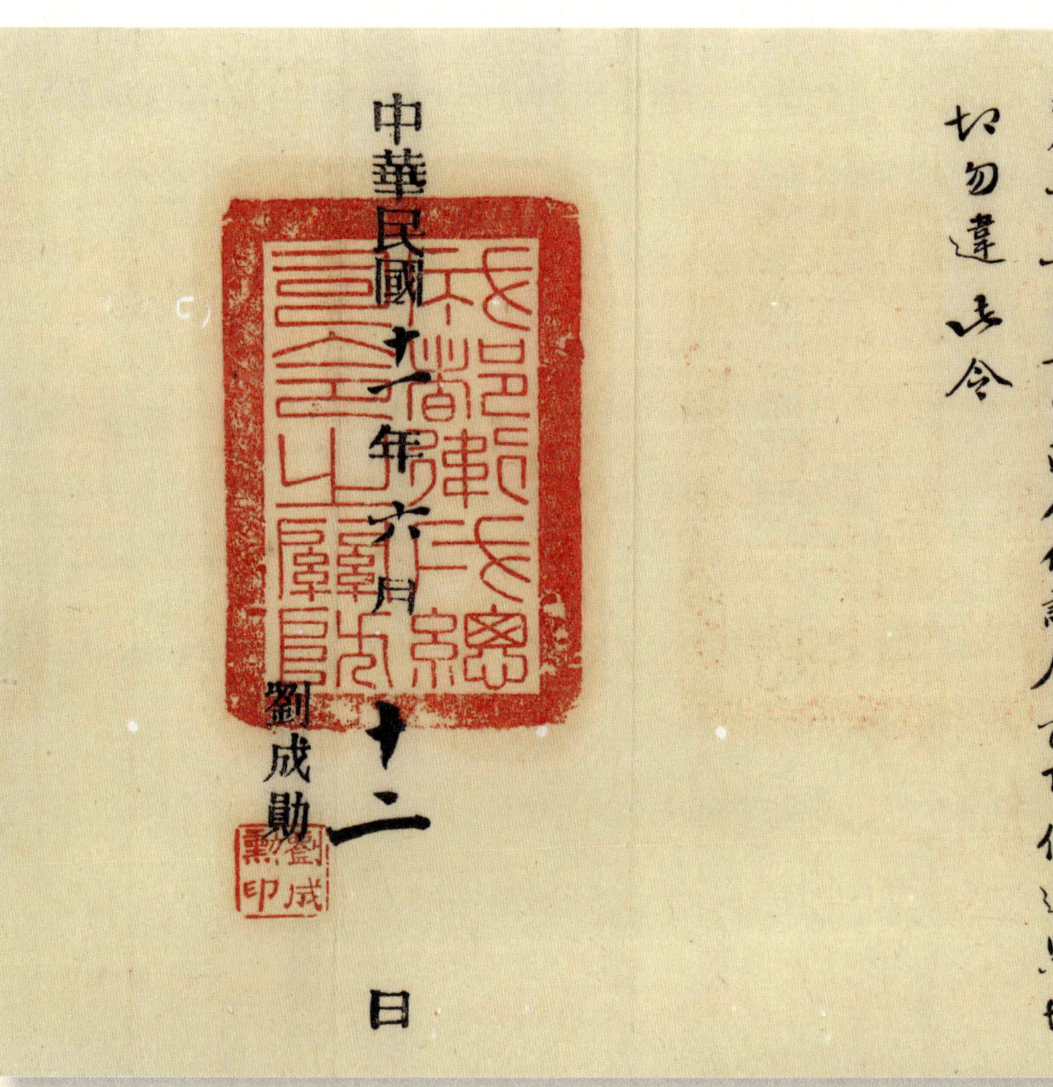
者嚴行取消毋使流布以維秩序而遏亂
萌是為至要為此令仰該廳長即便遵照切
切勿違此令
中華民國十一年六月十二日
劉成勳

*四川省会警察厅

自1903年成都设立警察机构到1949年的四十余年间，其名称先后经历了警察总局、四川通省警察总局、四川警务公所、四川军事巡警总厅、四川省会警察厅、成都市公安局、四川省会公安局、四川省会警察局等十数次变更，有时甚至还有两个警察机构名称并存的情况，本书均以档案中出现的警察机构名称加以标注。

档案解读

1922年6月11日，《国民公报》“新闻栏”刊载了《四川社会主义青年团宣言》，结合其在新文化运动和五四运动期间，对马克思主义、俄国十月革命的大力宣传，我们可以看出《国民公报》对社会主义的认同。

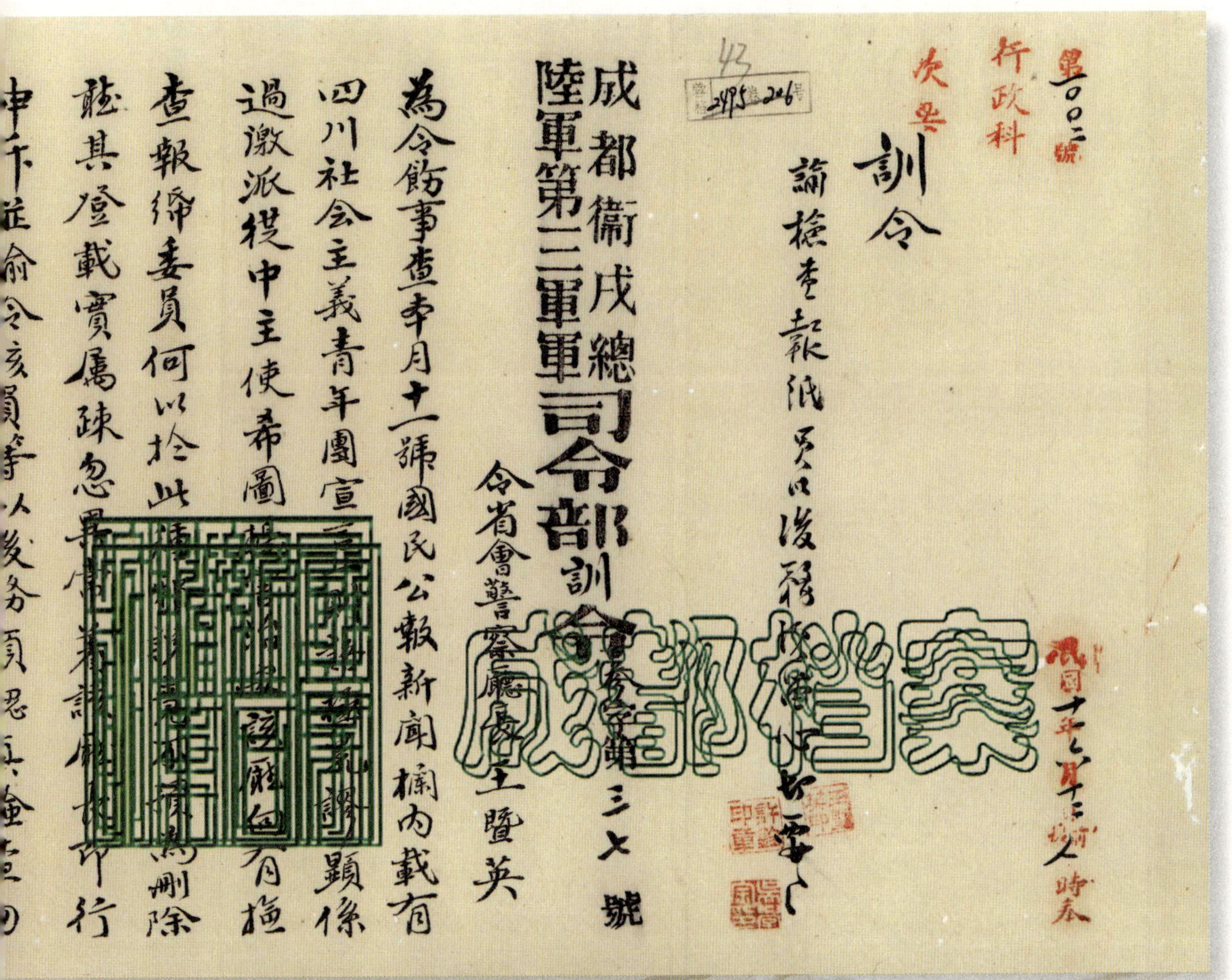
成都衛戍總司令部
陸軍第三軍軍部訓令

訓令

令省會警察廳廳長王暨英

為令飭事查本月十一號國民公報新聞欄内載有四川社会主義青年團宣言……顯係過激派從中主使希圖……

四川社會主義青年團宣言

1922年6月11日，《国民公报》发表的《四川社会青年团宣言》

图片解读

1922年4月，《中国社会主义青年团临时章程》在《先驱》杂志刊发后，王右木和马克思读书会成员童庸生、钟善辅、李硕勋、阳翰笙等，按照《临时章程》的要求，在成都自发成立了四川社会主义青年团，并于1922年6月11日在《国民公报》上发表了《四川社会主义青年团宣言》。

1922年7月中旬，王右木到上海与中国共产党、社会主义青年团负责人施存统、张太雷、陈独秀等会晤。团中央将《社会主义青年团大会号》给王右木，委托他回四川建立和发展社会主义青年团组织。同年10月15日，中国社会主义青年团成都地方执行委员会在成都正式成立。

成都社会主义青年团建立后，遵照团中央关于“深入到工人中去教育、发动工人，建立工人的革命组织”的指示，在积极推进成都学生运动和教育经费独立运动的同时，将工作重点转移到工人运动上来，组织团员们深入到工人群众中去，开办工人夜校，启发工人群众的阶级觉悟和政治觉悟，动员他们组织起来同资本家作斗争，为中共成都地方组织的成立奠定了基础。

2 《戊午》

1918年5月15日创办。负责人是老同盟会员赵铁桥，主编丁鹤唳，发行人路铭松，编辑金赣民。因创办于农历“戊午”年，每周一期，故名《戊午》周报。社址初设成都少城四道街45号。该刊在省内设14个代派处，国内28个，此外还在香港、新加坡、加拿大、纽约、巴黎、东京、伦

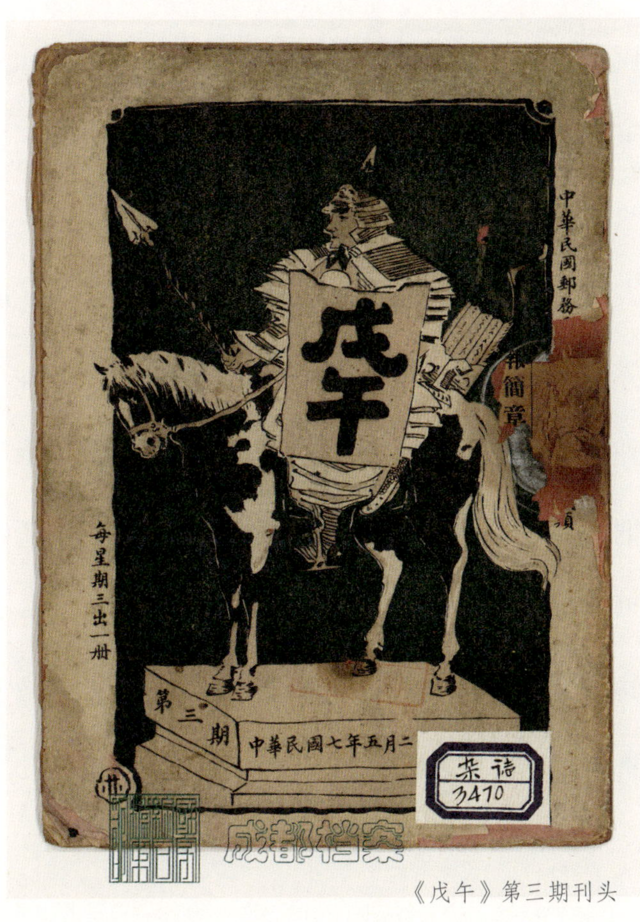

《戊午》第三期刊头

敦等11个国家和地区设有代派处。第一期发行达三万份，巴黎和会期间发行量达四万份。

《戊午》“以广求知友，扩大队伍，救国于存亡危急之秋”为办刊目的，以“针对时势，辨义析理”为主旨，设撰述、评论、译述、谭荟、纪事、文苑、杂俎、小说八大栏目，以政论为主，兼及教育、法律、经济。

《戊午》主要撰稿人有丁鹤唳、剑鸣、胡蔼如、任鸿隽、吴玉章、宋育仁、廖季平、吴虞等。第12期刊登宋育仁的《政法研究学》，第39期刊登吴玉章的《世界和平会议代表人物之商榷》。在第45期刊登的李大钊的《联治主义与世界组织》指出：“社会的根本改造就是一种分裂，也是一种新的组织、新的联合”，号召“组织一个人类的联合，把种界、国界完全打破，这就是人类全体所馨香祷祝的世界大同”。第48期“周年纪念号”发表了孙中山的《国际共同发展中国实业计划书》和胡适的著名散文《不朽》。此外蔡元培等人也曾为《戊午》撰稿。

1919年《戊午》开辟“巴黎和会消息”专栏，发表《欧会日本代表之宣言》等文章，揭露日本帝国主义企图攫取德国在山东特权的企图和野心。更连续七次以《中日新交涉》为题，报道日本驻华使节在北京横行霸道，无耻要求中国承认其在华各种权益等方面的内容。五四运动爆发后，《戊午》发文力主拒签合约，抗争到底。

1919年9月24日，《戊午》“新论”栏目发表了日本学者河上肇的《马克思社会主义之理论体系》，重点介绍《共产党宣言》。

1919年9月1日，《戊午》周报更名为《戊午日报》。社址、总发行所迁至北暑袜街25号，分发行所设在总府街25号。《戊午日报》设公电、要电选录、本社专电、国内要闻、军政汇录、学务汇闻、实业汇闻、省会琐闻、时论、欧美要闻、日本要闻、新论、丛刊、时论等栏目。

3 《川报》

1918年7月1日，《川报》在成都创刊。发行所设总府街成都商务总会内，社址在提督东街46号。李劼人任社长兼总编辑，编辑蒋仲宽。1919年8月李劼人赴法国勤工俭学，报社交由卢作孚主持。

《川报》吸纳了一大批积极拥护新文化运动的人士参加编辑和撰稿，如吴虞、孙少荆、李思纯、穆济波、何鲁之、周光煦、李珩、彭云生、胡少襄等。他们在《川报》发表了大量反对封建礼教，提倡妇女解放，揭露军阀罪恶的文章。同时《川报》十分重视报道省外消息和国内外大事，在各地设派驻记者，如王光祈、周太玄分任驻北京和上海特约记者，曾琦任东京特派记者。

五四运动爆发后，《川报》驻京记者王光祈从北京发回大量关于五四运动的详细报道。5月4日当天，王光祈在参加活动后向成都发回的火烧赵家楼的电报，在5月7日的《川报》简要新闻栏刊出。5月17日，李劼人将王光祈发回的北京五四运动详情通讯的重要句子一一标注，添加了鼓动性的标题并做长篇按语，把北京五四运动的情形加以浓墨重彩渲染后发表于《川报》，立刻在成都学界引起了强烈反响。

5月17日早上，当《川报》投到成都高等师范学校时，同学们正在吃早饭。袁诗荛大步登上饭桌，向同学们高声朗读《川报》上北京五四运动的消息，立刻引起强烈反响。经过热烈讨论，大家决定立即联络成都各校学生响应北京学生的爱国运动。当天上午，成都30多所学校的数千名学生聚集皇城致公堂，商讨声援北京五四运动的共同计划，决定联络各校教职员工筹备成立（成都）“学界外交后援会”，随即举行了讲演游行。

5月22日，成都高等师范学校向北京发出电报，要求释放被捕学生，惩办卖国贼，呼吁巴黎和会的中国代表拒绝在合约上签字。紧接着各校学生举行演讲游行、通电反日、抵制日货，一场轰轰烈烈的爱国运动在成都展开。

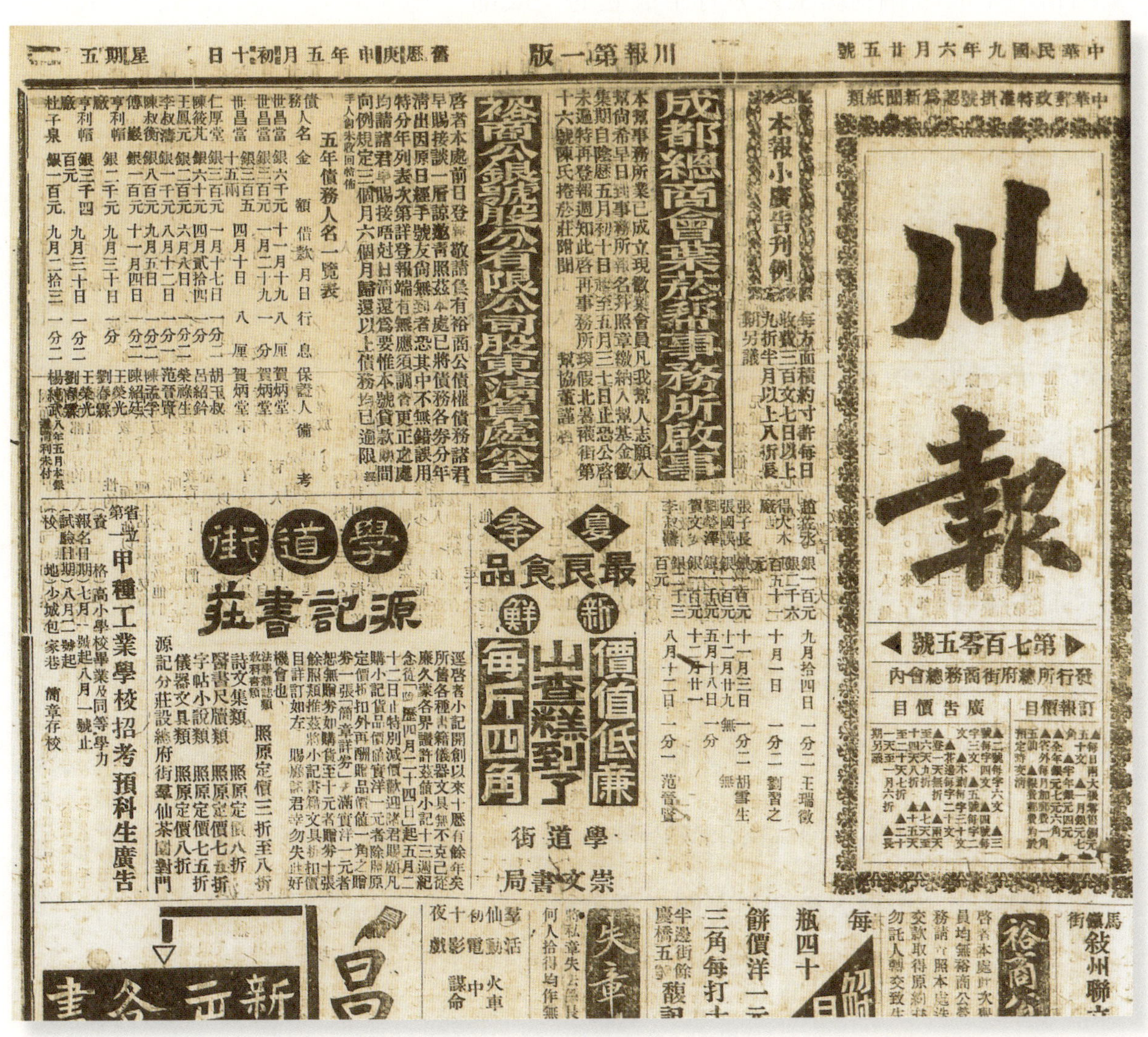
中華民國九年六月廿五號　川報第一版　舊歷庚申年五月初十日　星期五

中華郵政特准掛號認為新聞紙類

川報

第七百零五號

發行所總府街商務總會內

訂報價目　廣告價目

本報小廣告刊例

每方面積約寸許每日收錢三百文七日以上九折半月以上八折長期另議

成都總商會實業裕和事務所啟事

本幫事務所業已成立現徵集會員凡我幫人志願入幫尚希早日到事務所報名并照章繳納入幫基金徵集期自陰歷五月初十日起至五月三十日止恐公啟未遍特再登報週知此啟　再事務所現假北暑襪街第十六號陳氏捲菸莊附設　幫協董謹啟

裕商公銀號股份有限公司股東清算處公告

啟者本處前日登報敬請負有裕商公債權債務諸君早賜接談一層諒邀青照茲本處已將債務各券分年清出因原日經手號友尚無到者恐其中不無錯誤用特分年列表次第詳登報端有無應須調查更正之處均請諸君早賜接晤以清還爲要惟本號貨款期間向例規定三個月六個月歸還以上債務均已逾限

五年債務人名一覽表

學道街　源記書莊

省立第一甲種工業學校招考預科生廣告

夏季　最良食品　新鮮　價值低廉　山查糕到了　每斤四角　學道街　崇文書局

活動電影戲

1920年6月25日《川报》

1922年，《川报》刊登了《俄国红军之调查》《庆祝苏俄革命盛会》《列宁之无产阶级革命观》等宣传苏联和列宁的文章。1923年5月《川报》发文声援成都工人运动，称赞王右木领导、成都共青团地方执行委员会组织的，以长机帮、生绉帮、牛股帮和刺绣工人为骨干成立的“成都劳工联合会”，是“成都破天荒之工人盛举”，是为工人谋利益的“真正工人的工会”。

1923年下半年至1924年初，随着四川军阀间的混战和对民众搜刮的加剧，成都百业凋零、物价暴涨、人心惶惶，人民生活陷入无底深渊。《川报》为此惊呼：“民财竭尽之成都，何堪不断增加款项，这挖肉补疮、敲骨吸髓之举，最后必是骨枯精竭、奄奄就毙，人民何以为生。”《川报》还登载《成都人民泣诉声》《成都商人诉苦声》《小民叫苦连天》等文章，控诉揭露军阀罪行，哭诉百姓涂炭的悲惨生活状况。

1924年，《川报》被四川军阀杨森查封。

1918年6月，四川省会警察厅准予蒋仲宽发行《川报》立案并发给执照的存根

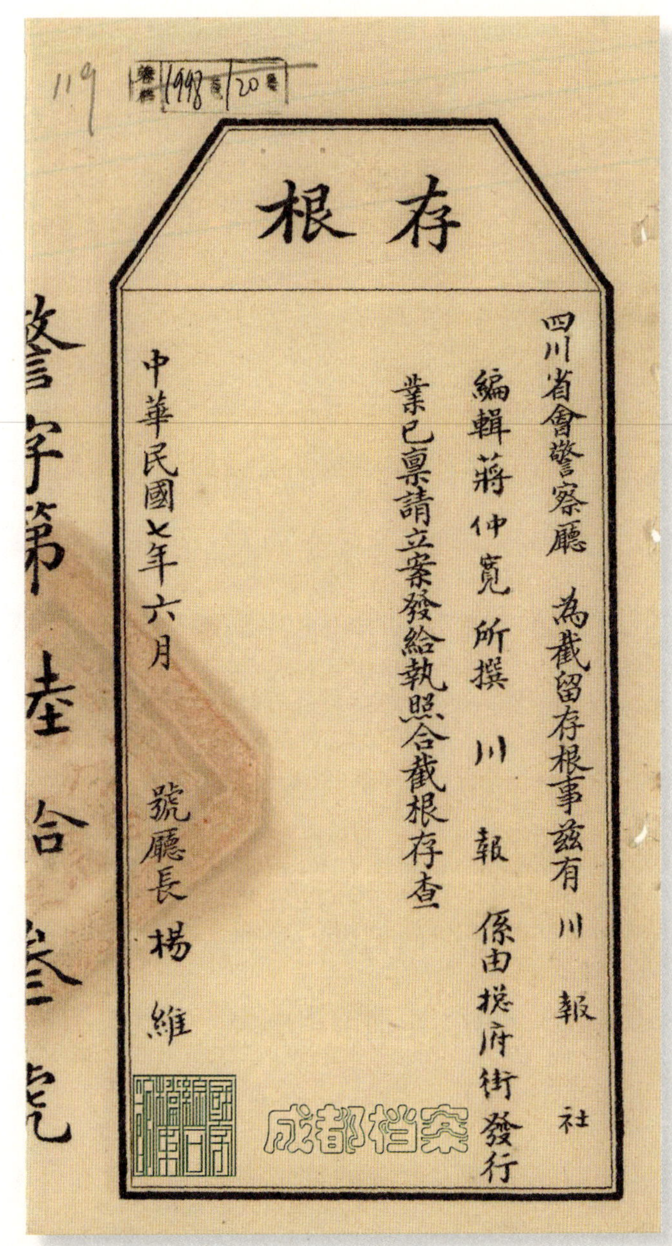

存根

四川省會警察廳　為截留存根事茲有川　報　社

編輯蔣仲寬所撰　川　報　係由揔府街發行

業已禀請立案發給執照合截根存查

中華民國七年六月　號廳長楊　維

档案解读

根据1914年4月袁世凯政府颁行的《报纸条例》第35条规定：“报纸出版须到警察机关登记并交纳保证金；禁止刊登‘淆乱政体’‘妨害治安’和各级官署禁止刊载的一切文字；报纸在发行前须呈送报样给警察机关备案。”

1903年成都成立省城警察总局，其主要职能概括为“保安”“正俗”“卫生”。1912年12月至1928年9月期间称四川省会警察厅，承担了成都地区报刊发行的审查、登记、颁证等主要职能。

4 《星期日》

1919年7月13日，少年中国学会成都分会机关报《星期日》创刊。经理孙少荆，主编李劼人，社址设于成都少城吉祥街8号，成都昌福公司承印。李劼人、孙少荆先后出国后，陈岳安任经理，吴虞为常任编辑。

李劼人在创刊宣言中阐述《星期日》办刊目的说："我们为什么要办这个周报？因为贪污黑暗的老世界是过去了的，今后便是光明的世界，是要人人自觉的世界。可是这里还有许多人困于眼前的拘束，一时摆脱不开，尚不能走到自觉的地步上。如其竟没有几个人来大声呼唤一下，那是很不好的。因此我们才敢本着自家几个少数少年人的精神，来略说一点很容易懂的道理。"

此后，李劼人又在第26期《本报的过去和将来》中进一步阐述《星期日》发刊理由："是为了从这黑暗的世界里，促起人人的觉悟，解脱了眼前的一切束缚，根据着人生的究竟，创作人类共同享受的最高幸福的世界。"

《星期日》大力宣传新思想、新文化，批判旧礼教、旧道德、旧思想。它先后刊登了吴虞的《吃人的礼教》

《说孝》，陈独秀的《男系制与遗产制》，批判封建孝道和男尊女卑，反对纳妾、缠足、贞节，提出婚姻自主、经济独立、男女同等教育、妇女参政、社交公开等主张。

《星期日》还以大量的篇幅揭露“现世界里一切束缚的、阶级的、掠夺的、残酷的有形制度、无形学说、风俗、习惯等等”，以及“自己旧生活里的一切不自由、不平等、不道德、不经济的种种日常生活、精神生活”。

《星期日》大力宣传马克思主义和十月革命，主张在中国实行社会主义。其刊登的《俄国革命后的觉悟》《布尔什维克的教育方针》《社会主义劳动问题》等文章，犹如在成都沉闷政治空气中响起的阵阵惊雷。

王光祈对中国少年学会成都分会和《星期日》出刊给予了极大的帮助和关心。成都分会成立后，他马上以总会执行部主任的名义写信祝贺说：“北京同仁闻分会成立，极慰，望积极进行。”《星期日》创刊伊始，他就通过《少年中国》杂志进行宣传：“《星期

星期日

1919年7月，少年中国学会成都分会机关报《星期日》

日》虽系成都出版的周刊，它的内容形式与北京《每周评论》一样，亦是一种传播新思想的出版物。”王光祈还为《星期日》撰稿并积极约请各界人士投稿，并对《星期日》的出版和发行给予大力的支持。

《星期日》文章旗帜鲜明、切中时弊，它一刊出便引起成都各界的广泛关注。发行量由最初的1000多份，数期后猛增至5000多份，订户由成都及附近县区逐渐扩展到省外。

《星期日》是五四运动后成都地区创办的第一个宣传新思想的刊物，是成都反封建运动的宣传者和急先锋，成为当时与《每周评论》《星期评论》《湘江评论》齐名的刊物之一。

《星期日》先后共出版52期，1920年8月停刊。

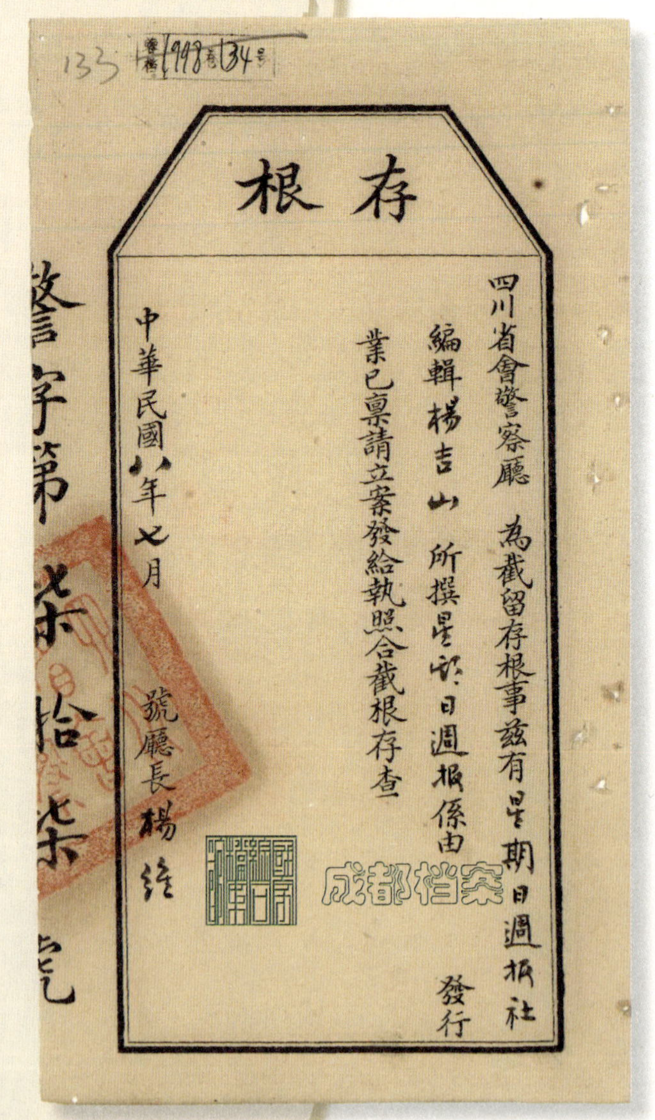
存根

四川省會警察廳 為截留存根事茲有星期日週报社

編輯楊吉山 所撰星期日週报係由 發行

業已稟請立案發給執照合截根存查

中華民國八年七月 號

廳長楊維

1919年7月，四川省会警察厅准予杨吉山发行《星期日》立案并发给执照的存根

1919年《星期日周报社简章》

星期日週報社簡章

第一條 本週報由同人集資組織每星期日發行一張定名為星期日

第二條 本週報以樸實說理公正立言為宗旨

第三條 本週報每星期日暫定發行一張并得酌量增刊

第四條 本週報內容暫分十二類

一社論 二批評 三國內大事記 四國外大事記 五文藝界 六隨想錄 七社會調查 八讀者言論 九通訊 十選錄 十一插畫 十二紹介新刊

第五條 本社內分設編輯發行二部

第六條 本週報暫托印刷公司代印

第七條 本社股東有監督財政之權對於本社辦事方法及報紙內容得盡改良忠告

第八條 本社每年開股東常會一次遇有特別事情得開臨時會

第九條 本社股東對於本週報應盡維持義務用期久遠

第十條 本簡章有未盡事宜得公議修改

星期日週報社訂

档案解读

章程是公司行为的基本准则，公司对股东负有义务，同时股东必须遵守公司的章程并负有义务。

《星期日周报社简章》第一条，本报由集资组成并每星期日发行一张，定名为《星期日》；第二条，本报宗旨是“朴实说理、公正立言”；第四条，周报内容分十二类：社论、批评、国内大事记、国外大事记、文艺界、随想录、社会调查、读者言论、通讯、选录、插画、介绍新刊；第七条，股东有监督财务权利和改良报社事务的义务。

5 《威克烈》

1919年12月7日，四川公立外国语专门学校学艺讲演会创办以“阐明真理、介绍新思潮为宗旨”，探讨学艺、改良教育和社会问题的学艺周刊，定名为《威克烈》（Weekly）即英文周刊之意。主办人为学生邓奎皋、杨铭，编辑邓鸣远，发行人孙鲁予。通讯处设于外国语专门学校稽查处，成都聚昌印刷公司代印。

《威克烈》设社论、译丛、文艺、批评、读者言论、名人演说、选载和通讯八个栏目，重点讨论学校改革问题，包括废除学期考试，质疑操行考核，招收女生，废除女校，女子剪发等。其言论激烈、富于锋芒，深受学生欢迎。

四川公立外国语专门学校是巴金的母校，1920—1922年巴金在该校读预科和本科班（英文）。在校求学期间，他广泛接触西方文学及社会科学，加入《半月》杂志社并参加了一些进步活动，以发表《怎样建设真正自由平等的社会》《被虐者底哭声》等作品开始了他的文学创作生涯。

威克烈
The Weekly Review

1919年12月7日《威克烈》

时任外国语专门学校国文教师的反封建斗士吴虞，被聘担任《威克烈》的编辑工作。在他的鼓动下，学校师生们思想开放，投稿踊跃。吴虞积极写信给在北京的弟弟吴君毅，向蔡元培、胡适之、陈独秀、高一涵、李公度、沈尹默等教育界名人约稿。

1920年6月，《威克烈》在出版第25号后停刊。

1919年11月29日，邓鸣远给四川省会警察厅申请创办《威克烈》的呈文

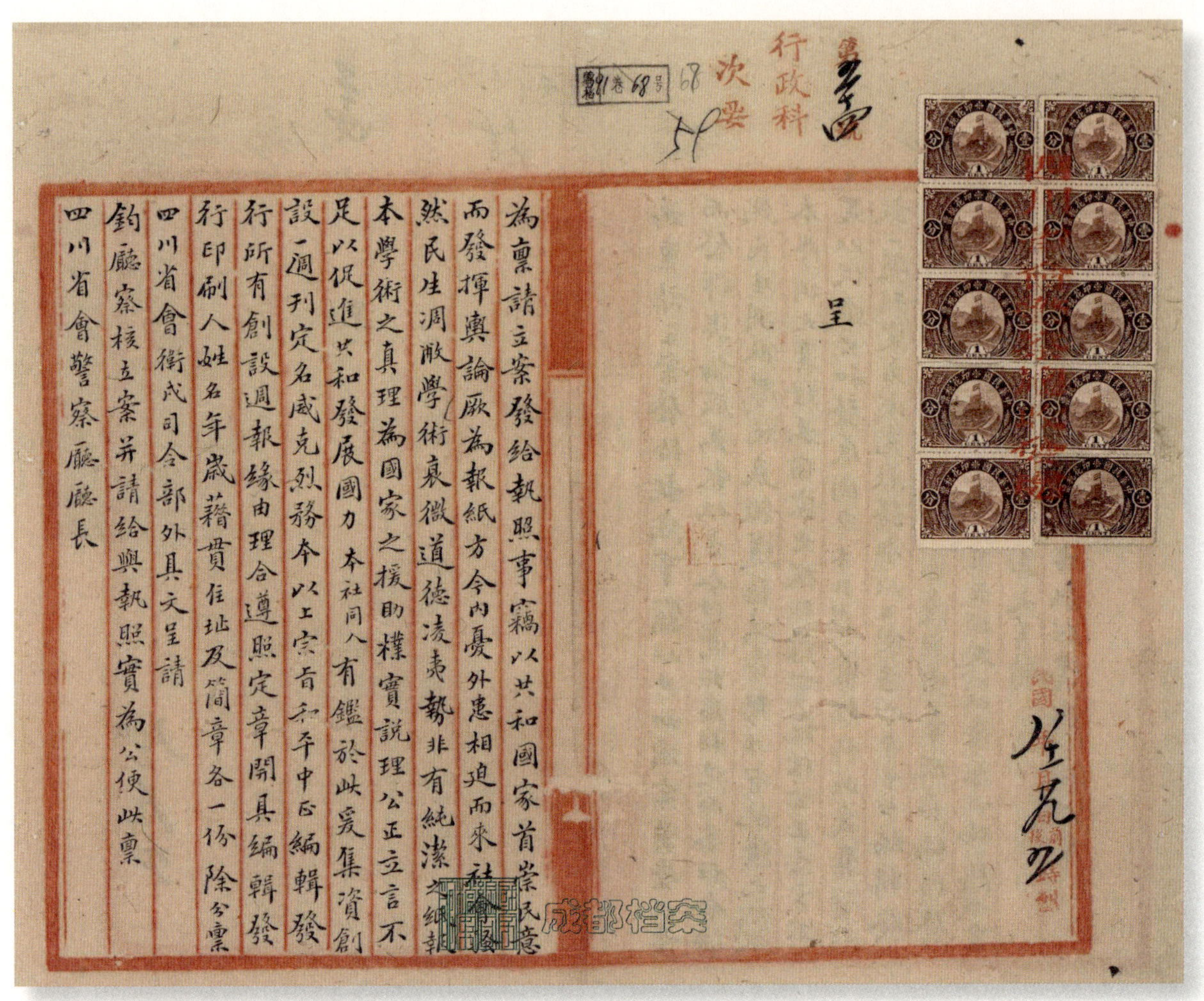

為稟請立案發給執照事竊以共和國家首崇民意而發揮輿論厥為報紙方今內憂外患相迫而來社[illegible]然民生凋敝學術衰微道德淩夷勢非有純潔之[illegible]本學術之真理為國家之援助樸實説理公正立言不足以促進共和發展國力本社同人有鑑於此爰集資創設一週刊定名威克烈務本以上宗旨和平中正編輯發行所有創設週報緣由理合遵照定章開具編輯發行印刷人姓名年歲籍貫住址及簡章各一份除分稟四川省會衛戍司令部外具文呈請

鈞廳察核立案并請給與執照實為公便此稟

四川省會警察廳廳長

呈

档案解读

这是邓鸣远为申请创办《威克烈》立案给四川省会警察厅的呈文。提出创办《威克烈》的宗旨是：“本学术之真理，为国家之援助，朴实说理、公正立言”“促进共和，发展国力”。

申请人根据相关规定“开具编辑人、发行人、印刷人姓名、年岁、籍贯、住址及简章”，在向省会卫戍司令部呈文的基础上，同时呈请省会警察厅立案，颁发执照。

1918年四川“防区制”形成以后，凡控制成都的军阀都成为成都报业的实际管理者，其名曰卫戍司令部、城防司令部、戒烟司令部、警备司令部等。此时四川省会卫戍司令部是成都报业的管理者，省会警察厅负责具体查验颁证。

档案解读

“呈悉（来文收到），该报既为研究学术起见，如不越乎范围以外，自属可行。应准存案备查并随批发给执照一张，仰即承领，仍将收到日期报查。此批。”

该呈文于11月29日下午五时到达，省会警察厅在30日九时审核并拟（批）文，12月1日就完成签发。

1919年11月30日，四川省会警察厅就邓鸣远创办《威克烈》周报一案的批文

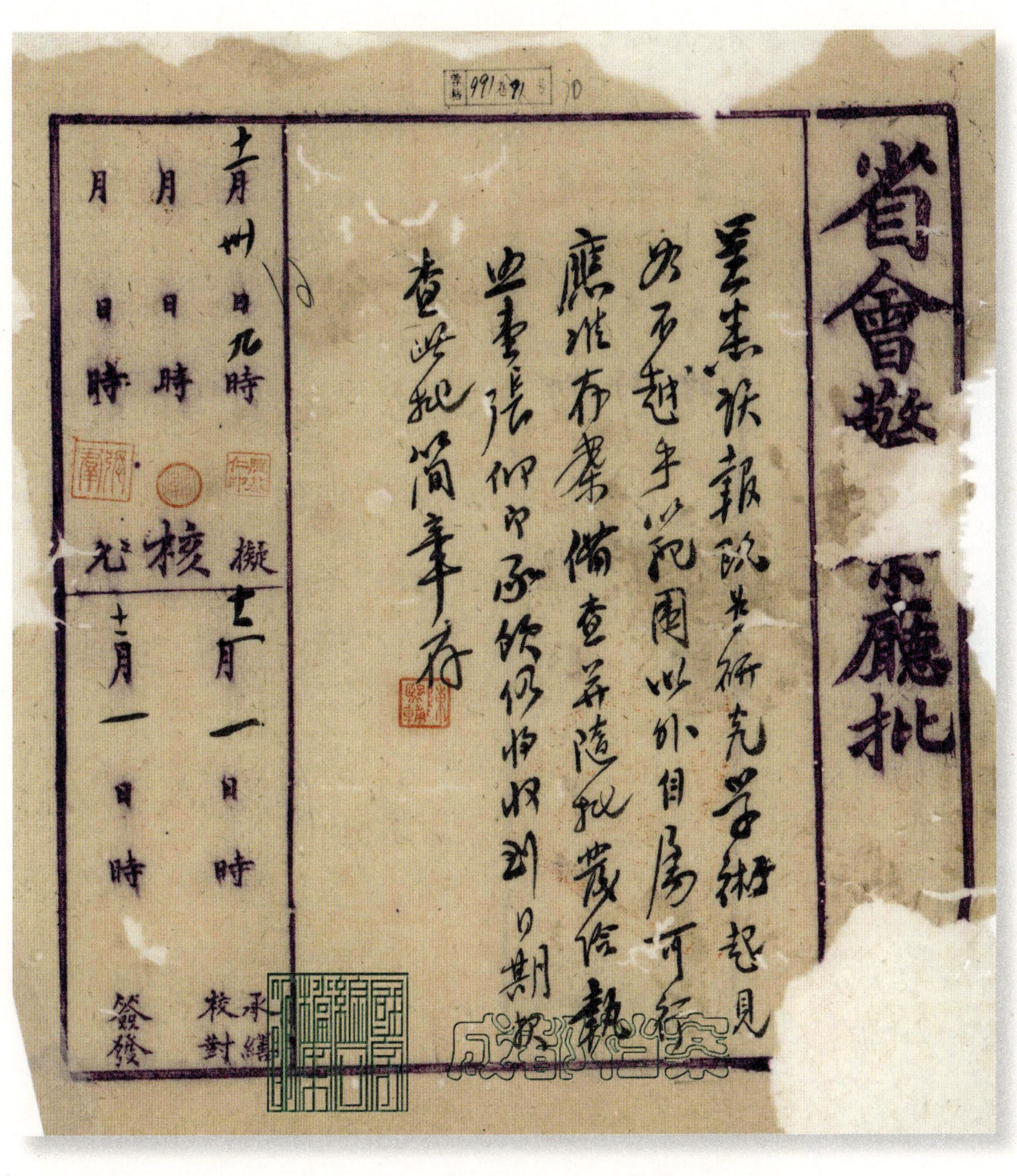

省會警察廳批

呈悉該報既為研究學術起見如不越乎範圍以外自屬可行應准存案備查并隨批發給執照一張仰即承領仍將收到日期報查此批

十一月卅日九時 擬
月 日 時 核
月 日 時 允
十二月一日 時 承繕 校對
十二月一日 時 簽發

6

《四川学生潮》

1920年5月23日，四川全省学生联合会创办会刊《四川学生潮》，由学生自筹经费、自编、自校、自己发行。主编是国立成都高等师范学校学生袁诗荛、王维彻、邓砚僧、钟伯良等，编辑处设于成都老皇城内四川全省学生联合会会所。

《四川学生潮》以“促进文化、改良社会为宗旨”，办报目的是“先唤醒青年，再叫青年去唤醒社会的人”。其内容涉及国内政治、社会生活。文章多为政论，具有反对封建思想、封建制度，宣传新文化的特点，且笔锋犀利，无所忌惮。《四川学生潮》揭露军阀本质，宣传“劳工神圣”，倡导男女平等、支持妇女解放，倡导学术自由，揭露教育界的黑暗。它嘲笑成都绅士“逢迎官兵匪，磕榨农工商”，它敢于怀疑权威、勇于批判师长，甚至把矛头直指成都教育界的“大经师”宋育仁和“大圣人”曾心传。

《四川学生潮》不畏强暴，敢于向恶势力挑战。其第16号《续刊宣言》大声疾呼：“不要怯懦，不要畏缩，不要空谈……要勇毅，要前进，要事实，要践言……这社会的沉溺，你不去拯救，谁去拯救？你不愿作牺牲品，谁去做牺牲品？老朽与暮沉，势力与虚荣，自己该一一洗尽！”

1920年8月《四川学生潮》第10号“男女同学问题”专号，发表了刘砚僧的《绝对的男女同学》和袁诗荛的《好多不知肉麻的省议员！》，以激越尖锐的言辞驳斥四川省议员在男女同学问题上的无知与无理。

四川教育经费独立运动期间，《四川学生潮》连续发表三篇“时事批评”，谴责省议会践踏教育、破坏教育经费独立运动，被成都卫戍司令部以“著述思想过新”“诚恐影响治安”为名一度被查封。《四川学生潮》舆论远播，影响甚广，其观点得到全川各届认同和声援，对四川教育经费独立运动取得胜利，发挥了十分重要的舆论影响，成为五四时期在四川流传甚广、影响极大的重要刊物。

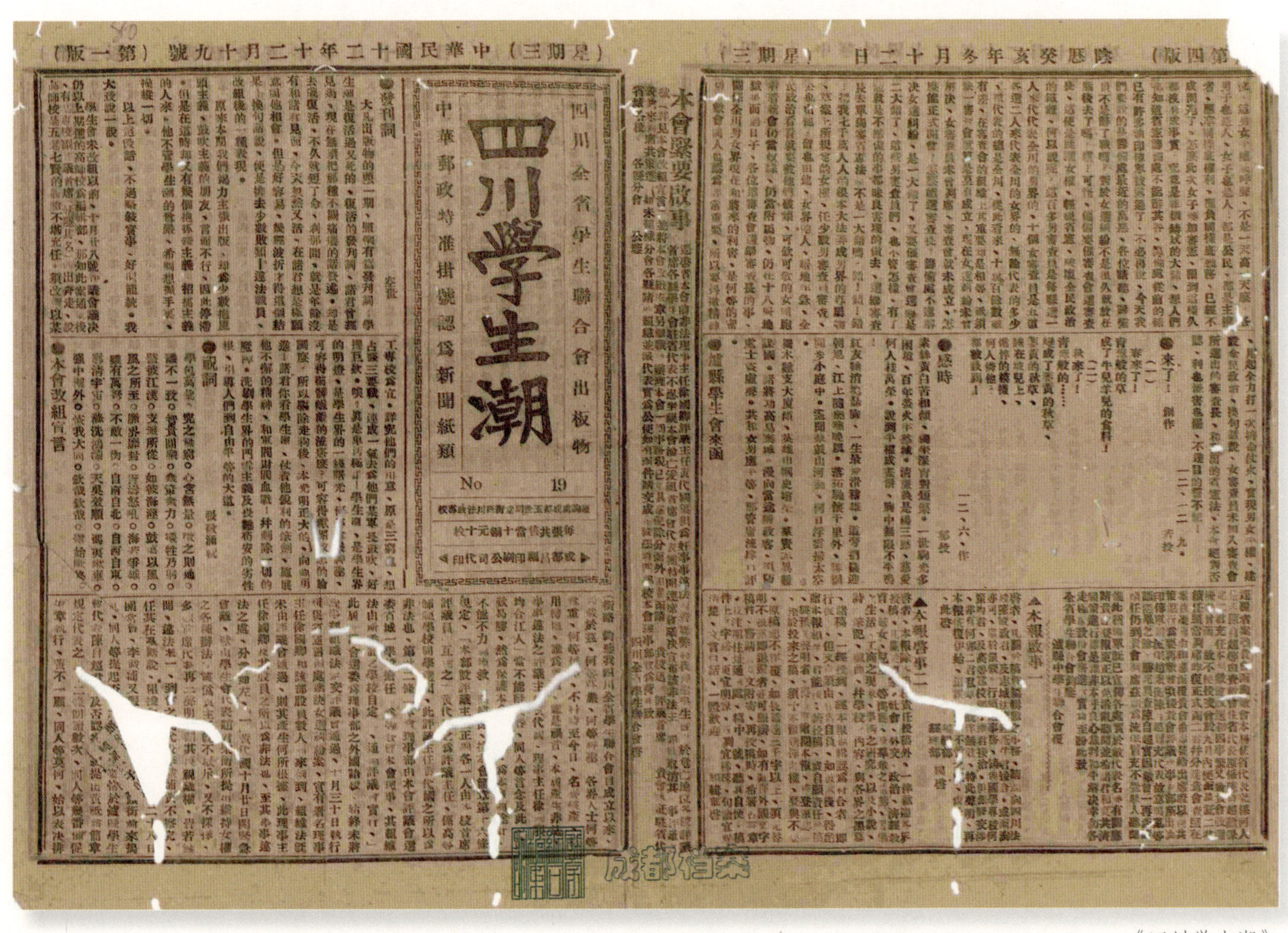

（星期三）中華民國十二年十二月十九號（第一版）

四川學生潮

四川全省學生聯合會出板物

中華郵政特准掛號認爲新聞紙類

No 19

每張共售當十銅元十枚

成都昌福印刷公司代印

發刊詞

祝詞

本會改組宣言

陰曆癸亥年冬月十二日（星期三）（第四版）

本會緊要啟事

感時

建縣學生會來函

本報啟事一

《四川学生潮》

1920年5月22日，四川全省学生联合会向四川省长公署申请发行会刊《四川学生潮》周报的呈文

档案解读

四川全省学生联合会向省长公署呈文说，为“传播文化、改良社会，启沃（开导）民智”，我们申请开办会刊《四川学生潮》。本刊的宗旨是“警觉国民，促进文化，改革社会恶习”，不会涉及“政党军务”，请省长公署向省会卫戍司令部通报以免除“特别时期”的“检察”。本刊已在本月23日出版，请备案。同时附送《简章》一份。

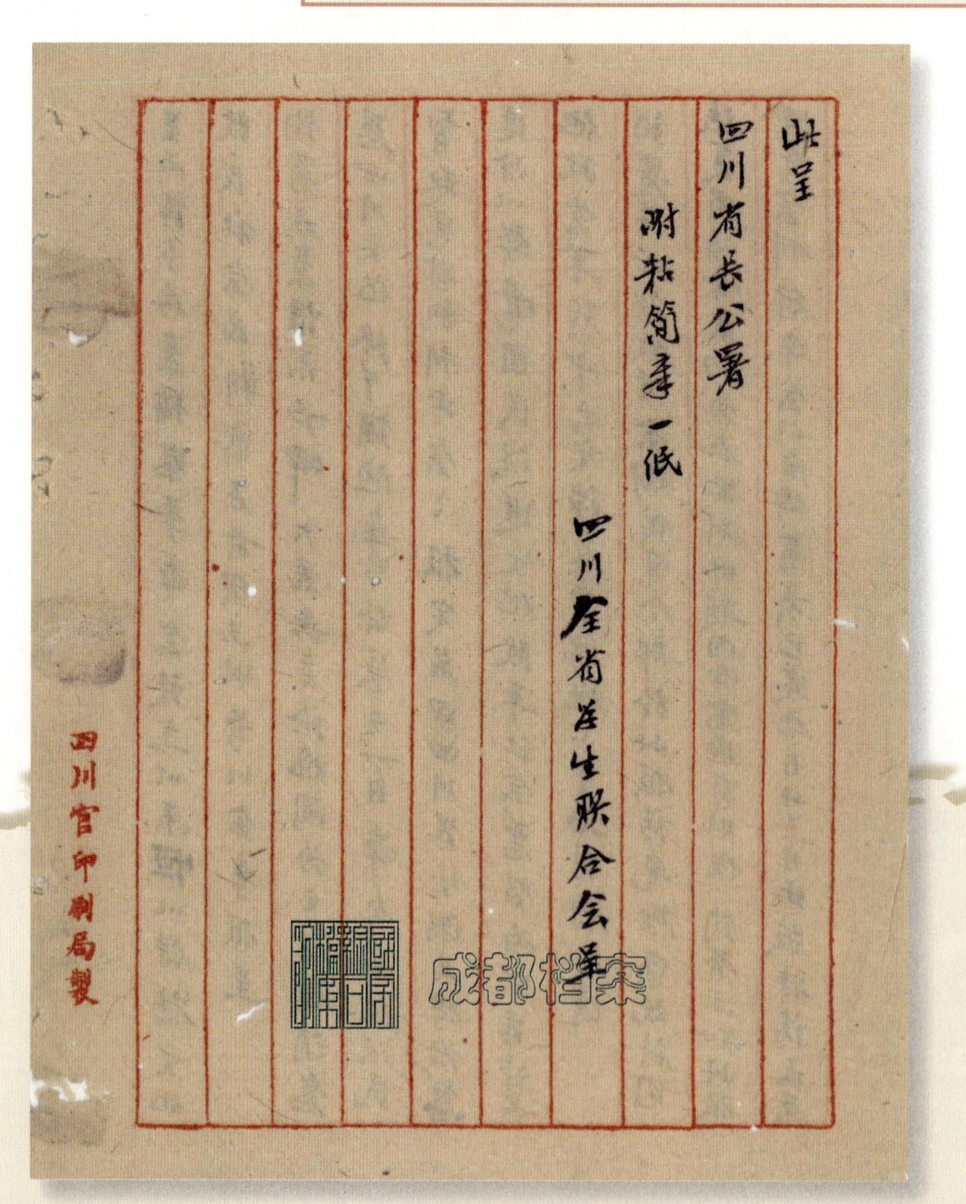
此呈
四川省長公署
附粘簡章一紙
四川全省学生联合会呈
四川官印刷局製

呈为请予存案备察事本会设立以来恒以传播文化
改良社会为蕲向在前成立时曾以会章报呈
钧署在案惟亦乃律大差無言论机关为之转输消息
恐四川文化终于锢陋无以发展之日本会为启沃民
智起见特创刊本会之报定名曰四川学生潮其持论系
废除以警觉国民促进文化改革社会恶习为宗旨外其
他政党军务中之交涉及争端概不干与用特函达
钧署并祈转致省会卫戍司令部於此报请免检察既符约
法复省烦劳差仿为在特别时期内必需检察则俟 钧署示知此报
由本会刊行本会以全体负责已定三月廿三日出版特请存案

1920年《四川学生潮周报简章》

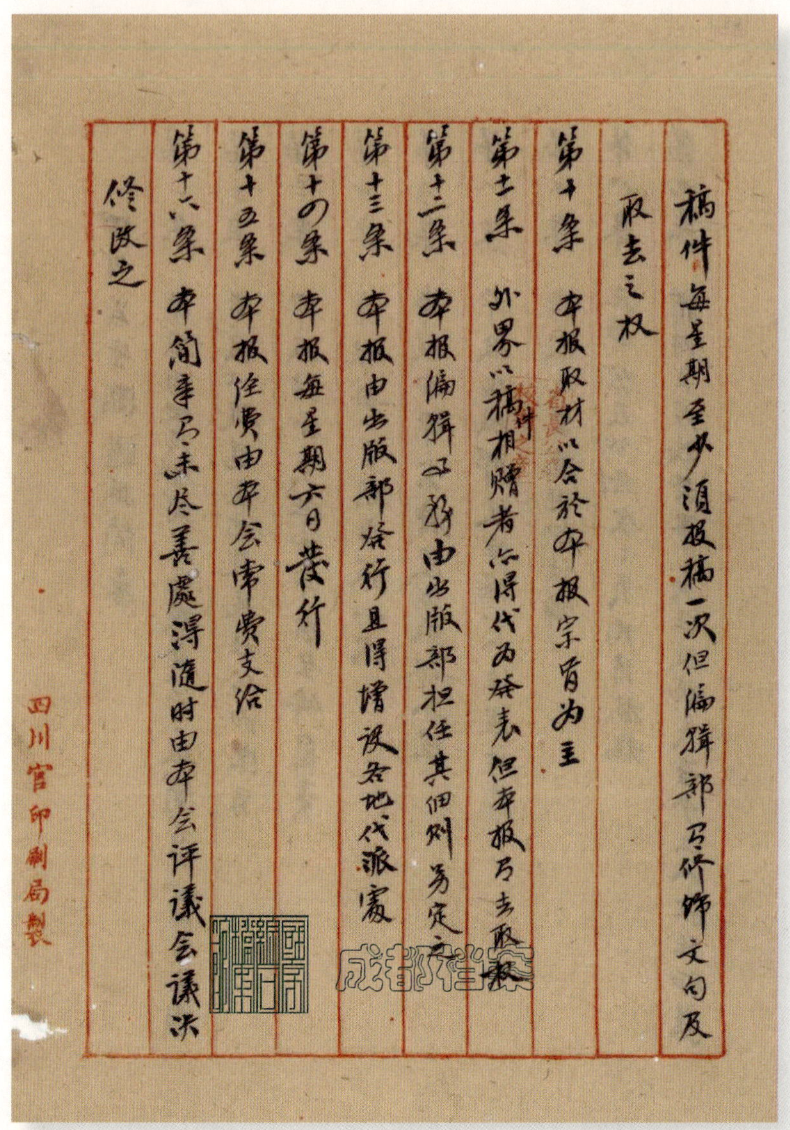
稿件每星期至少须投稿一次但编辑部可修饰文句及取去之权

第十条　本报取材以合于本报宗旨为主

第十一条　外界以稿相赠者亦得代为发表但本报可去取

第十二条　本报编辑事务由出版部担任其细则另定之

第十三条　本报由出版部发行且得增设各地代派处

第十四条　本报每星期六日发行

第十五条　本报经费由本会常费支给

第十六条　本简章如未尽善处得随时由本会评议会议决修改之

四川官印刷局製

档案解读

1919年5月五四运动期间，由国立成都高等师范学校发起，在少城公园（今成都人民公园）召开“学界外交后援会”成立大会，宣布成立“四川学界外交后援会”。同年7月17日，“四川学界外交后援会”改名为“四川全省学生联合会”。1920年5月23日，该联合会创办会刊《四川学生潮》。

中华人民共和国成立后的1954年2月15日，四川省第一届学生代表大会在成都召开，大会正式成立了“四川省学生联合会”。

75

四川学生潮週报简章

第一条　本报为四川全省学生联合会之报简名曰四川学生潮

第二条　本报以促進文化改良社会为宗旨

第三条　本报对外责任由本会全体負责

第四条　本报每一星期出版一次

第五条　本报由本会特设出版部办理

第六条　本报出版部设经理一人经理社务

第七条　本报文字概用白话体

第八条　凡本会及分别会之员均得投稿

第九条　省内各学校各举责任投稿员至少二人担任征集

1920年5月，四川省长公署给省会警察厅关于准予四川全省学生联合会创办的《四川学生潮》立案的训令

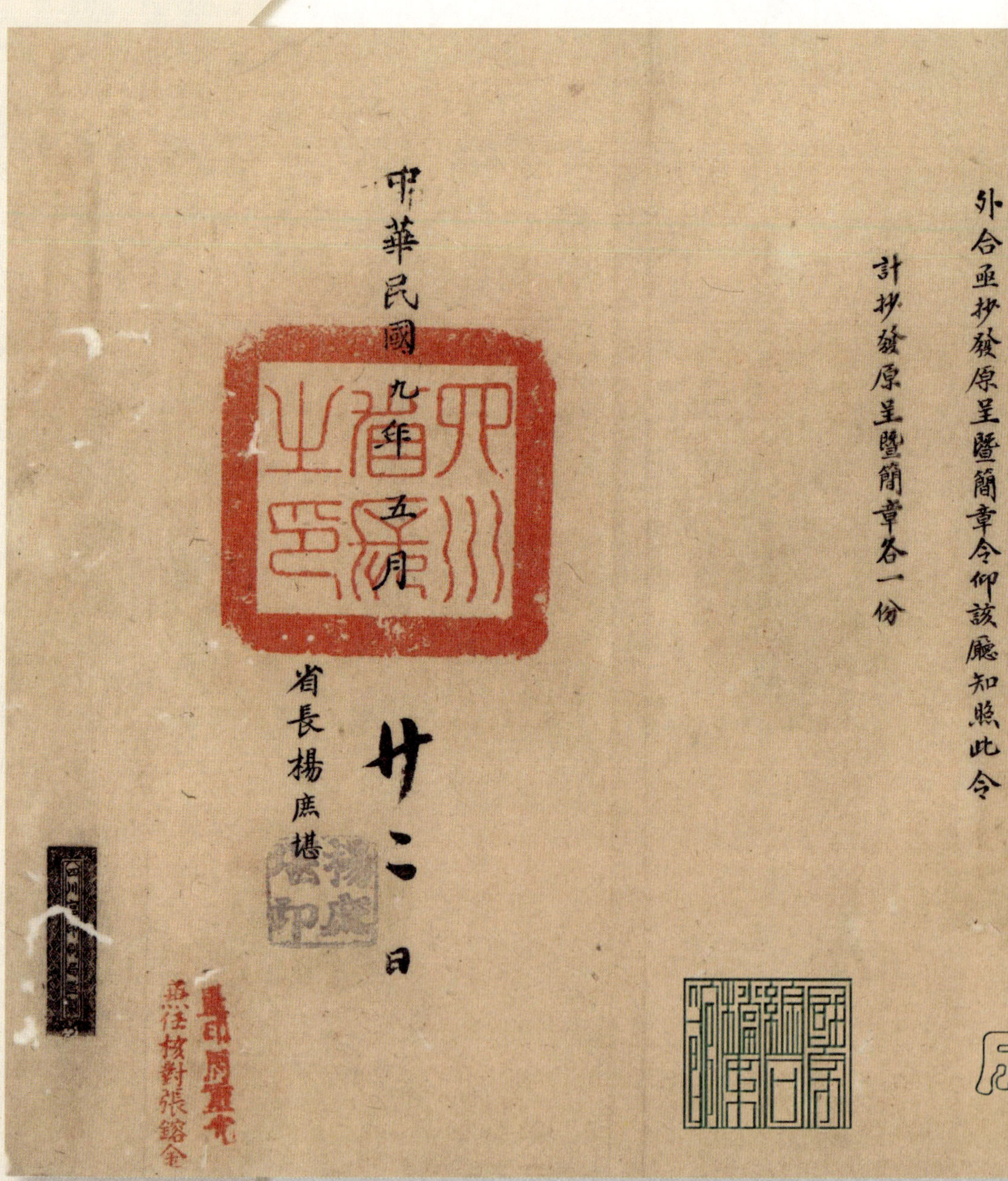

外合亟抄發原呈暨簡章令仰該廳知照此令

計抄發原呈暨簡章各一份

中華民國九年五月廿二日

省長楊庶堪

档案解读

四川省长公署给省会警察厅的训令说，四川全省学生联合会发行的会刊《四川学生潮》是为了“启沃民智”，其《简章》阐明的宗旨也合乎规定，可以免除其“特别时期”的“检察”，径直向省会卫戍司令部呈报，也请省会警察厅了解其《简章》，批准发给执照。

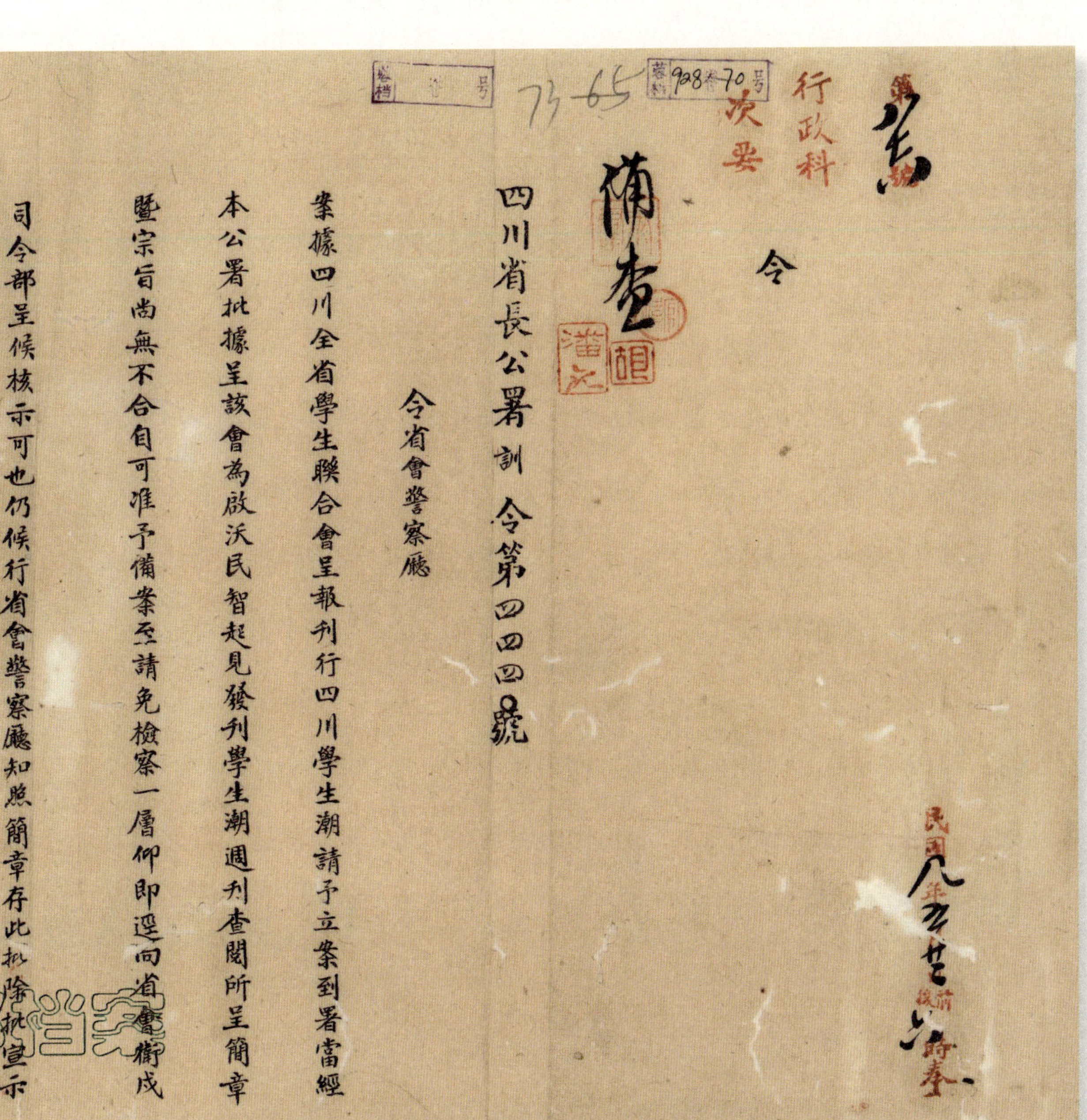
行政科
次要
令
備查
四川省長公署訓令第四四四四號
令省會警察廳
案據四川全省學生聯合會呈報刊行四川學生潮請予立案到署當經
本公署批據呈該會為啟沃民智起見發刊學生潮週刊查閱所呈簡章
暨宗旨尚無不合自可准予備案至請免檢察一層仰即逕向省會衛戍
司令部呈候核示可也仍候行省會警察廳知照簡章存此批除批宣示

7 《半月》

1920年8月1日创刊，由四川公立外国语专门学校出版。发起人为来希宋、张拾遗、吴先忧、章戬初、施精伯、吴季元等。报社设编辑、经理两个部门。报社实行社员制，成员由社员选举产生，定期改选。其稿件和办报经费均由社员提供。刊物由《半月》社成员轮流编辑，每半月发行一册，每月1日、15日出版。发行所设于成都昌福馆，通讯处初设于成都北门狮子巷40号。报社除出版《半月》以外，还办有“阅书报室”供人阅读新书新报，并代办报纸发行。

《半月》宗旨为“传播文化，改良社会”。创刊号发表的《本社宣言》指出：“世界并不是永久污辱的世界，乃是正在改造的世界。这改造的责任，是凡人类都有一分的。不过有许多可怜的弟兄，还不大觉悟，所以我们才组织这报，要使多数人觉悟，（知道）现今的世界是个什么世界，知道现今世界还有许多事业都应着手改造。”

《半月》第12期以前，宣传学生不能“闭门读书”，要了解社会的潮流，敢于冲破旧礼教的束缚，抨击社会的黑暗。稍后出版了裁兵问题、教育问题和自治问题三个专号，抨击时弊，号召群众进行“社会革命”，打倒资本阶级，打破私产，实现各取所需。《半月》新年增刊还提出“民主”“自由”“大联合”的口号。

《半月》从第12期开始，其主张从自治转向革命，由宣传学界转向宣传无产阶级革命。第12期刊登的《劳农政府与中国有什么关系》说，“中国现今的情形与俄国革命前种种事实很相同”，从而“主张中国效法俄国”。第13期刊登了《对于集产主义及劳农俄国的怀疑》，对苏联建国初期受到列强的经济封锁表示同情。第15、16期连载了海参崴共产党果尔克氏的《告远东少年》，比较系统地宣传了马克思主义关于阶级斗争及无产阶级革命的学说，宣传了俄国十月革命的胜利。信的最后还介绍了苏联共产少年同盟会的组织已在国内各地建立，号召远东少年组织起来，建立共产少年会，参加少年共产国际，“共同协力互助，创造天下的大同共产社会”。这封信是成都及四川早期全面介绍和宣传马克思主义和十月革命情况的重要文献之一。

此外，《半月》社员袁诗荛在第19号发表《我们应该纪念“五一”运动的理由》说，俄国革命“就是世界革命的先声”，是中国应该效法的。社员来希宋刊文赞颂十月革命“轰轰烈烈、沸腾了全世界”。

1921年6月，《半月》发行到第14期时，巴金（芾甘）加入《半月》报社，发表了《怎样建设真正自由平等的社会》《IWW（世界产业工人联盟）与中国劳动者》《世界语之特点》三篇文章。

1921年7月15日，《半月》被四川省会警察厅查封。

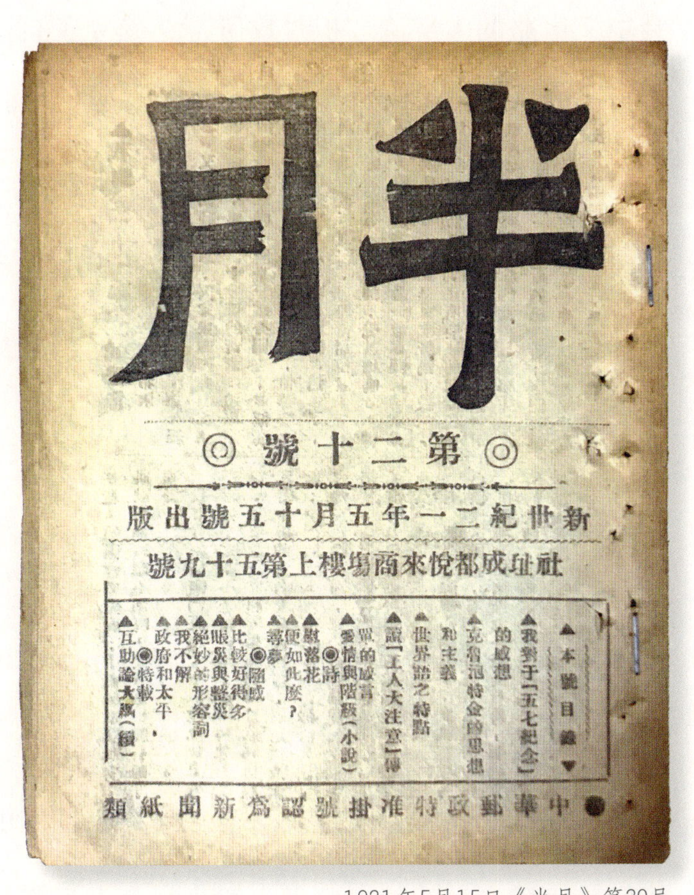
半月

◎第二十號◎

新世紀一二一年五月十五號出版

社址成都悅來商場樓上第五十九號

本號目錄
我對于「五七紀念」的感想
克魯泡特金的思想和主義
世界語之特點
讀「工人大注意」傳單的感言
愛情與階級（小說）
◉詩
飄落花
便如此麼？
尋夢
◉隨感
比較好得多
眼淚與饑災
絕妙的形容詞
我不解
政府和太平
◉特載
互助論大綱（續）

●中華郵政特准掛號認為新聞紙類

1921年5月15日《半月》第20号

8 《人声》

1921年1月，王右木自筹经费创办了以宣传“自治”为主的《新四川旬刊》，倡言“平易之自治建设”的言论以“供社会采摘”，“一面向社会指导建设途径，一面为防包办与利用起见”，揭露四川军阀借“自治”之名实行地方割据，剥削压榨人民的罪恶行径。

其后，王右木对《新青年》《改造》等杂志关于中国要不要走社会主义道路的大辩论“积月攻研”，确立了自己马克思主义的信仰，决定创办《人声》报宣传马克思主义。

1922年2月7日，王右木创办《人声》报，这是四川第一份全新的、公开系统宣传马克思主义、宣传社会主义运动的革命出版物。编辑部设在成都大坝巷5号王右木家中。他任社长兼主笔、编辑，内外杂务都干，只邀约了刘先亮等三人组成校勘和发行小组。报纸由成都探源公司代印。

王右木定名该报为《人声》报，其用意为“应鼓励人民起来大声疾呼，提出人民的意愿和要求，代表人民呼声”。《人声》在其创刊号的《本社宣言》中宣称，创办这份报纸的“最终目的”是“为全人类谋均等幸福”，而实现这个“最终目的”的途径是：“（一）直接以马克思主义的基本要义，解决社会上一切问题；（二）对现实社会上的一切罪恶现象，尽力地暴露和批评，以促进一切平民的阶级觉悟；（三）对现实的政治组织，不为妥协的改善方法；（四）注重此地的劳动状况，给彼辈以知识上的帮助；（五）注重世界各地之劳动界进取状况，以为此地劳动组织之建设和修改的物质标准；（六）注重世界各地的社会运动状况和已有的成绩，以资我辈的讨论，或加入第三国际团体，做一致的行动；（七）讨论马克思社会主义之学术及实际的一切问题；（八）讨论新社会之一切建设问题。”《人声》报明确地把马克思主义理论作为革命运动的行动指南，这在当时的四川是独一无二的。

《人声》报旗帜鲜明地宣传马克思主义，深入浅出地介绍剩余价值、阶级斗争、无产阶级专政等基本理论；介绍俄国十月革命的辉煌胜利，鼓动民众以俄国十月革命为榜样进行革命斗争；批判杜威、罗素、伯格森的资产阶级哲学观点和胡适“少谈些主义，多研究问题”的实用主义观点，尤其强有力地批判了曾在四川泛滥一时的无政府主义；反对帝国主义的侵略，揭露军阀的罪恶，猛烈抨击四川的“防区制”；批判旧思想、旧制度，提倡男女平等、婚姻自由、社交公开，也探讨妇女解放、青年运动诸问题。对于当时四川正在进行的自治运动，王右木也进行了深刻的剖析和认真的总结，并为人民指出了新的革命道路。

《人声》报内容丰富，形式多样，每期均载有不同体裁的各式文章。《人声》报发表的新诗《“新”与“朽”之不两立》《生日》，号召青年们要抱“绝对改造的观念”，“把现在所有一切旧社会——腐朽势力所凭借的——制度，一齐打倒，作根本改造”，“要歼我的仇人，救我的朋友！头可断，身可毁！再也不敢放弃这份人的责任”。

《人声》报大力宣传马克思主义，旗帜鲜明地反对军阀和封建主义，被当局视为洪水猛兽。成都卫戍总司令部、陆军第三军军司令部向省会警察厅发布训令说，《人声》报“语极离奇”“倘若违抗”将“停止该报出版”。果然，当《人声》报发行至第三期时，被省会警察厅以“言论纯为鼓吹社会主义而作”为由勒令停刊。此后虽经王右木巧妙周旋得以复刊，但由于当局迫害和经费困难而最终停刊。

《人声》报的出版发行，给成都乃至全川的革命运动指明了方向，使青年们掌握了马克思主义理论并找到了改革社会的正确途径。王右木通过组织建立马克思读书会和创办《人声》报，鲜明地宣传马克思主义，唤起了人民的觉醒，在成都培养了一批四川社会主义革命运动的实践者，这是成都也是全川现代史上一件了不起的、意义深远的大事。它直接为以后成都地区团组织的建立奠定了思想和组织基础。

《人声》报的经费来源主要靠王右木每月教书的收入，他自己则过着十分清苦的生活。同年4月，《人声》报“地方通信栏”揭露驻江油的小军阀刘膏腴等大刮民财的罪行，刘恼羞成怒将王右木的两个哥哥拘捕毒打，致其二哥当场毙命，大哥监禁半年多才由亲友营救出狱。但这并未使王右木屈服。他不仅把自己绝大部分工资用于办报，还变卖了从日本带回的牙骨手杖、自鸣钟等珍贵物品。他的夫人也把娘家陪嫁的房屋、首饰、被盖、床单全部变卖，为《人声》报提供经费，全家生活“减至极限”，其子王大智患急性痢疾，也因无钱就医而夭亡。

《人声》曾改日报，后因经费困难复改为周报。其后因当局迫害和经费缺乏，于1922年7月停刊。

(星期二) 公歷一九二三年三月七日 (第一版)

人聲

編輯及發行處 成都大壩巷第五號

印刷所 成都探源公司代印

The Voice of Mankind

No.5 Da Bar Han, Chengtu, Szchuen

第壹號

本社宣言

一年來自治運動之回顧與今後的新生命

右木

《人声》报

档案解读

这是《人声》报第一号，共刊登六篇文章。第一版刊登《本社宣言》和王右木的《一年来自治运动之回顾与今后的新生命》；第二版刊登万一的诗歌《生日》、袁诗荛的《红色的新年》；第三版刊登愚若翻译日本作家山川均的《十年后之日本》；第四版登载沧隐的《“新”与“朽”之不两立》。

这些文章着重宣传阶级、阶级斗争和无产阶级专政的思想，号召走十月革命的道路，并运用马克思主义的观点，总结了四川人民的斗争经验。《人声》报发挥了成都无产阶级喉舌的作用。

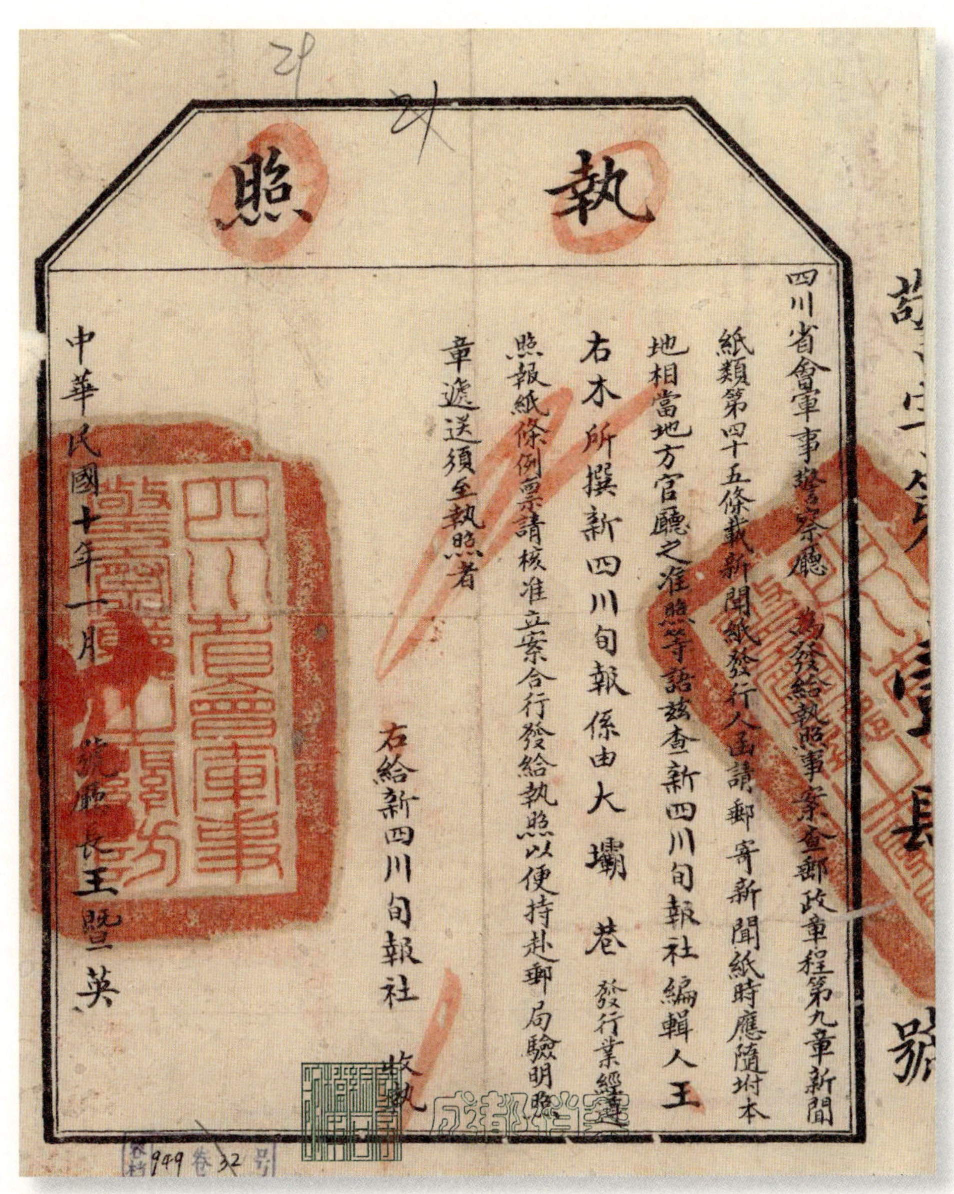

執照

四川省會軍事警察廳　為發給執照事案查郵政章程第九章新聞
紙類第四十五條載新聞紙發行人函請郵寄新聞紙時應隨坿本
地相當地方官廳之准照等語茲查新四川旬報社編輯人王
右木所撰新四川旬報係由大壩巷　發行業經遵
照報紙條例禀請核准立案合行發給執照以便持赴郵局驗明照
章遞送須至執照者

右給新四川旬報社　收執

中華民國十年一月　日
廳長王暨英

1921年1月，四川省会军事警察厅给《新四川旬报》颁发的营业执照

档案解读

这是1922年1月25日王右木向四川省会警察厅申请将《新四川旬报》更名为《人声旬报》后，退还给警察厅的作废营业执照。

从这份执照中我们可以读出，这个时期办报不仅需在地方相关部门（警察部门、城防机关）立案并取得执照，还需根据民国《邮政章程》第九章新闻纸类第45条规定，向邮局呈报执照，申请发行邮寄。

左侧官方印记称“关防”，全文为“四川省会军事警察厅之关防”，个人印记称“印章”，同时需要签名。

1922年1月25日，王右木给四川省会警察厅关于把新四川旬报社更名为人声旬报社的呈文

使遵守謹呈

省會軍事警察廳

編輯人 王右木

新更報名 人聲旬報

編輯發行所 本城大塡巷第五號

中華民國十一年一月廿五日

档案解读

王右木在呈文中说，《新四川旬报》与北京、重庆等地的报刊重名，申请更名为《人声旬报》。上次已呈文贵厅并取得成都卫戍司令部第397号批文，现申请重新颁发《人声旬报》执照。

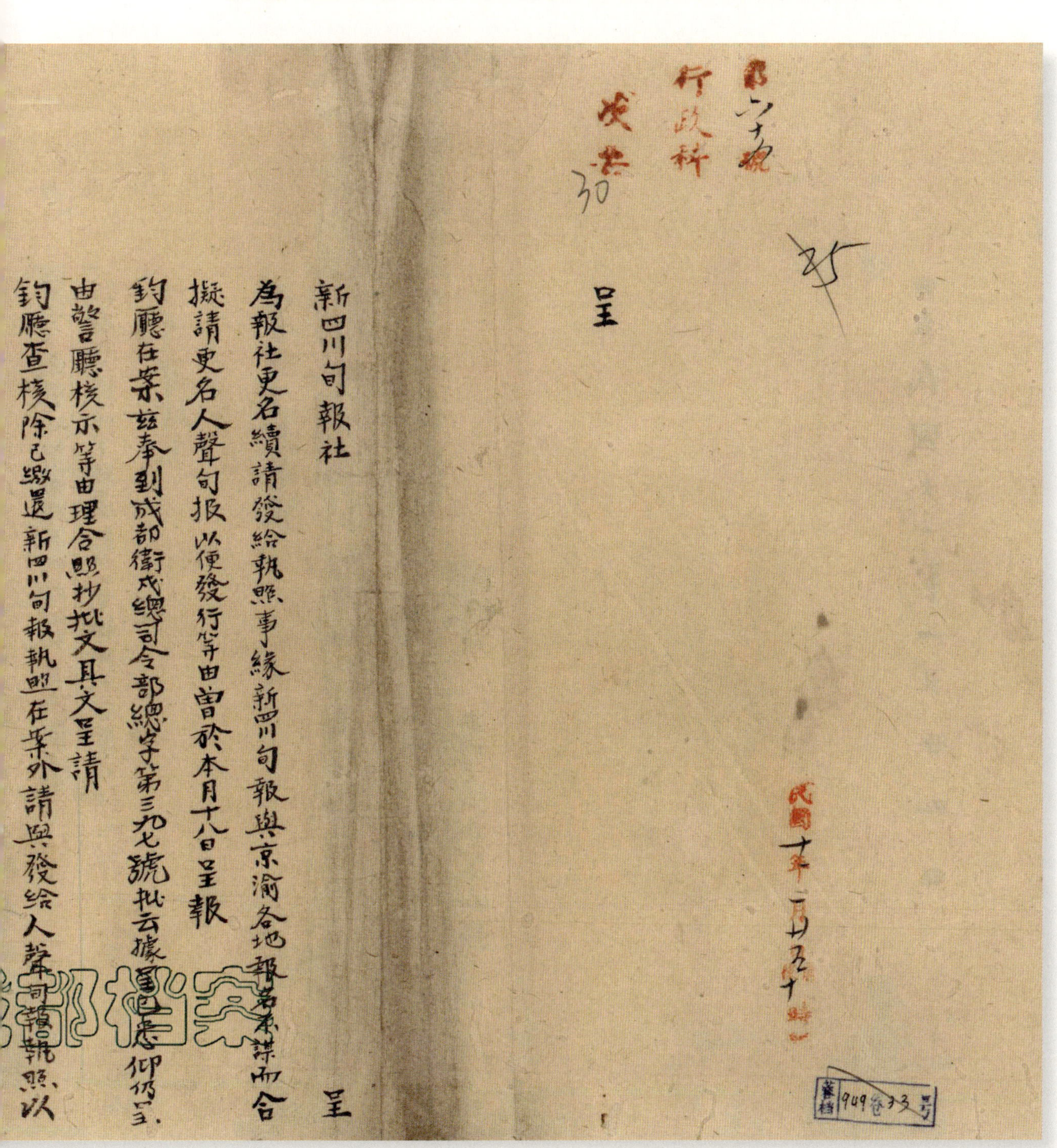

呈

新四川旬報社　呈

為報社更名續請發給執照事緣新四川旬報與京渝各地報名不謀而合擬請更名人聲旬报以便發行等由曾於本月十八日呈報

鈞廳在案茲奉到成都衛戍總司令部總字第三九七號批云據呈悉仰仍呈由警廳核示等由理合照抄批文具文呈請

鈞廳查核除已繳還新四川旬報執照在案外請與發給人聲旬報執照以

档案解读

1922年2月7日，王右木在成都创办宣传马克思主义的《人声》报后，成都卫戍总司令部，陆军第三军军司令部向省会警察厅发布训令说，1922年2月7日《人声》报中“红色新年一段，语极离奇，自应禁戒”，要求警察厅警告报馆，“倘若违抗”将“停止该报出版”。

1922年2月10日，成都卫戍总司令部、陆军第三军军司令部给四川省会警察厅关于禁戒人声报社的训令

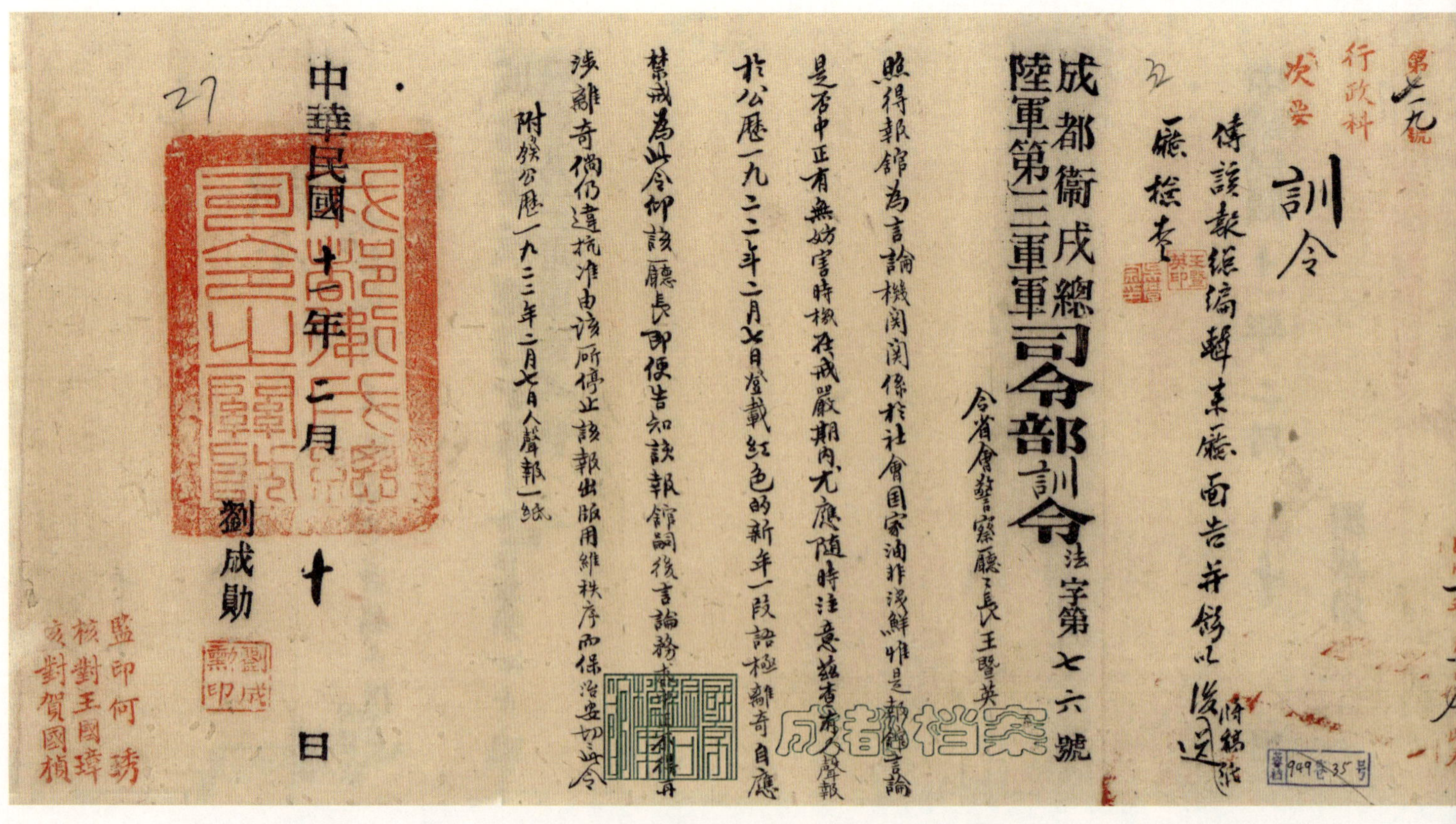

訓令

傳該報編輯來廳面告並飭以後將稿送廳核奪

成都衛戍總司令部
陸軍第三軍軍司令部訓令 法字第七六號

令省會警察廳廳長王暨英

照得報館為言論機關，係於社會國家油非淺鮮，惟是報館言論是否中正，有無妨害時機，在戒嚴期內，尤應隨時注意。茲查有人聲報於公歷一九二二年二月七日登載紅色的新年一段，語極離奇，自應禁戒。為此令仰該廳長即便告知該報館嗣後言論務求[illegible]，再涉離奇，倘仍違抗，准由該所停止該報出版，用維秩序而保治安。切切此令。

附發公歷一九二二年二月七日人聲報一紙

中華民國十一年二月十日

劉成勛

監印何琇
核對王國璋
校對賀國楨

第二篇

大革命和土地革命时期报刊

袁诗荛

大革命时期的进步刊物，宣传马克思主义和社会主义运动，赞扬国共合作，推动了成都地区的工人运动的发展。中共四川省委机关报《四川晓报》，在成都腥风血雨和白色恐怖的环境下艰难地宣传革命。

1924年3月，王右木和社会主义青年团员秦正树，利用四川军阀杨森欲办报宣传其“新政”的时机创办《甲子周刊》，揭露帝国主义和旧社会的罪恶，颂扬十月革命，传播马克思主义思想，介绍新生的社会主义制度。同年5月，吴玉章、杨闇公在成都创办中国青年共产党机关刊物《赤心评论》，宣传马克思主义和十月革命，主张国共合作。

1925年10月，共产党员徐佑根接办《西陲日报》后，批判封建礼教及各种反动思潮，宣传反帝爱国，支持国共合作，声援五卅运动。1926年9月，成都中共特支创办了《工友》以指导工人运动，提高工人的觉悟，反映工人阶级的革命斗争。同年10月，国立成都大学社会科学研究社成员，社会主义青年团员梁造今、张星石创办《野火》周刊，宣传孙中山的三大政策和国共合作，宣传党的苏维埃路线。

1927年发生了“四一二”反革命政变，国民党反动派大肆屠杀共产党员、国民党左派及革命群众。1928年成都军警团联合办事处制造“二一六”惨案，残酷杀害成都报人、中共党员袁诗荛、龚堪慎、李正恩、钱芳祥等，大量进步报刊被查禁。

1931年8月，在面对经费缺乏，党的组织常常遭到敌人破坏的艰难斗争条件下，中共四川省委机关报《四川晓报》在成都创刊。《四川晓报》除大量报道中共中央、中华苏维埃临时中央政府和省委的宣言、通电、决议和理论文章，报道全国各苏区发展情况和本省各地的斗争动态外，还介绍苏联社会主义革命和建设的成就，揭露日本帝国主义侵略本质和国民党的对日妥协面目。《四川晓报》像一道划破夜空的闪电，令成都反动当局胆颤心寒！

9 《甲子日刊》

1924年2月，《甲子日刊》以督理四川军务善后公署名义创刊。秦正树任社长，王右木任总编辑，钟善辅、刘亚雄任助理编辑，廖化平、邹进贤、刘孝祜、吴汝伯、窦勤伯、黄君尧（黄钦）、李盛虞等参与办报。社址在成都岳府街。

四川军阀杨森占领成都后，被北洋军阀封为四川督理，独揽军政大权。为收买人心，杨森提出“建设新四川”的口号，他委派督理署秘书秦正树筹办报纸，为其“新政”呐喊。秦正树原是留日学生，回国后加入成都社会主义青年团，他立即向成都团地委书记王右木做了汇报。

王右木马上召开党员和青年团骨干会议，商量如何利用该报进行革命宣传。会议决定在目前革命力量薄弱、经费困难的情况下，利用为杨森办报的机会宣传革命思想。同时决定一部分党员、团员和积极分子参与办报并为其取名为《甲子日刊》，从而使“似乎报纸成了我们党办的一样”。

《甲子日刊》用“建设新四川”的口号，对杨森拆房修马路、开辟体育场、成立通俗教育馆以及倡导文明、讲究卫生的“新政”予以宣传和支持。同时刊发了许多宣传还政于民，反对“防区制”，反对苛捐杂税，主张让人民休养生息的文章。对督理署各部门要求刊出的文件、消息则拖沓延办、审查甚严，有的竟不予刊出。

《甲子日刊》还发文揭露帝国主义和旧社会的罪恶，有时也发文宣传马克思主义思想，颂扬俄国十月革命，介绍社会主义新事物等，由此引起社会保守势力的不满。1924年5月，被杨森下令停刊。

档案解读

秦正树在呈文中写道："民主政治首重民权，而民权发皇必资舆论。报章为舆论之代表，作人民之喉舌。上系国政安危，下关文化进退，裨益甚大，关系綦（极）深。故欧美各国莫不极端隆重，东南各省亦皆日见推行，独吾川地大物博，夙称天府，而报章发行寥若晨星。民权堙郁，职是之由，文化颓废莫非斯故。方今大法新颁，国是渐定，正宜表彰舆论以奠国基。同人等有见于此，爰集同志，创办报章一种，每日发行一大张，即定名为《甲子日刊》。其他一切组织，另按规定缮具简章，用特备文呈送贵厅。"

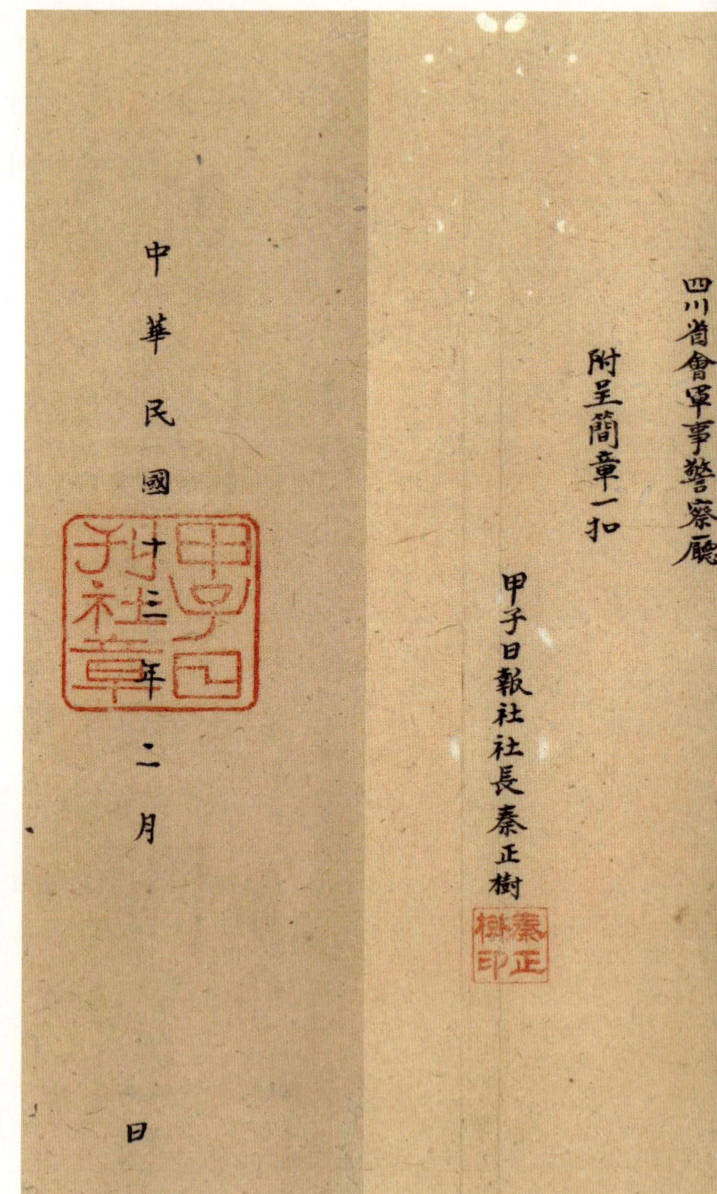
四川省會軍事警察廳

附呈簡章一扣

甲子日報社社長秦正樹

秦正樹印

中華民國十三年二月　日

甲子日社章

1924年2月29日，秦正树给省会军事警察厅申办《甲子日刊》的呈文

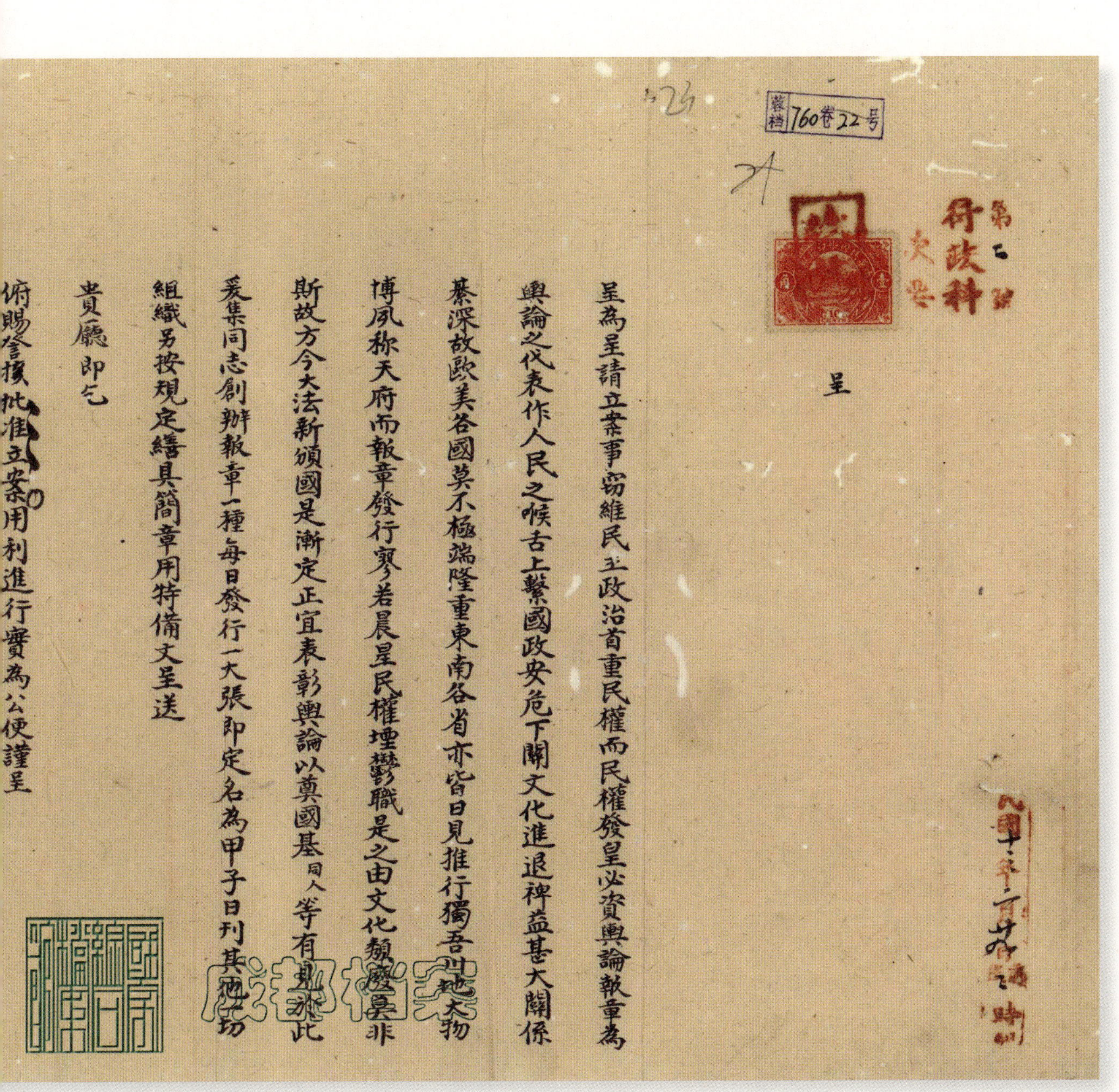
呈為呈請立案事竊維民主政治首重民權而民權發皇必資輿論報章為輿論之代表作人民之喉舌上繫國政安危下關文化進退裨益甚大關係綦深故歐美各國莫不極端隆重東南各省亦皆日見推行獨吾川地大物博夙稱天府而報章發行寥若晨星民權堙鬱職是之由文化頹廢莫非斯故方今大法新頒國是漸定正宜表彰輿論以奠國基同人等有見於此爰集同志創辦報章一種每日發行一大張即定名為甲子日刊其所辦組織另按規定繕具簡章用特備文呈送貴廳即乞俯賜詧核批准立案用利進行實為公便謹呈

档案解读

《简章》介绍了其刊名为《甲子日刊》，宗旨为“促进社会真切文化，改健现实社会，减除现国家被压迫之痛苦”。组织机构上设社长一人，编辑二人，经理一人，采用经理负责制。文稿采用与否由社长决定。经费由社长一人筹集（实际由杨森出资）。报社及通讯处设在成都市岳府街铁道银行。

第三条 本社設社長一人編輯二人經理一人對內

對外一切事件均由社長一人負責

第四条 本社每日開編輯會一次由社長主席

第五条 本社每日開訪員會一次由總編輯主席

第六条 本社對於各種撰論著述社長有商酌取

舍之權

第四章 經費

第七条 本社一切經費概由社長一人負責籌集

第五章 地点

第八条 本刊社址及通信處設岳府街鉄道銀行內

1924年《甲子日刊社简章》

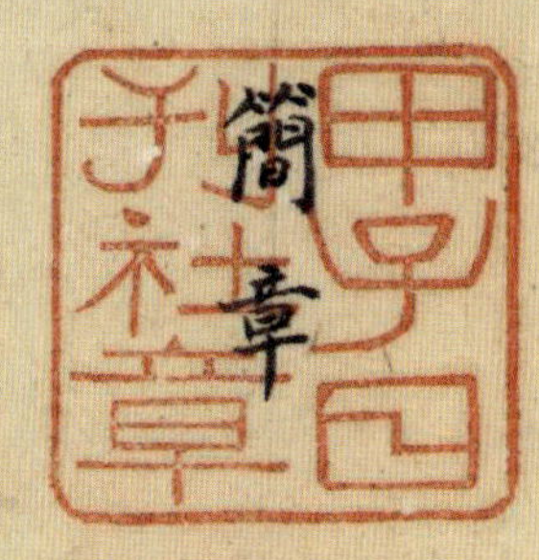

甲子日刊社簡章

第一章 名稱

第一条 本刊定名為甲子日刊

第二章 宗旨

第二条 本刊以促進社會真切文化改健現實社

10

《赤心评论》

1924年5月1日创刊，主办者及主要撰稿人为傅双无（傅健），通讯处设于四川公立外国语专门学校。《赤心评论》在国内外公开发行，北京、上海、天津、广州、武汉等大城市和巴黎中国书社、东京丸善书局设有分售处。

1924年1月12日，吴玉章、杨闇公等在成都成立中国Y.C团（亦称中国青年共产党）。同年4月20日，傅双无（傅健）、郭祖劼（郭文白）向四川省会军事警察厅（省会警察厅）呈请在成都筹办Y.C团机关刊物《赤心评论》，同年5月1日《赤心评论》正式创刊。

Y.C团视《赤心评论》为红色天使，声称其宗旨“是在助革命派的同志，与反革命党作战，以求全世界的赤心集合拢来，造成一个赤心的世界”。《赤心评论》自称是“无数被压迫阶级（的）喉舌，许多男女同志的化身，列宁先生的功夫，使赤化之光普照人民未来之世界！”

吴玉章、杨闇公十分重视《赤心评论》。吴玉章在创刊时捐赠50元大洋作为印刷费，并撰文《人类生活当如何解决》。杨闇公把《赤心评论》称为Y.C的化身。

《赤心评论》创刊第一期为“追悼列宁纪念号”，登载了傅双无的《追悼列宁时不应忘却的两件事》《为列宁先生落的泪》，吴玉章的《马克斯派社会主义的势力》《人类生活问题当如何解决》，曾凡觉的《赤心评论诞生》以及《国际资本帝国主义对于中国的侵略》等文章。6月1日第二期刊载了《中国Y.C团章程》，7月1

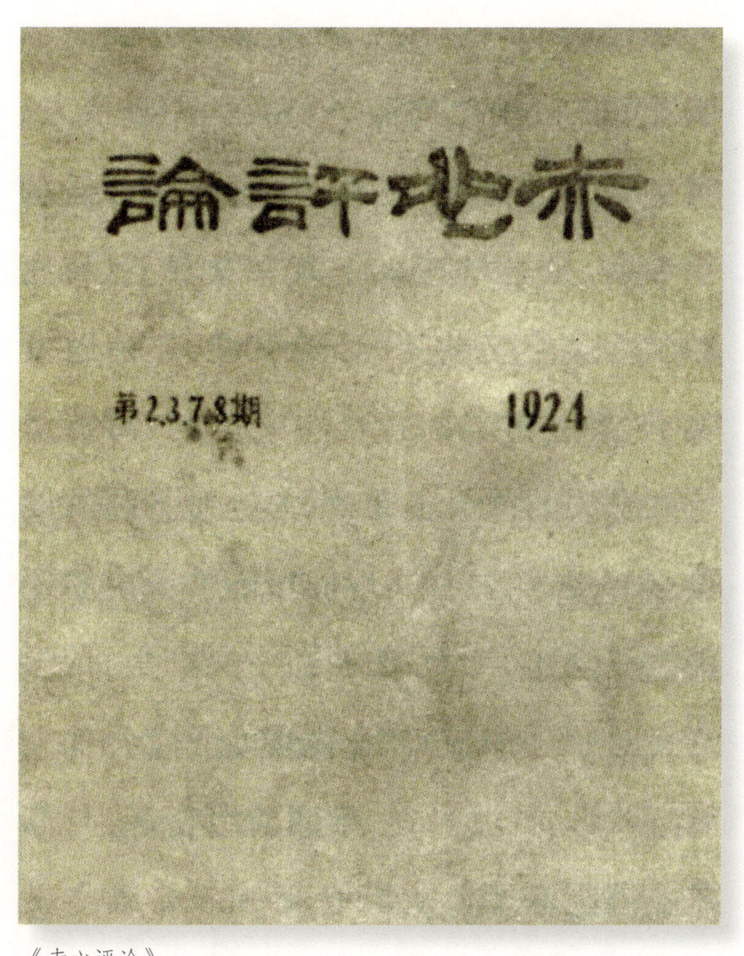

《赤心评论》

日第三期转载蔡和森的《外国帝国主义最近进攻之一览表》，11月1日第七期为“反对帝国主义专号”。《赤心评论》还经常向读者推荐《中国青年》《新青年》《前锋》《向导》等革命报刊。

《赤心评论》倡导革命者以马克思、列宁为榜样，加强人格修养，同时呼吁信仰马克思主义，谴责背叛革命的“第二国际”。它赞扬苏俄是无私的国际主义者，鼓动中俄建交。它揭露帝国主义和封建军阀，主张国共合作。革命家肖楚女称它“是一种急进的青年刊物。第一期为《追悼列宁号》，介绍列宁很热情”。恽代英主办的《新建设》也称其为“大胆来解决政治经济根本问题的《赤心评论》”。

截至1926年10月，《赤心评论》共出版16期。

1924年4月，四川公立外国语专门学校学生傅健、郭文白为申办《赤心评论》给省会军事警察厅的呈文

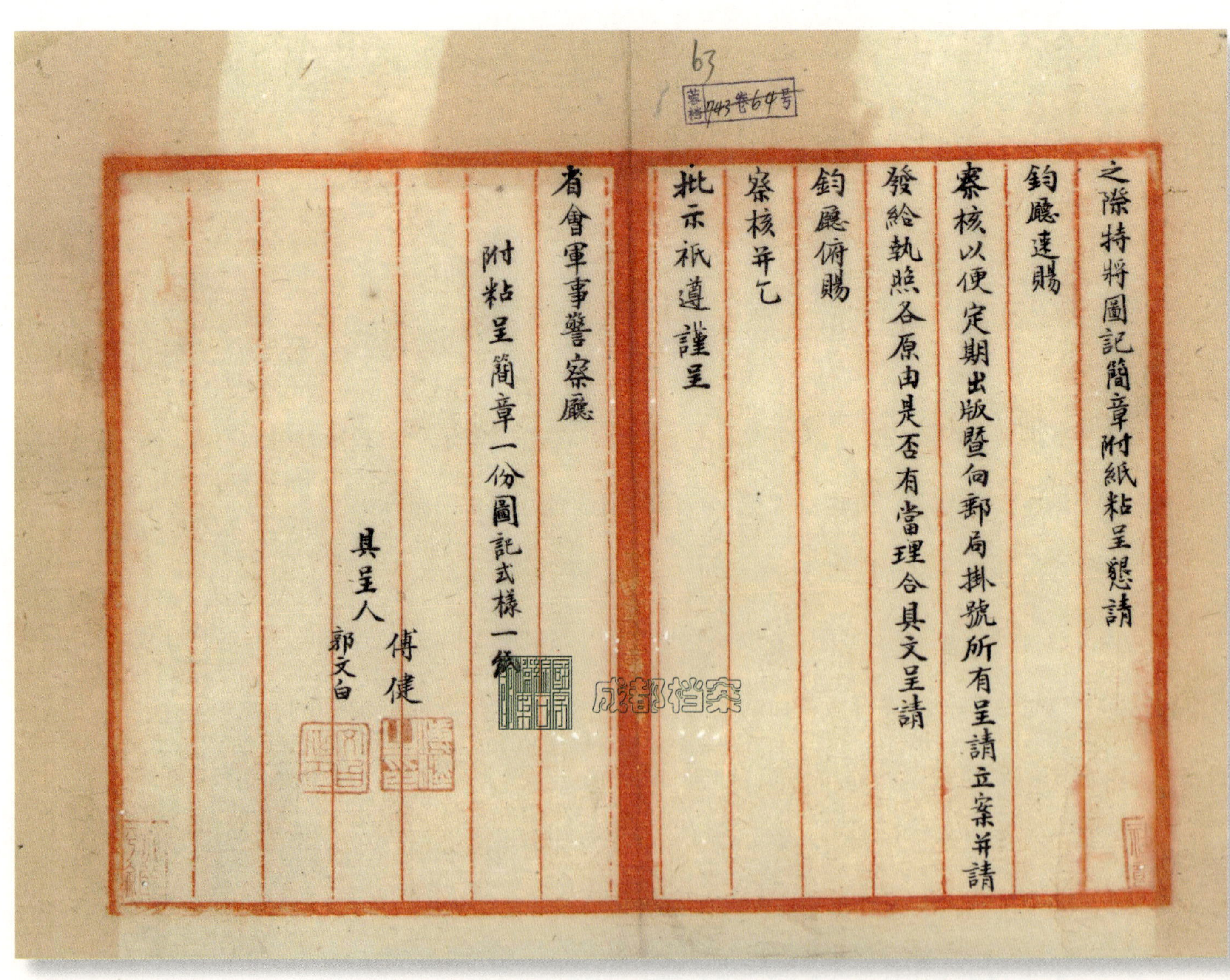
63

743卷64号

之際特將圖記簡章附紙粘呈懇請
鈞廳速賜
察核以便定期出版暨向郵局掛號所有呈請立案并請
發給執照各原由是否有當理合具文呈請
鈞廳俯賜
察核并乞
批示祗遵謹呈
省會軍事警察廳
附粘呈簡章一份圖記式樣一紙
具呈人 傅健 郭文白

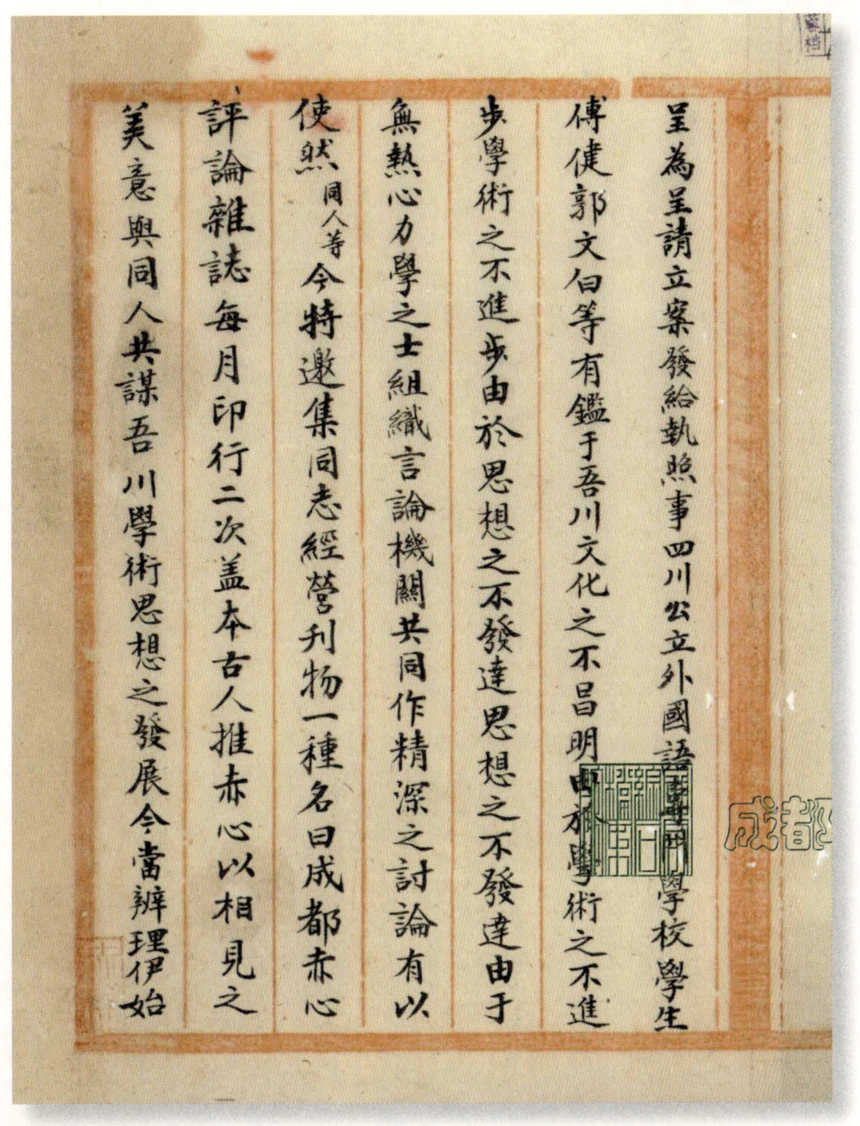

呈為呈請立案發給執照事四川公立外國語專門學校學生傅健郭文白等有鑑于吾川文化之不昌明由於學術之不進步學術之不進步由於思想之不發達思想之不發達由于無熱心力學之士組織言論機關共同作精深之討論有以使然同人等今特邀集同志經營刊物一種名曰成都赤心評論雜誌每月印行二次蓋本古人推赤心以相見之美意與同人共謀吾川學術思想之發展今當辦理伊始

档案解读

呈文称：“四川公立外国语专门学校学生傅健、郭文白等，有鉴于吾川文化不昌明，由于学术之不进步；学术之不进步，由于思想不发达；思想之不发达，由于无热心力学之士组织言论机关，共同作精深之讨论有以使然。同人等今持邀集同志经营刊物一种，名曰成都《赤心评论》杂志，每月印行二次，盖本古人推赤心以相见之美意，与同人共谋吾川学术思想之发展。今当办理伊始之际，特将图记、简章附纸粘呈，恳请钧厅速赐察核，以便定期出版。”

《赤心评论》是中国Y · C团的机关刊物，以四川公立外国语专门学校学生傅健、郭文白的名义申请，以免引起官方的怀疑。呈文很快被批准，领得执照，于1924年5月1日正式出版。

档案解读

简章共九条：

一、本社定名赤心评论社，以讨论学术为宗旨；

二、本社暂设外国语专门学校；

三、本社经费由各社员平均担任，不向外募集捐款；

四、本社分设总务、编辑、发行三部，各部推选正副职员各一人；

五、本社每月开会一次，每年开大会一次改选职员；

六、本社每月一号、十五号发行一期；

七、凡专门学校毕业或修业者，经社员二人以上之介绍得为本社社员；

八、社员担任撰稿及经费，如不担任即取消社员资格；

九、本简章未当处得由多人提议修改之。

1924年4月《成都赤心评论社简章》

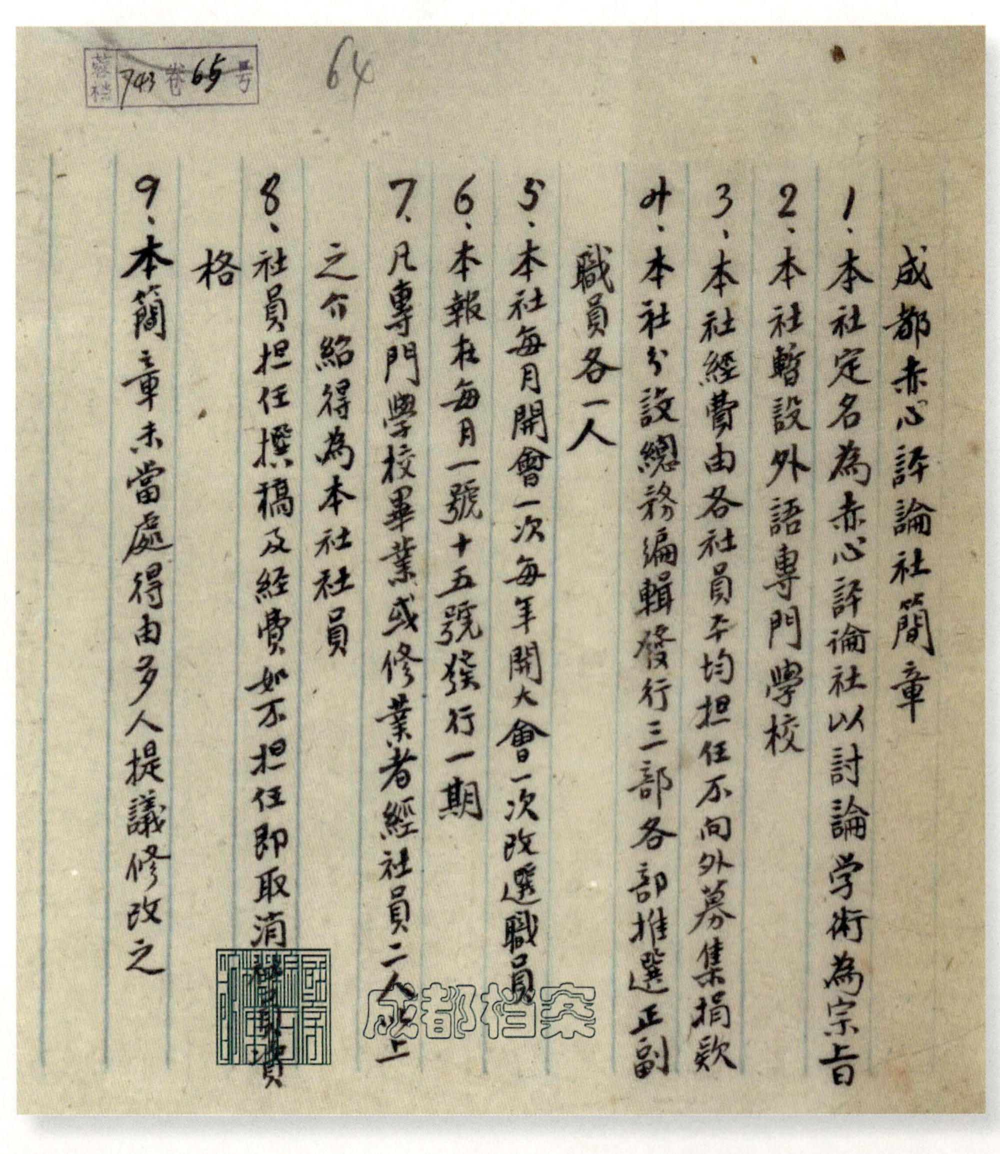

成都赤心評論社簡章

1、本社定名為赤心評論社以討論学術為宗旨

2、本社暫設外語專門學校

3、本社經費由各社員平均担任不向外募集捐款

4、本社分設總務編輯發行三部各部推選正副職員各一人

5、本社每月開會一次每年開大會一次改選職員

6、本報在每月一號十五號發行一期

7、凡專門學校畢業或修業者經社員二人以上之介紹得為本社社員

8、社員担任撰稿及經費如不担任即取消社員資格

9、本簡章未當處得由多人提議修改之

11 《西陲日报》

1924年6月1日创刊，总编辑王吉生，发行人周光远，编辑部设在成都提督街三义庙。办报宗旨为“不含党派意味，不作偏激言论”。《西陲日报》在北京、上海等大城市及省内的重庆、泸县、叙府（宜宾)、万县等地派驻访员（特派记者）。

《西陲日报》第二周年纪念增刊

1925年10月，共产党员徐佑根接办《西陲日报》。徐佑根任社长兼经理，聘刘愿庵、张秀熟、李劼人、范朴斋为董事。张秀熟还兼主笔。朴子谦、施驹甫任编辑。

此后《西陲日报》宣传反帝反封建，旗帜鲜明地主张“打倒帝国主义与其统治下的军阀”，提出“依据孙中山先生的指示完成贯彻民族革命运动”，才是“救国之唯一方法”。

《西陲日报》发表许多反对封建礼教和反动思潮的文章，对当时四川的经济状况、国民会议运动和五卅惨案等都发表评论。如童庸生的《中国内乱之原因及其根本救治之方法》，傅双无的《四川经济状况之危机》，刘愿庵的《由国民革命之观点评一年来的中国反动思想》，吴虞的《书新旧道德论后》等。

1926年初，成都发生农民杀死外国人事件，地方当局十分恐慌，某国扬言要行使“治外法权”。张秀熟在《西陲日报》上发表数篇社评，根据案件事实和国际法律阐明这只是一个普通的刑事案，从而避免了一场国际争端。1926年3月“三一八”惨案（段祺瑞政府在北京制造的枪杀请愿群众的流血事件）发生后，《西陲日报》

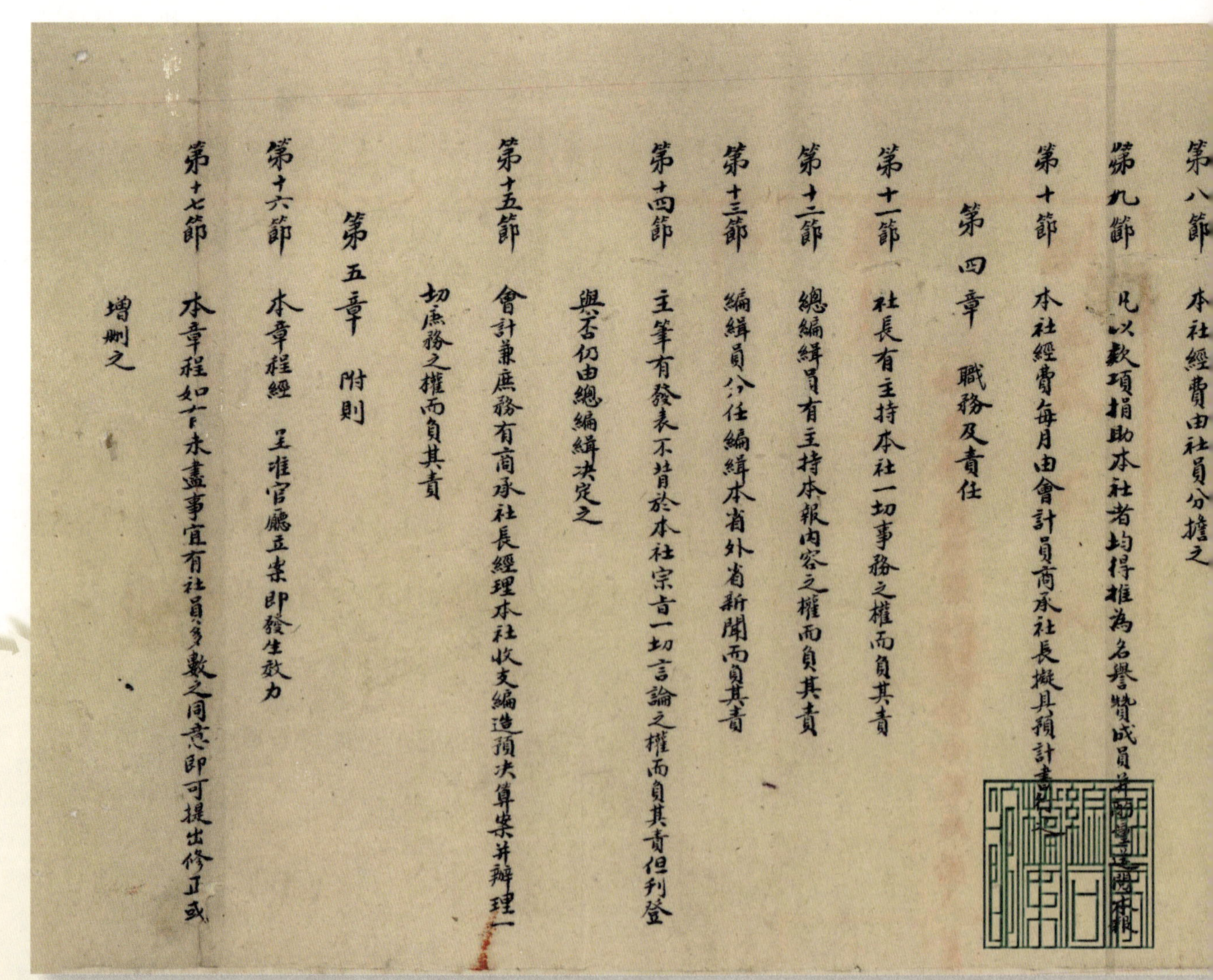
第八節　本社經費由社員分擔之
第九節　凡以款項捐助本社者均得推為名譽贊成員并[illegible]
第十節　本社經費每月由會計員商承社長擬具預計書[illegible]

第四章　職務及責任

第十一節　社長有主持本社一切事務之權而負其責
第十二節　總編緝員有主持本報內容之權而負其責
第十三節　編緝員分任編緝本省外省新聞而負其責
第十四節　主筆有發表不背於本社宗旨一切言論之權而負其責但刊登與否仍由總編緝決定之
第十五節　會計兼庶務有商承社長經理本社收支編造預決算案并辦理一切庶務之權而負其責

第五章　附則

第十六節　本章程經呈准官廳立案即發生效力
第十七節　本章程如有未盡事宜有社員多數之同意即可提出修正或增删之

发表社论号召拒绝八国通牒，声讨段祺瑞罪行。

为了维持《西陲日报》的日常经费，徐佑根将父亲留下的房产典当，继而出卖，但仍不能维持报社的经营，而自己仅靠在提督街经营一家小纸烟店维持生计。1926年夏秋，《西陲日报》最终因无力支付而停办，徐佑根东下武汉投奔革命。1927年3月，他加入中国共产党后任汉口工人纠察队队长，同年7月汪精卫叛变革命后，徐佑根不幸被捕牺牲。

1924年《西陲日报社简章》

西陲日報社簡章

第一章 總綱

第一節 本報在四川之成都地方發行即定名為西陲日報日出兩大張

第二節 本報不含黨派意味不作偏激言論惟以和平忠實的態度盡力於社會之指導文化之宣傳

第三節 本社編緝所暫設成都提督街三義廟發行所暫設成都之總府街口

第四節 本報暫交成都通權印刷公司代印一俟資本充裕即購辦機器自行印刷

第二章 職員

第五節 本社置社長一人 總編緝一人 編緝二人 主筆不定額司事雜役由社長酌用

第六節 本社於北京上海及各大埠又四川之重慶瀘縣敘府萬縣各地方置訪員一人以至三人其餘各地亦得酌量聘任暫不定額

第七節 本社社長由社員公推之其餘各職員由各社員分任

第三章 經費

1924年5月，西陲日报社向城防司令部和省会警察厅申办登记的呈文

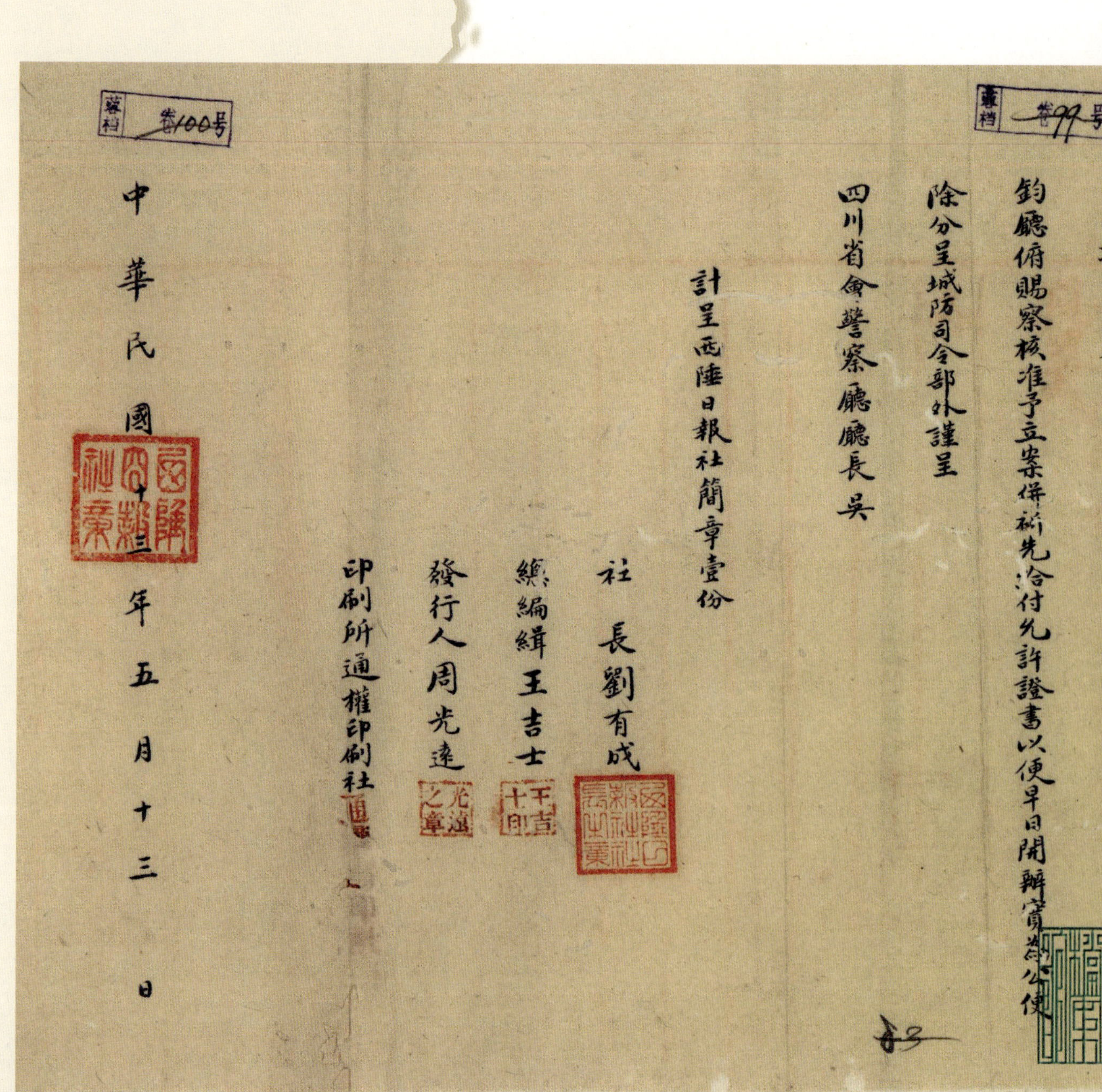

鈞廳俯賜察核准予立案併祈先給付允許證書以便早日開辦實爲公便

除分呈城防司令部外謹呈

四川省會警察廳廳長吳

計呈西陲日報社簡章壹份

社　長劉有成

總編輯王吉士

發行人周光遠

印刷所通權印刷社

中華民國十三年五月十三日

档案解读

1924年5月，《西陲日报》同时向成都城防司令部和四川省会警察厅呈送申办文函，城防司令部要监督审核，省会警察厅履行审核同时办理证照职责，二者缺一不可。

其时社长为刘有成，总编辑王吉士，发行人周光远，报纸由通权印刷所印刷。

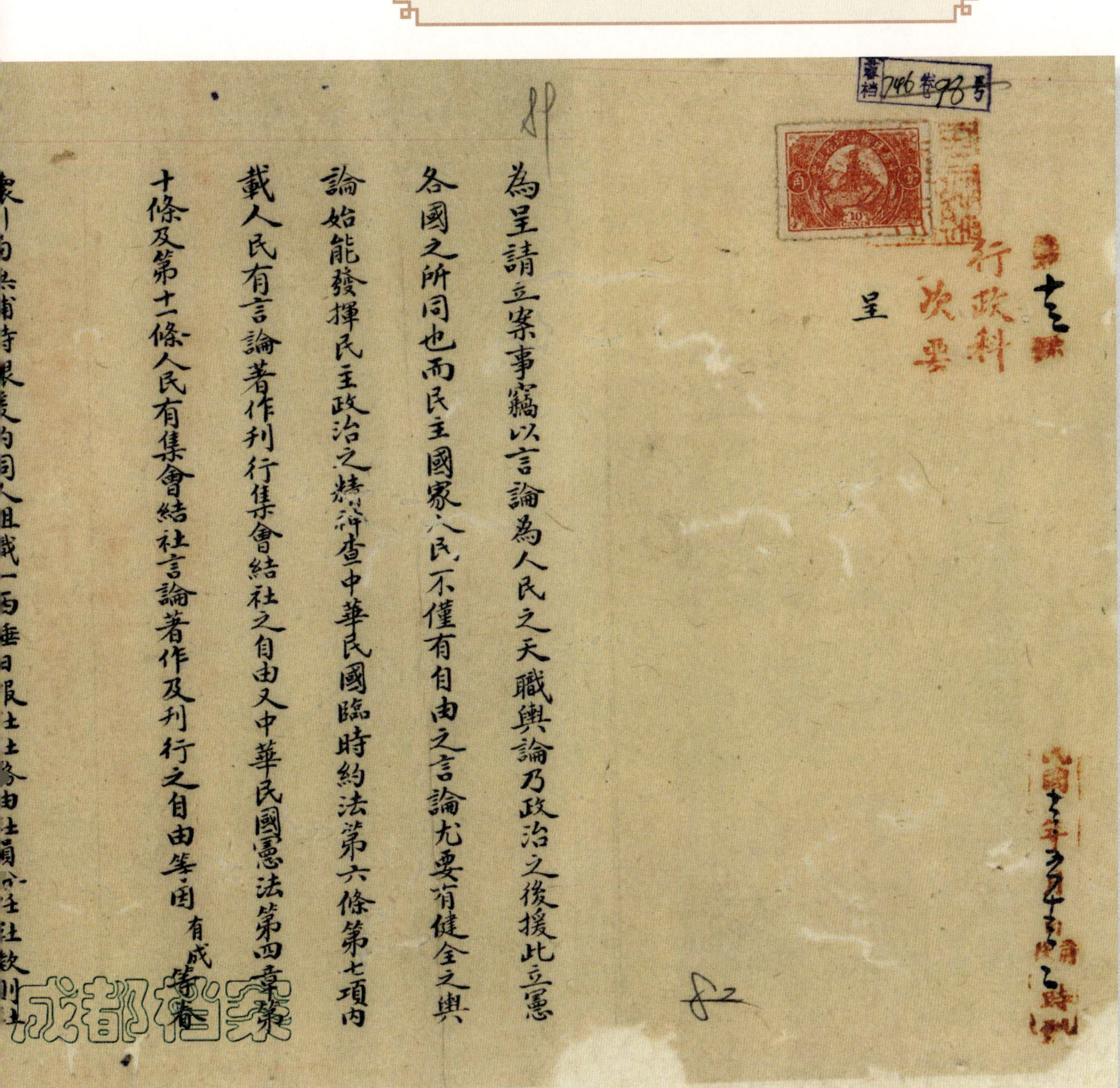
行政科 次要
呈
為呈請立案事竊以言論為人民之天職輿論乃政治之後援此立憲各國之所同也而民主國家人民不僅有自由之言論尤要有健全之輿論始能發揮民主政治之精神查中華民國臨時約法第六條第七項內載人民有言論著作刊行集會結社之自由又中華民國憲法第四章第十條及第十一條人民有集會結社言論著作及刊行之自由等因 有成等

12 《工友》

1926年9月，成都市工会筹备委员会出版了机关刊物《工友》，它是中共特支指导工人运动的公开发行刊物。

《工友》是64开铅印小册子，不定期出

《工友》刊头

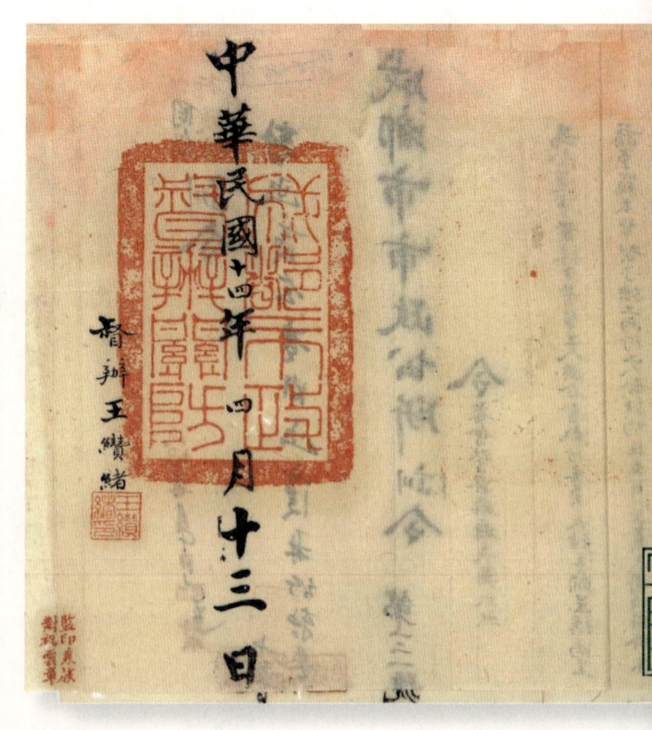

版，每期约一万字。封面中间为蓝底白字，用隶书写“工友”二字。辟有论说、特约通信、工会之声、经济斗争、会务报告、函件、启事、工界消息等栏目。《工友》以提高工人的觉悟，反映工人的斗争为主要内容。由于经费来源困难，只出版了4期就停刊。

经过中共成都地方组织数月的筹备，1926年10月10日，成都工会诞生了。中共特支工运委员刘亚雄被选为会长，工运委员钟善辅为副会长，共产党员孟本斋为评议员。大会通过了禁止资方无故开除工人代表及职员案、援助罢工案、工人休息案和经费案等保护工人权利的议案。

1925年4月，钟善辅组织“牛骨帮”的文函

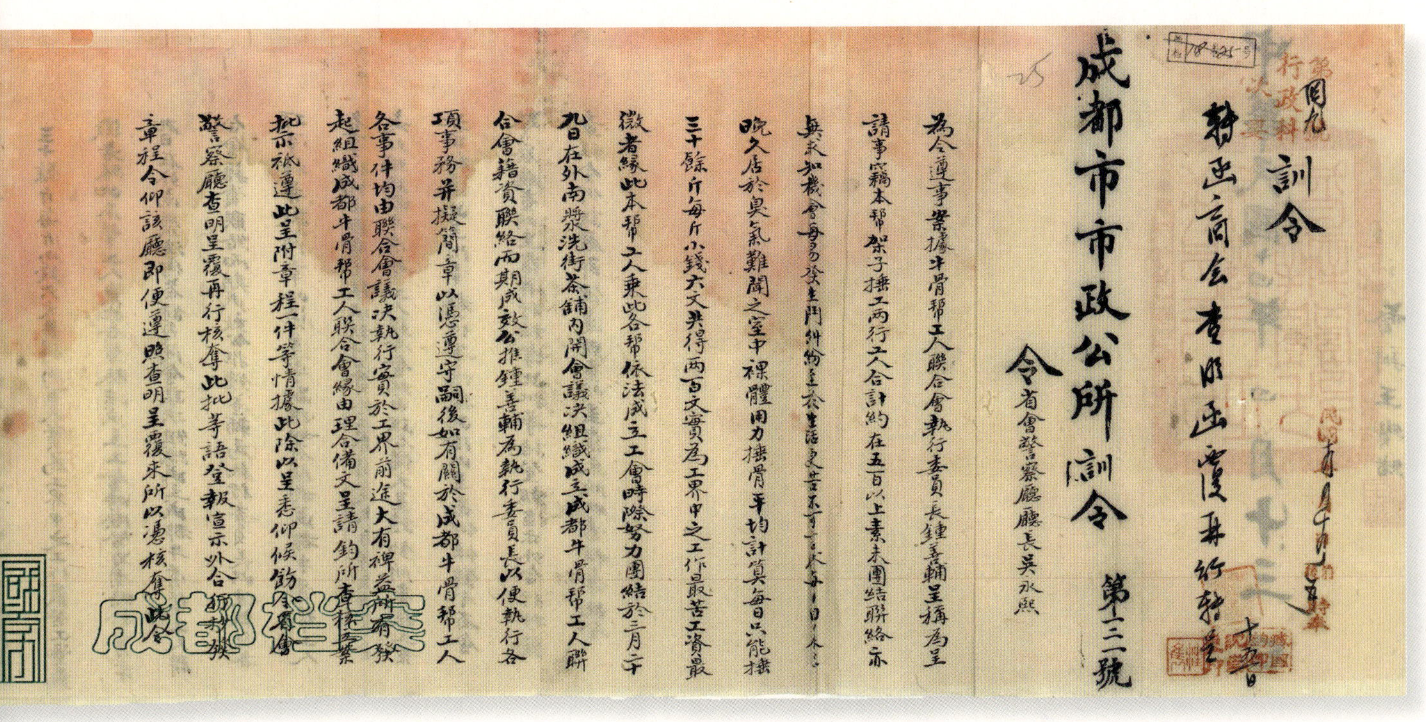

訓令
轉函商会查明函覆再行轉呈

成都市市政公所訓令 第十二號

令省會警察廳廳長吳永熙

為令遵事案據牛骨幫工人聯合會執行委員長鍾善輔呈稱為呈
請事竊本幫架子摏工兩行工人合計約在五百以上素未團結聯絡亦
無永久機會每多發生鬥[illegible]糾紛至於生活更苦不可言矣每日[illegible]
晚久居於臭氣難聞之室中裸體用力摏骨平均計算每日只能摏
三十餘斤每斤小錢六文共得兩百文實為工界中之工作最苦工資最
微者緣此本幫工人秉此各幫依法成立工會時際努力團結於三月二十
九日在外南將洗街茶鋪內開會議決組織成立成都牛骨幫工人聯
合會藉資聯絡而期成效公推鍾善輔為執行委員長以便執行各
項事務並擬簡章以憑遵守嗣後如有關於成都牛骨幫工人
各事件均由聯合會議決執行實於工界前途大有裨益所有發
起組織成都牛骨幫工人聯合會緣由理合備文呈請鈞所查核[illegible]
批示祇遵此呈附章程一件等情據此除以呈悉仰候飭[illegible]
警察廳查明呈覆再行核奪此批等語登報宣示外合行[illegible]
章程令仰該廳即便遵照查明呈覆來所以憑核奪此令

13 《野火》

1926年10月，国立成都大学社会科学研究社创办的机关刊物《野火》周刊，是由成都共青团员梁造今、张星石主编的。取名“野火”，有“野火烧不尽，春风吹又生”之意。每半月一期。代订处为华阳书报流通处和成都祠堂街自助社。

1925年6月，中共成都大学党、团组织创建了“社会科学研究社”（简称“社科社”），中共党员李正恩、钱芳祥等是该社的主要负责人，也都是校内党、团组织的负责人，受中共成都特支的直接领导。社科社前期的宗旨是打倒帝国主义，打倒军阀，实行民主革命。

1926年秋，北伐战争节节胜利，李正恩、钱芳祥等按照党的指示，修改了社科社简章，把原来的“学术研究团体”更改为“青年革命团体”，明确提出以唯物史观为理论指导，去研究社会和参与革命实践。同时把社科社的成员每10人编为一组，每周学习《共产主义ABC》《资本论》《唯物史观浅释》等。社科社在中共成都地方组织领导下很快发展到五六百人，成为成都地区参加学生人数最多、规模最大、活动最有效的组织。

1926年10月，为宣传革命理论，开展反军阀斗争，批判国家主

《野火》

义派谬论，社科社创办了《野火》，得到了时任成大校长张澜的大力支持和经费援助。同时受成都党组织委托，社科社社员张星石和省学联负责人龚堪慎共同创办了《四川学生》周刊。

1928年2月，在成都军阀制造的“二一六”惨案中，李正恩、钱芳祥、龚堪慎等六位社科社社员遇难。

1926年10月，国立成都大学社会科学研究社向省会军事警察厅申办发行《野火》半月刊的呈文和批复

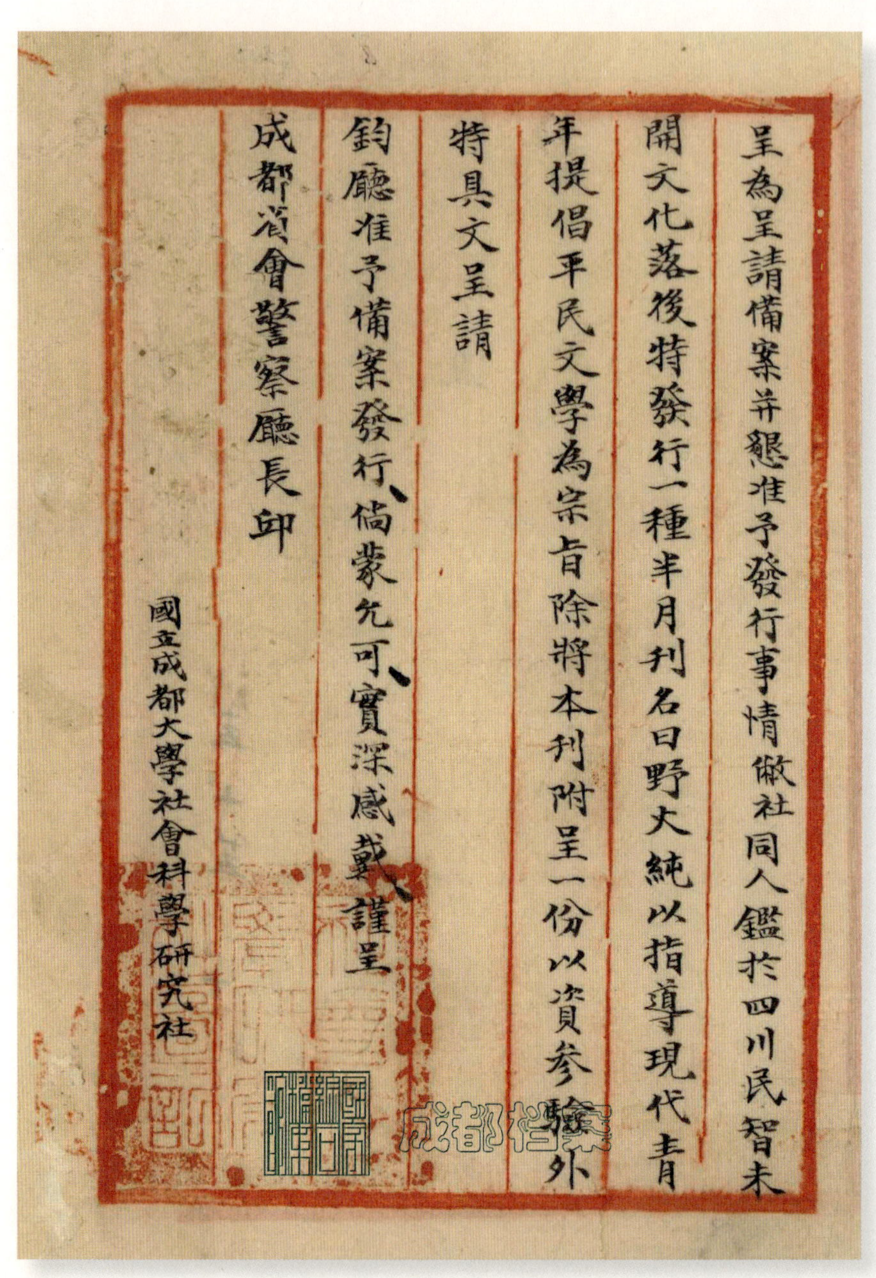
呈為呈請備案并懇准予發行事情敝社同人鑑於四川民智未開文化落後特發行一種半月刊名曰野火純以指導現代青年提倡平民文學為宗旨除將本刊附呈一份以資參驗外特具文呈請

鈞廳准予備案發行、倘蒙允可、實深感戴、謹呈

成都省會警察廳長卬

國立成都大學社會科學研究社

档案解读

国立成都大学社会科学研究社在申办呈文中说，为开发民智、传播文化，特发行《野火》半月刊，以指导现代青年学习了解平民文学为宗旨，故具文呈请办理登记手续。

四川省会军事警察厅在批复中要求将编辑人员的姓名、年龄、籍贯、住址送来警察厅备案，再送一份《野火》半月刊的样书来留存。由此《野火》半月刊得以在今成都市档案馆保存一份。

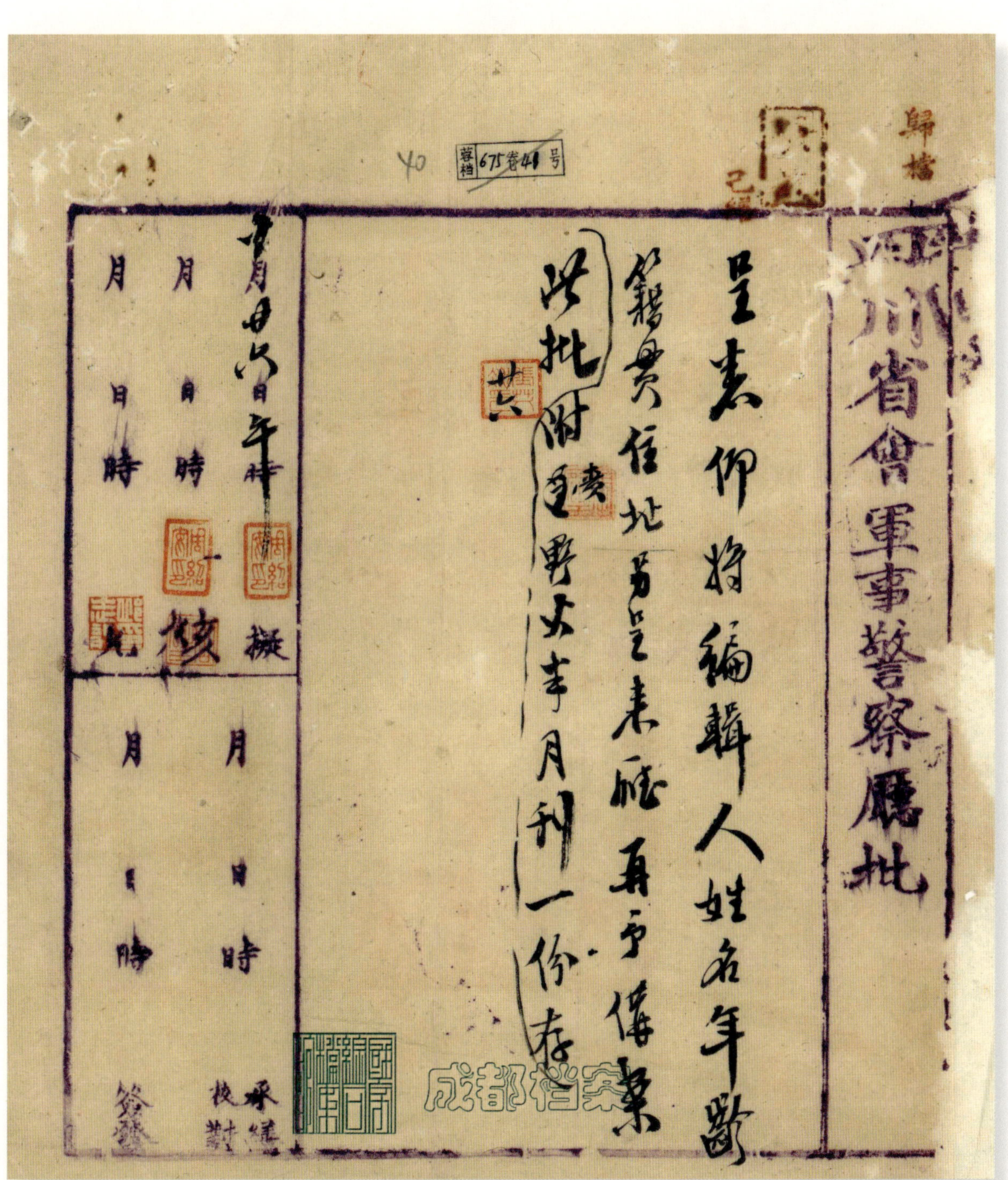
四川省會軍事警察廳批

呈悉。仰將編輯人姓名、年齡、籍貫、住址另呈來廳，再予備案。此批。附呈《野火》半月刊一份存。

《野火》“发刊词”

爲發刊說幾句話

關不住了！關不住了！畢竟關不住了！

外面的壓迫日來日甚，內心的火也愈燒愈烈；大石塊般的下壓，終究壓不熄這火焰，從罅隙中噴出一線火來。這一點星星之火，能夠成燎原之勢，將大石般的壓迫勢力，燒成粉碎，并且也許引起同樣的火焰，燒的滿地鮮紅，那就是最大的成功。

在其他的地方，已經有很大的火——很大的野火燒着；可是我們這一點野火，燃燒起來，并不是要與他爭奪光輝；不過是很想讓他燃燒起來，蔓延起來，與其他的地方的野火連成一氣。熊熊的火焰，很願他燒盡保守派，燒醒冬烘先生；同時也願他燒起青年們的勇氣和熱心。那也就是最大的成功。

政治太黑暗了，教育太腐敗了，社會環境太惡劣了，衰老沈寂的中國，像是不可救藥了。

——但是許多人都還相信中國的唯一希望，就單靠現在的一般新青年。

——太可惜了！勃勃有生氣的新青年，被風習的薰染太利害了，魔鬼的誘探太有力量了。沉淪于封建思想最深的父兄和師友，每天都是對他宣傳十七八世紀陳腐的歷史，并且鼓勵他以爲聖爲賢正心修身的空洞理想。所以結果常有許多青年，出而接觸社會，不能保持他自身的級階性，而爲萬惡社會所同化而墮落。

我們這微弱的呼聲，星星的野火，很想把他蔓延的燃燒直燒到[illegible]滿地緋紅；而燒燬這一切，一切，黑

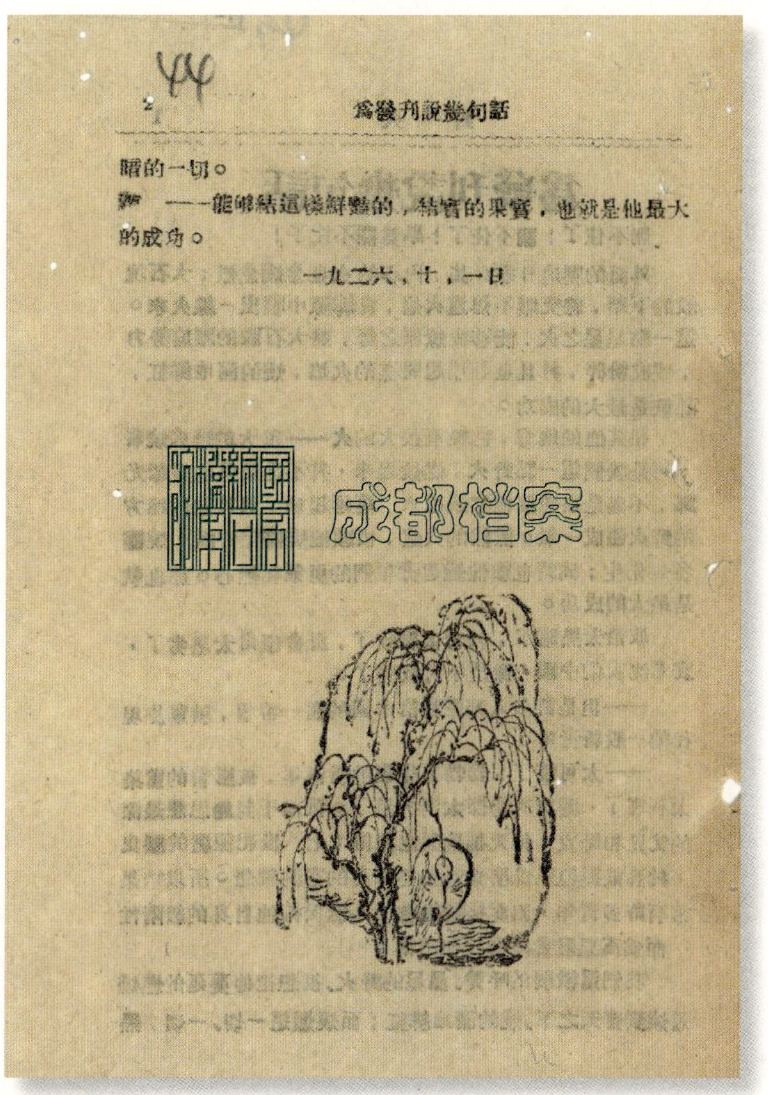

2　　爲發刊說幾句話

暗的一切。

——能够結這樣鮮艷的，結實的果實，也就是他最大的成功。

一九二六，十，一日

档案解读

“关不住了！ 关不住了！ 毕竟关不住了！”

“外面的压迫日来日甚，内心的火也愈烧愈烈；大石块般的下压，终究压不息这火焰，从罅隙中喷出一线火来。这一点星星之火，能够成燎原之势，将大石般的压迫势力，烧成粉碎，并且也许引起同样的火焰，烧的满地通红，那就是最大的成功。”

“政治太黑暗了，教育太腐败了，社会环境太恶劣了。衰老沉寂的中国，像是不可救药了。——但是许多人都还相信中国唯一的希望，就单靠现在的一般新青年。”

“我们这微弱的呼声，星星的野火，很想把他蔓延的燃烧着烧到普天之下，烧的满地绯红，而烧毁这一切，一切，黑暗的一切。——能够结这样鲜艳的，结实的果实，也就是他最大的成功。”

《野火》创刊号目录

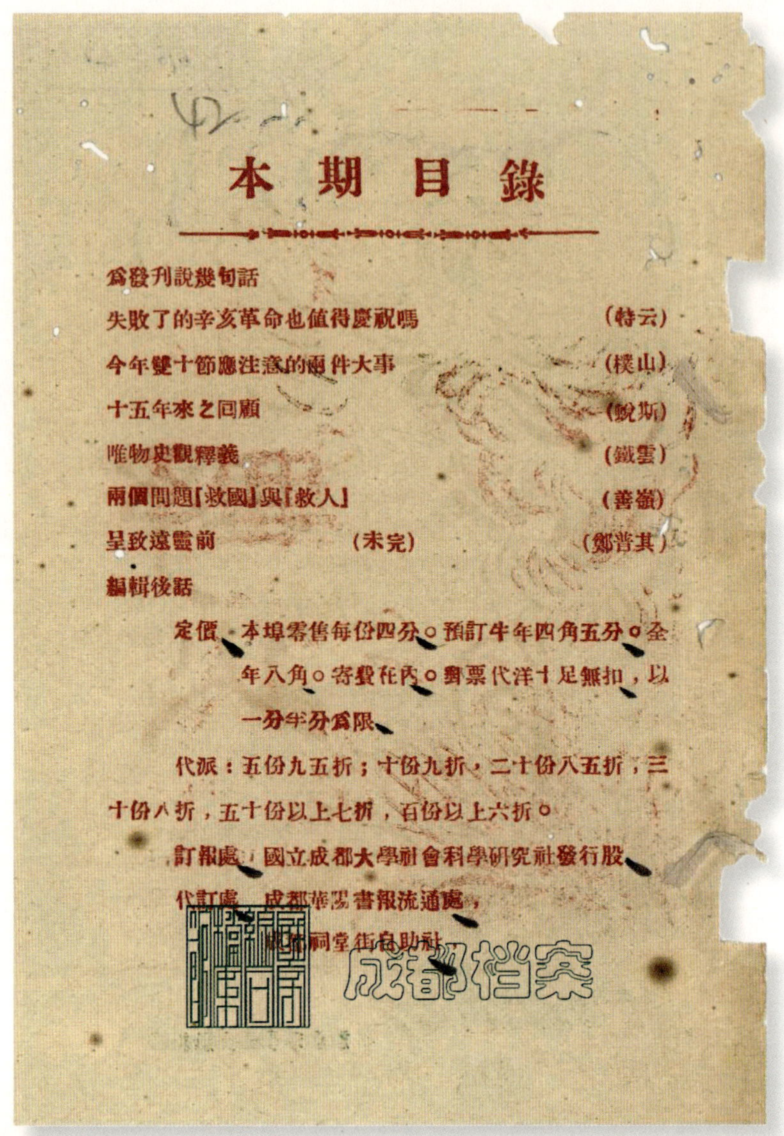

本期目錄

為發刊說幾句話
失敗了的辛亥革命也值得慶祝嗎 （特云）
今年雙十節應注意的兩件大事 （樸山）
十五年來之回顧 （鋭斯）
唯物史觀釋義 （鐵雲）
兩個問題「救國」與「救人」 （善嶺）
呈致遠靈前 （未完） （鄭普其）
編輯後話

定價 本埠零售每份四分。預訂半年四角五分。全年八角。寄費在內。郵票代洋十足無扣，以一分半分為限

代派：五份九五折；十份九折，二十份八五折，三十份八折，五十份以上七折，百份以上六折。

訂報處 國立成都大學社會科學研究社發行股

代訂處 成都華陽書報流通處，成都祠堂街自助社，

档案解读

订报处：国立成都大学社会科学研究社发行股。

代订处：成都华阳书报流通处和成都祠堂街自助社。

定价：本埠零售每份四分，预订半年四角五分，全年八角（含邮费）。

代派：（团购优惠）五份九五折，十份九折，二十份八五折，三十份八折，五十份以上七折，百份以上六折。

物价说明：根据《吴虞日记》记载，1926年成都大米价格每斤约0.10元，一份报纸0.04元就相当于4两大米的价钱。

14 《四川晓报》

1931年8月1日创刊的《四川晓报》，是中共四川省委的机关报。该报由省委领导下的三人编委会编辑。时任省委领导的张春帆、罗世文、谭德政、曾海元、殷自强、王永忠等，均参加过该报的领导和编辑工作。编委会还需承担组稿、改稿、编排、校对、誊写、制版等繁重任务。报纸除少数油印外，其余为单面石印，由省委发行科（后为发行部）通过秘密渠道发行。由于省委迭遭破坏和经费缺乏等原因，往往不能按时出版，编辑和发行人员更替也很频繁。

《四川晓报》第一期由时任省委书记罗世文撰写《发刊词》：“本报——《四川晓报》，便是与国民党报纸完全相反的一种刊物。本报是穷人们的喉舌，完全是（以）穷人们的利益为发表言论和记载事实的标准。本报对国民党及一切反动派，是采取绝对攻打的态度。凡是国民党的一切黑幕欺骗，本报都绝对指出揭穿，竭全力粉碎国民党一切反动的企图；对群众生活，群众斗争，本报决（绝）供给以丰富的斗争方案和策略，务使广大群众能战胜敌人，扩大组织，加强组织，直走到反帝国主义、反国民党的革命成功，土地与苏维埃及八小时工作制的胜利为止。”

《四川晓报》大致分四个版面：党的文件、社论评论、消息报道和各地革命斗争通讯总结。主要内容包括中共中央、中华苏维埃临时中央政府和省委的宣言、通电、决议以及理论文章，全国各苏区发展情况和本省各地的斗争动态，介绍苏联社会主义革命和建设的成就，揭露日本帝国主义侵略本质和国民党的对日妥协真面目。在王明路线影响下，该报也曾发表了一些宣传左倾冒险主义路线的文章。

《四川晓报》力求文字通俗化，“使文化程度低的人亦能阅读”，同时增加漫画、歌谣和“俱乐部性质的材料”，使报纸“不仅要她尽宣传作用，而且要使她成为具体领导群众、组织群众的工具”。

1931年10月前，《四川晓报》主要在党内发行，每期约500份。此后省委在各地建立党报代派处，又在全川开展“推销党报运动”，大力发展工农群众订户，大量培养和发展秘密交通员等措施，使发行量最高时达到了1500份。

1932年5月1日，中共四川省委在《四川晓报》第26期上发表纪念五一国际劳动节社论，强调工人阶级要团结起来，反对帝国主义及其走狗国民党反动派，为实现八小时工作制，完成土地革命，实现中国红色苏维埃政权而斗争。

1933年9月，《四川晓报》一位交通发行员被捕叛变，出卖了省委宣传部长谭德政和发行部负责人谢荣华，谭德政、谢荣华被捕后宁死不屈，绝不向敌人泄露报社的任何秘密，用他们宝贵的生命保护了报纸的出版机构和发行网络。

1934年9月11日，《四川晓报》终刊，共出64期。

中华人民共和国成立后的1952年7月，中共四川省委机关报——《四川晓报》以《四川日报》的新刊名在成都复刊。

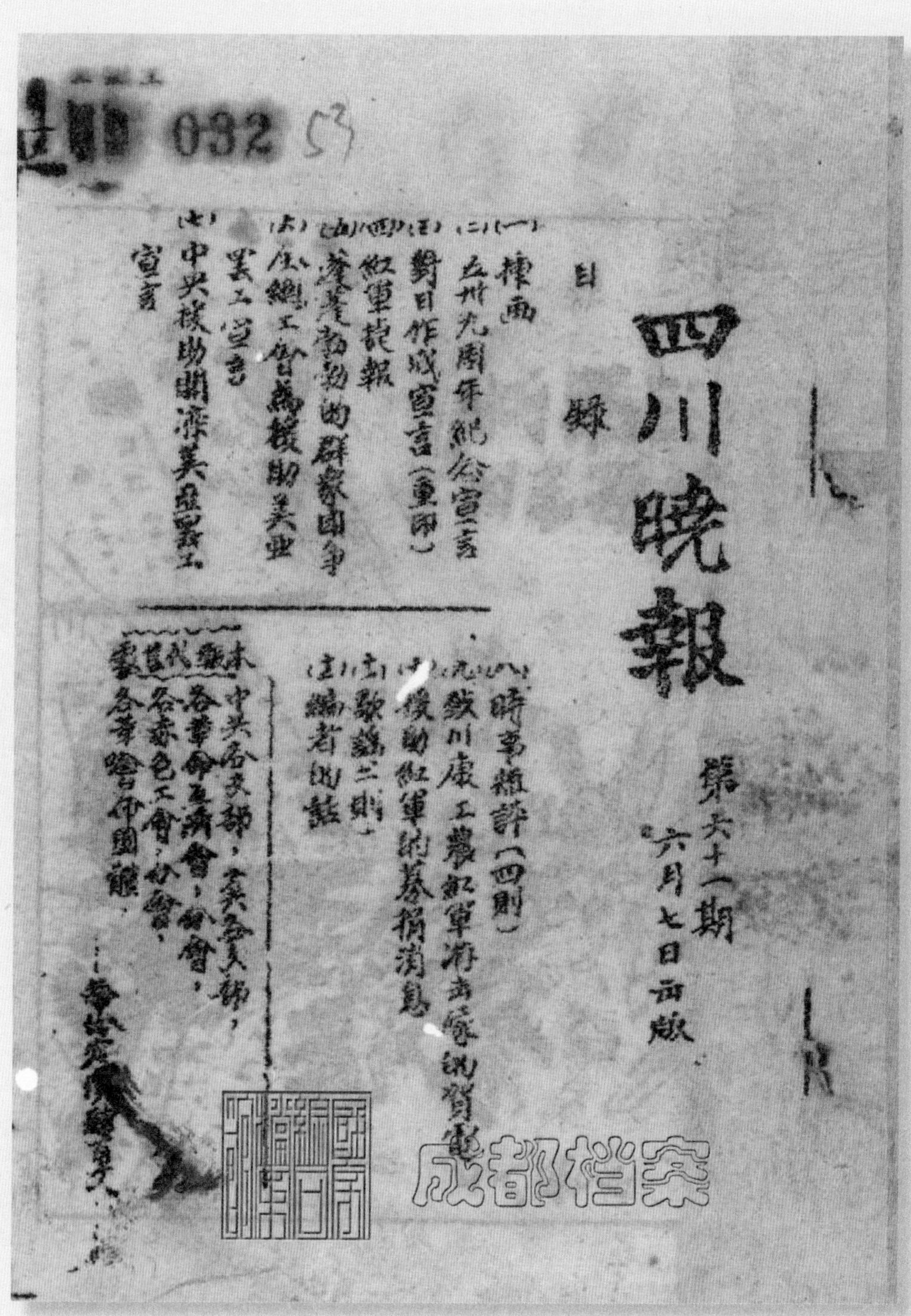

四川晚報

第六十一期
六月七日出版

目錄

（一）標語
（二）五卅九週年紀念宣言
（三）對日作戰宣言（重印）
（四）紅軍捷報
（五）發展勞動的群衆鬥爭
（六）成都總工會為援助美亞罷工宣言
（七）中央援助滬美亞罷工宣言
（八）時事雜評（四則）
（九）致川康工農紅軍游擊隊賀電
（十）援助紅軍的募捐消息
（十一）歌謠二則
（十二）編者的話

本報代售處
中共各支部，青年團各支部，
各革命互濟會，分會，
各赤色工會，分會，
各革命群衆團體，

《四川晚报》第61期

1934年6月，《四川晓报》第61期漫画一组

漫画一：

南京路上，英国巡捕用机关枪扫射示威的工人和学生

漫画二：
为支援上海人民五卅反帝爱国运动，1925年6月19日共产党人邓中夏及苏兆征在香港发动了“省港大罢工”，历时一年零四个月，沉重地打击了英帝国主义在香港的殖民统治。漫画上的歌谣是：“罢工武□□□枪炮，繁华都市立为孤岛。”

漫画三：
维护中华苏维埃政府和军事委员会对日作战宣言

《四川晓报》第61期《五卅九周年纪念宣言》

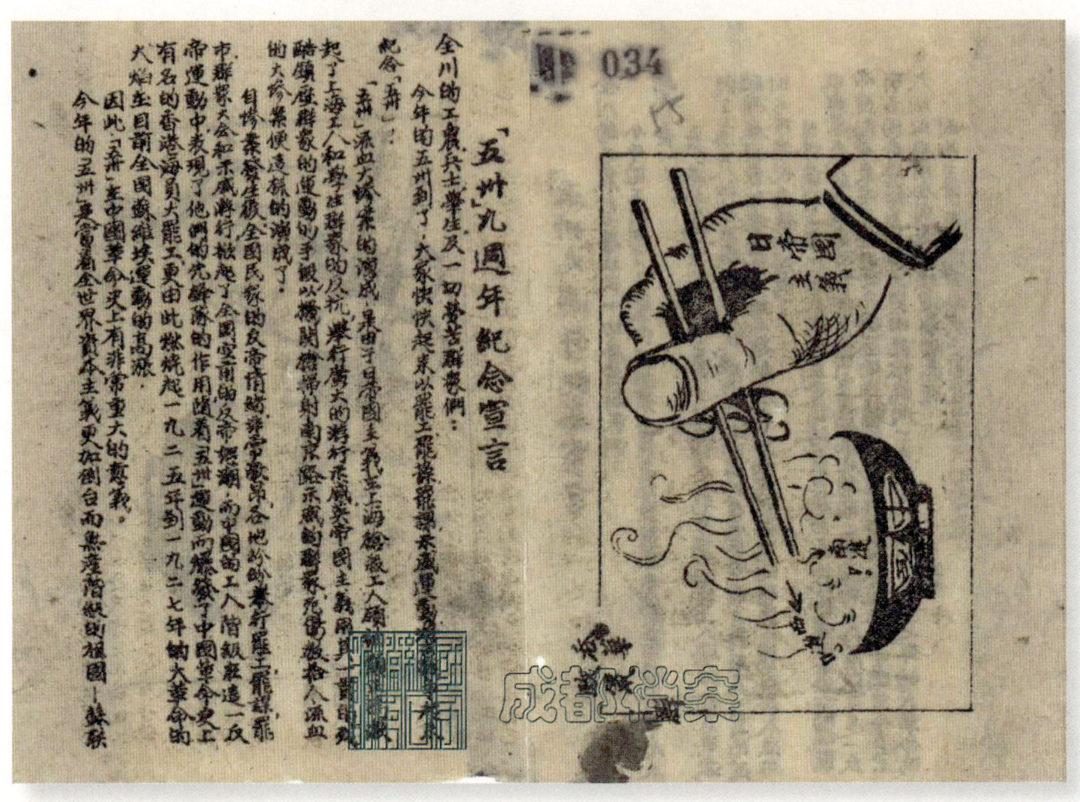

「五卅」九週年紀念宣言

全川的工農兵士學生及一切勞苦群衆們：

今年的五卅到了，大家快快起來以罷工罷課示威運動[illegible]紀念「五卅」：

「五卅」流血大慘案的演成，是由于日本帝國主義在上海槍殺工人領[illegible]起了上海工人和學生群衆的反抗，舉行廣大的游行示威，英帝國主義用其一貫的殘酷鎮壓群衆的運動的手段以機關槍掃射南京路示威的群衆，死傷數十人，流血的大慘案便這樣的演成了。

自慘案發生後，全國民衆的反帝情緒非常激昂，各地紛紛舉行罷工罷課罷市群衆大会和示威游行，掀起了全國空前的反帝怒潮，而中國的工人階級在這一反帝運動中表現了他們的先鋒隊的作用，隨着「五卅」運動而爆發了中國革命史上有名的香港海員大罷工，更由此燃燒起一九二五年到一九二七年的大革命的火焰在目前全國蘇維埃運動的高漲。

因此「五卅」在中國革命史上有非常重大的意義。

今年的「五卅」更當着全世界資本主義更加倒台而無產階級的祖國——蘇聯

档案解读

全川的工农、兵士、学生及一切劳苦群众们：

今年的五卅到了，大家快快起来，以罢工罢课、示威运动、游击战争起来纪念五卅。

五卅流血大惨案的演成，是由于日本帝国主义在上海枪杀工人领袖顾正鸿（红），激起了上海工人和学生群众的反抗，举行广大的游行示威，英帝国主义用其一贯的残酷镇压群众的运动和手段，以机关枪扫射南京路示威的群众，死伤数十人，流血的大惨案便这样的演成了。

自惨案发生后，全国民众的反帝情绪非常激昂，各地纷纷举行罢工、罢课、罢市、群众大会和示威游行，掀起了全国空前的反帝怒潮，而中国的工人阶级在这一反帝运动中表现了他们的先锋队的作用，随着五卅运动而爆发了中国革命史上有名的香港海员大罢工，更由此燃烧起一九二五年到一九二七年的大革命的火焰在目前全国苏维埃运动的高潮。

因此五卅在中国革命史上有非常重大的意义。

第三篇 抗日战争时期报刊

车耀先

抗日战争爆发后，进步报刊在成都的大量创刊，将成都抗日救亡运动推向新的高潮。这些报刊通过发表不同形式的文章，唤醒民众爱国热忱，投身抗日救亡运动；宣传党的抗日民族统一战线方针政策和全面抗战路线；揭露日寇罪行，痛斥汉奸卖国行径，抨击国民党顽固派的反共逆流；介绍抗日民主根据地，宣传八路军及敌后抗日军民取得的胜利；以文艺形式歌颂抗日将士的英勇事迹，起到了为抗日救亡呐喊和党的喉舌作用。

这些进步报刊包括，中共四川省工委掌握的《四川日报》《国难三日刊》《时事新刊》《民声报》以及受中共影响的《华西日报》《新民报》等。同时，一些共产党员和进步文化人士先后创办《大声》《新时代》《星芒》《救亡》《战时学生旬刊》《抗战星期刊》《妇女呼声》《抗日先锋》《统一战线》等，以及《金箭》《散文》《抗敌周刊》《战旗旬刊》《火炬》《文艺后防》《笔阵》《金沙》《文艺创作》等进步文艺刊物。

中共四川省委创办的《工人之路》周刊，其第一期便登载了《工人自动武装起来驱逐日寇》，号召“工人立刻自动武装起来，组织反日义勇军”。由大量共产党人和进步人士参与的《华西日报》，坚持对外抗战，对内民主，宣传党的抗战方针和统一战线政策。由大量爱国青年创办的《力文》半月刊，在党的影响下，宣传号召抗日救亡，抨击退让、妥协、投降，传达民族的呼声。共产党员车耀先创办的《大声》周刊宣传党的抗日方针政策，推动了成都地区抗日救亡运动。

抗战期间，《新华日报》成都发行组和川西北总分销处，在总分销处和《新华日报》总社的领导下，对国民党顽固派和特务机构实施的阻挠登记、撕毁报纸、殴打绑架报童、查封营业部、秘密逮捕分销处负责人等种种手段进行了坚决的斗争。发行量从1938年1月的40余份，发展到最多时达到12000份，使《新华日报》成为成都地区最具影响力的进步报刊之一。

此外还有从渝迁蓉，有大量共产党员参与的《四川日报》，中共地下党创办的《国难三日刊》，文字精练浅白、笔锋犀利的《时事新刊》，星芒通讯社创办的《星芒周报》，被称为“民主堡垒”的《华西晚报》等。它们都积极宣传党的抗日民族统一战线，坚持对外抗战、对内民主的办报方针，及时报道前方将士杀敌情况，抨击汉奸罪行，驳斥“速胜论”和“亡国论”，宣传持久战；或以辛辣的笔触针砭时弊，宣传言论自由、反内战、反迫害、争民主，支持学生运动。

15
《工人之路》周刊

1932年3月，中共四川省委为更好地指导工人运动，代表工人呼声，教育团结工人，创办了地下刊物《工人之路》周刊。这是一个油印的小册子，售价200文，工人减半。

周刊的主旨是为“又穷又苦”的工人“说几句公道话”。因为“成都十几家大报馆，都是地主、军阀、老板的留声机器。老板说工人孬，报纸就说工人该饿死；军阀说工人捣乱，报纸便说工人该枪毙”。工人没有说话的地方。所以《工人之路》“要大声呼号宣布我们的黑暗，我们要拼命力争，求得我们的利益，要达到工人解放的目的”。“《工人之路》是四川工人的指路牌，要办到名实相符，还是要靠全体工人大家努力。”

第一期内容较为广泛，有指导工人武装起来驱逐日寇和反对兵工厂武装压迫的文章，有反映各业工人加资（增加工资）斗争的“斗争怒潮”专栏，有“团结之声”“教育部”等反映工人活动和增进工人知识的专栏，有“游戏场”“金刚钻”等讽刺短文专栏。

受左倾思想的影响，周刊也曾提出过一些不切合实际和过高的要求。

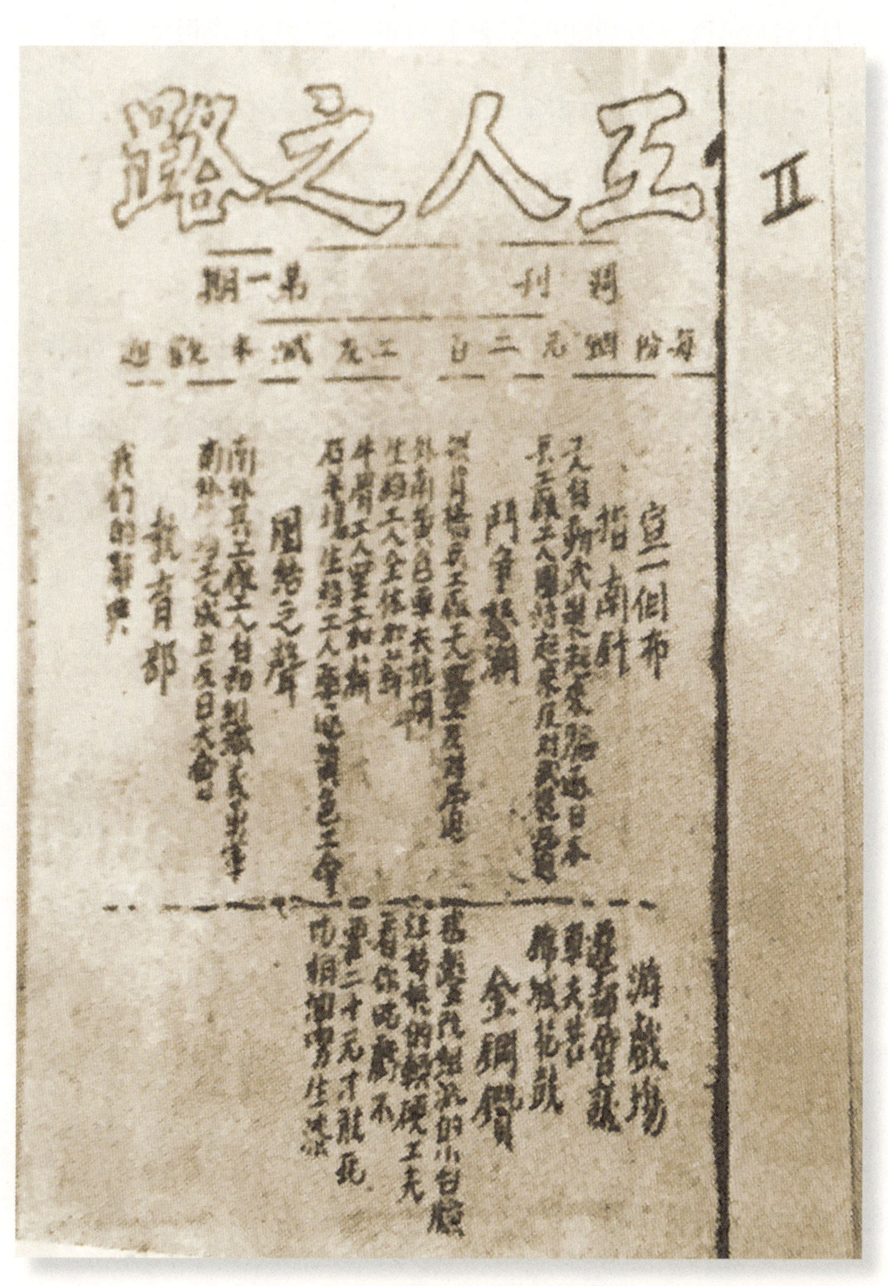

工人之路

周刊　第一期

宣一個布

指南針

鬥爭怒潮

團結之聲

教育部

游戲場

金鋼鑽

1932年中共四川省委创办的《工人之路》周刊

16
《华西日报》

1934年3月15日创刊，是刘湘四川善后督办公署发行的报纸。第一任社长舒君实，社址初设于成都新街后巷子9号。1935年刘湘任省主席后，《华西日报》成为民国四川省政府的机关报。

民革川康负责人王白与曾两度担任《华西日报》社长。

1940年华觉民任社长后，任用了许多共产党员和进步人士，如共产党员李次平任总编辑，共产党员田一平任经理，主笔共产党员杨伯恺，开始大力宣传中国共产党的抗战方针政策。当40年代前期《新华日报》在成都发行受阻时，《华西日报》将其电讯、社论和文章改头换面加以刊载，以宣传党的抗战方针。

1942年到1945年春，民盟成员甘鉴斌任社长时，任用共产党员王达非为总经理兼主笔，共产党员杨伯恺任主笔，共产党员黎澍任副刊编辑，共产党员唐征久编电讯版并写短评。报社还聘用多名民盟成员参与工作。由此《华西日报》大力宣传对外抗战、对内民主，揭露黑暗统治，抨击时弊，宣传进步，曾以专栏刊载郭沫若的《告四川青年书》，冯玉祥的《向着最后胜利的目标前进》《全面抗战之展开》等文章。在此时期内，《华西日报》销量大增至7000份以上，最高达万份。除在本省发行外，还发往贵州、湖北、陕西及康藏边区。

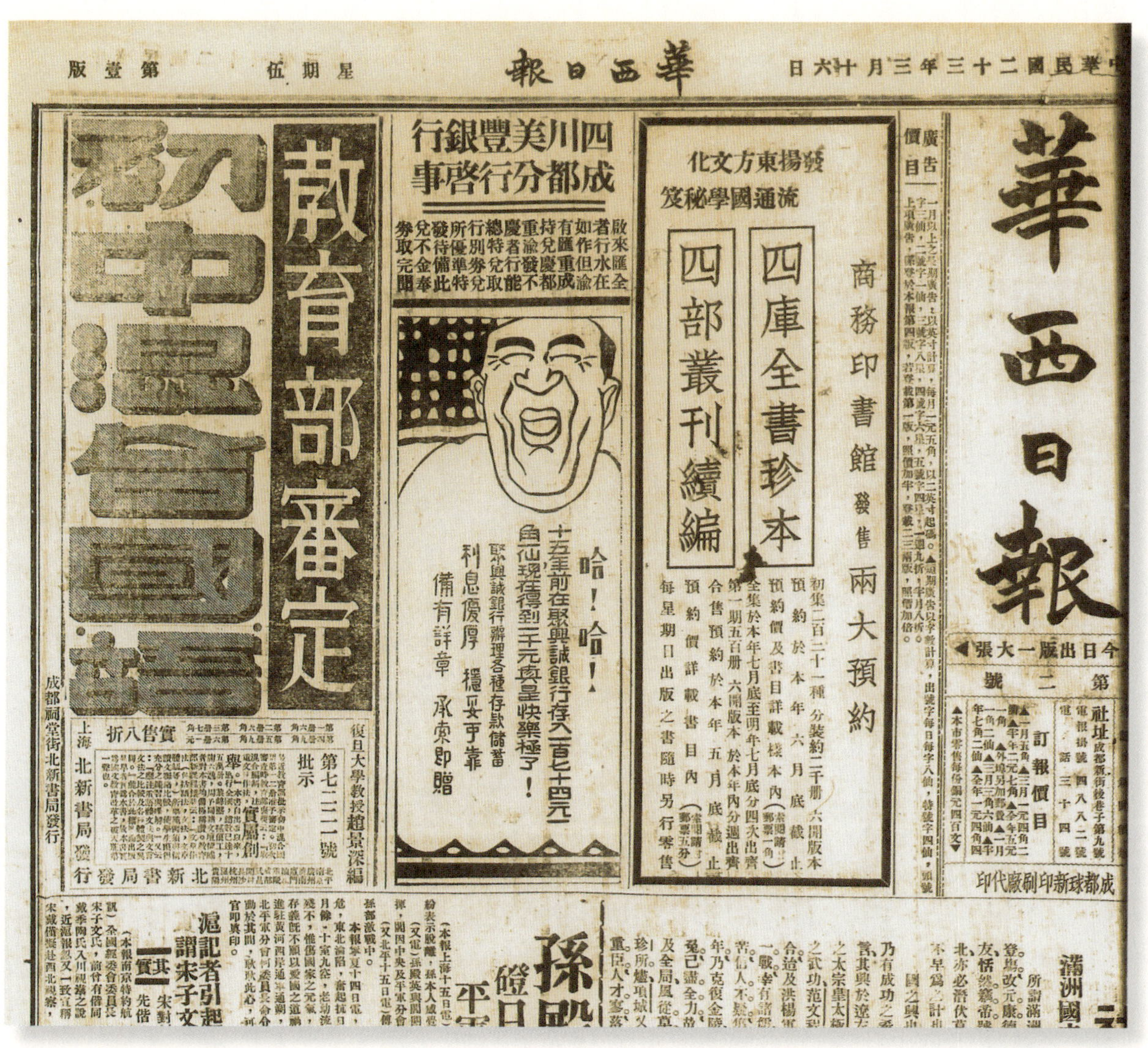
中華民國二十三年三月十六日　華西日報　星期伍　第壹版

華西日報　今日出版一大張　第二號

廣告價目　一月以上之長期廣告，以英寸計算，每月一元五角，以二英寸起碼。▲短期廣告以字數計算，出號字每日每字八仙，特號字四仙，頭號字三仙，二號字一仙，三號字八星，四號字六星，五號字四星，一週九折，半月八折。上項廣告，係登於本報第四版，若登載第一版，照價加半，登載二三兩版，照價加倍。

社址成都新街後巷子第九號　電報掛號四八八二號　電話三十四號

訂報價目

▲本市零售每份銅元四百文▲

成都球新印刷廠代印

發揚東方文化　流通國學秘笈

商務印書館發售兩大預約

四庫全書珍本　初集二百三十一種　分裝約二千册　六開版本　預約於本年六月底截止　預約價及書目詳載樣本內（索閱請寄郵票一角）　全集於本年七月底至明年七月底分四次出齊

四部叢刊續編　第一期五百册　六開版本　於本年內分週出齊　合售預約於本年五月底截止　預約價詳載書目內（索閱請寄郵票五分）　每星期日出版之書隨時另行零售

四川美豐銀行成都分行啓事

啟者如有持重慶總行所發兌券來行作匯兌渝者特別優待不取匯水但重慶發行兌券準備金完全在渝成都不能取兌特此奉聞

哈！哈！

十五年前在聚興誠銀行存入一百七十四元一角一仙現在得到二千元真是快樂極了！

聚興誠銀行辦理各種存款儲蓄　利息優厚　穩妥可靠　備有詳章　承索即贈

初中混合國語

教育部審定

復旦大學教授趙景深編

第七二三二號批示

實售八折　第一册六角　第二册六角　第三册七角　第四册九角　第五册九角　第六册一元

上海北新書局發行

北新書局發行

成都祠堂街北新書局發行

《华西日报》

1947年赵星洲代理社长期间，《华西日报》在省市新闻版和副刊上增加了“三话”栏目（即“傻话”“漫话”“废话”），先后发文数百篇，用诙谐讽刺之笔揭露国民党的反动统治，为此曾受到国民党四川省主席王陵基的警告。此后《华西日报》还刊出《中共召开七届二中全会》《中共进入南京情况》等文章，又以《中共十大将领》为题详细介绍朱德、刘伯承、徐向前、李先念、贺龙、陈毅等，盛赞他们的军事才能。

1949年8月，《华西日报》停刊。

四川善后督办公署申办《华西日报》呈文

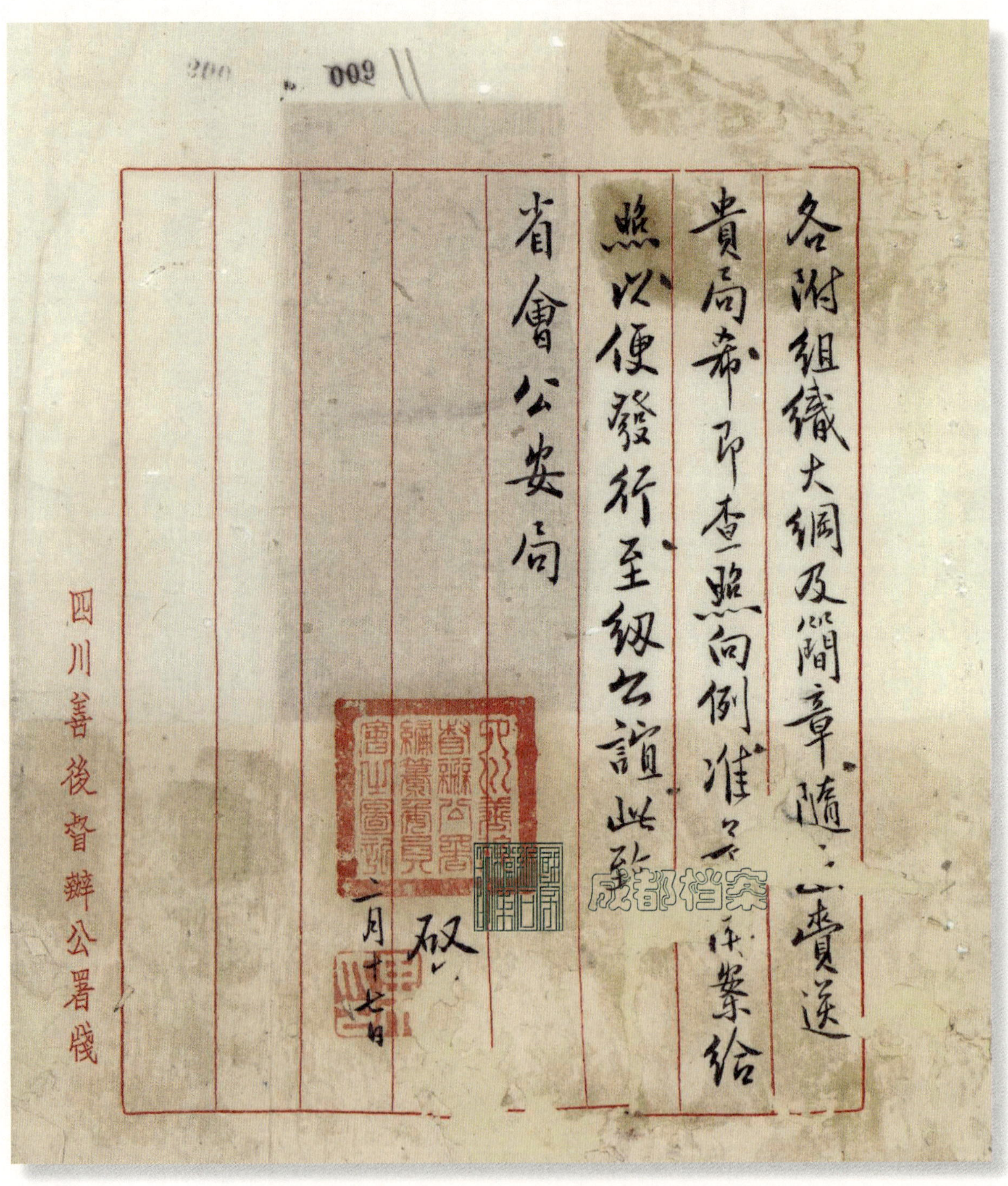
各附組織大綱及簡章隨文賫送
貴局希即查照向例准予存案給
照以便發行至紉公誼此致
省會公安局

二月十七日 啟

四川善後督辦公署牋

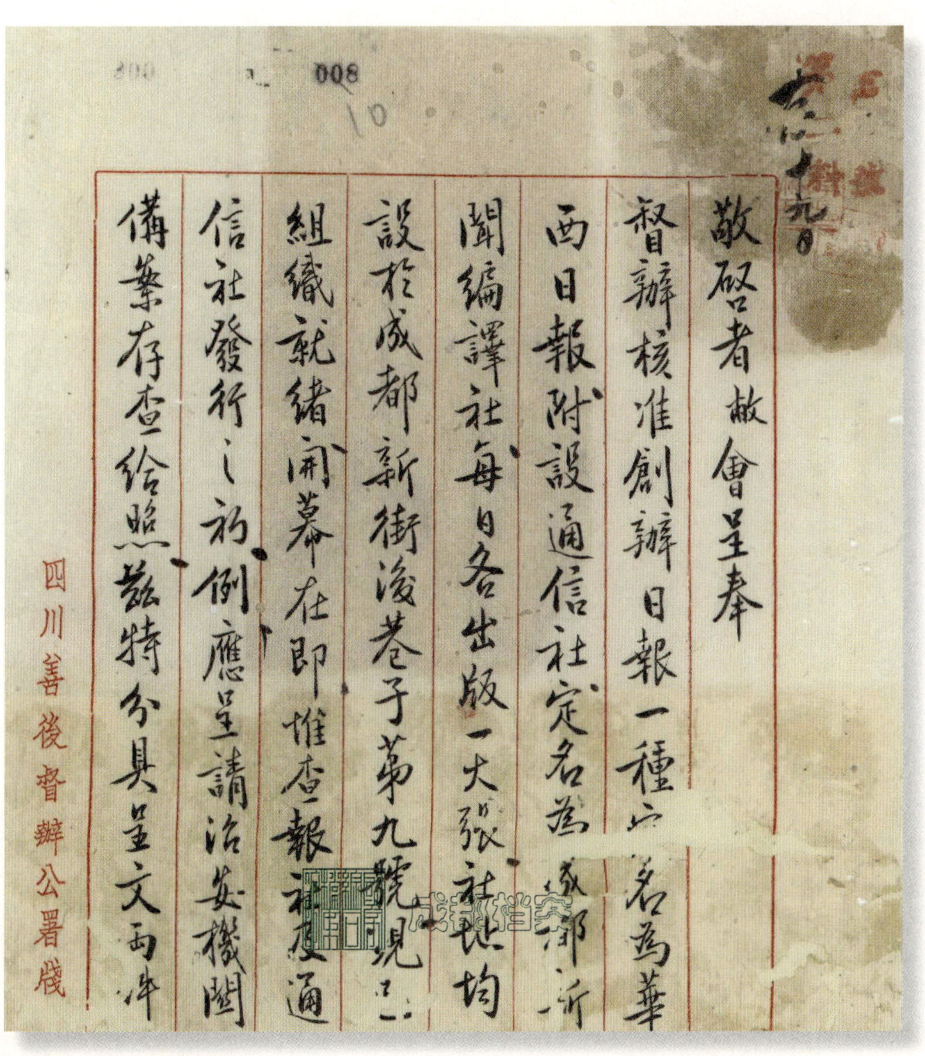
敬啓者敝會呈奉
督辦核准創辦日報一種定名為華
西日報附設通信社定名為成都新
聞編譯社每日各出版一大張社址均
設於成都新街後巷子第九號現已
組織就緒開幕在即惟查報社及通
信社發行之初例應呈請治安機關
備案存查給照茲特分具呈文兩件

四川善後督辦公署箋

档案解读

1934年2月17日，四川善后督办公署编纂委员会给省会公安局呈文申办《华西日报》。

呈文首先表明这是四川善后督办公署已核准办的报纸（来头不小），再说报名为“华西日报”，并设有一个叫“成都新闻编译社”的通讯社，报社和通讯社社址均设在成都新街后巷子九号。其三说“组织就绪，开幕在即”，（礼节性）地送上《组织大纲》和《简章》，请省会公安局按惯例备案并发给执照。“至纫公谊”的口气，就是有劳你们公事公办。

1931年2月，刘湘任四川善后督办，其职务相当于督军，为当时四川省最高军事长官。作为掌握枪杆子的四川善后督办公署，哪里会把区区一个省会公安局放在眼里呢，所以行文只是一种程式和礼节罢了！

华西日报社组织大纲

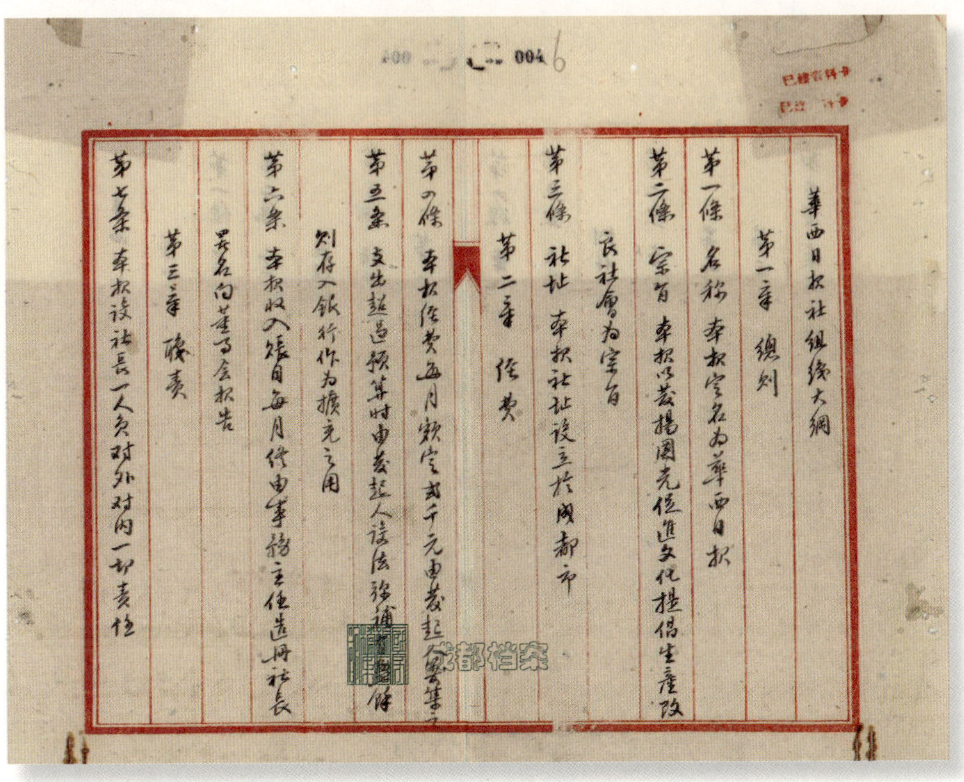

華西日報社組織大綱

第一章 總則

第一條 名稱 本報定名為華西日報

第二條 宗旨 本報以發揚固有文化提倡生產改良社會為宗旨

第三條 社址 本報社址設立於成都市

第二章 經費

第四條 本報經費每月規定貳千元由發起人籌集之

第五條 支出超過預算時由發起人設法彌補[illegible]餘則存入銀行作為擴充之用

第六條 本報收入帳目每月須由事務主任造冊社長呈各向董事會報告

第三章 職責

第七條 本報設社長一人負對外對內一切責任

會議

第七章 附則

第廿三條 本大綱經董事會議通過即生效力

第廿四條 本大綱有未盡善處得由董事會議通過修改之

17 《力文》

创刊于1936年7月5日，半月刊，社址设在成都湖广馆街39号附3号。《力文》是在党的影响下，由于渊、甘道生、甘树人、胡俊、徐庆坚、郭祖劼、江牧岳、赵忍安等部分党员和爱国青年成立的“力文社”创办的。该刊前后共存在4个多月，出版7期，每期发行千份左右。

《力文》第4期提出，本刊以“研究学术，启发社会文化，站在救亡图存的立场上，促进反帝抗日斗争，争取民族解放运动为最大目标”。同期还转载了同年7月15日章乃器、陶行知、邹韬奋、沈钧儒四位全国救亡领袖发表的《团结御侮的几个基本条件与最低要求》的声明，公开提出“停止内战，联共抗日”的主张，在社会上引起了巨大反响。《力文》第6期转载了《全国各界救国联合会成立大会宣言》，第7期转载了《抗日救国初步政治纲领》《四川各界救国联合会纲领草案》。

《力文》从第2期开始，还每期撰写一篇《时事讲话》，介绍时政，呼唤抗日，颂扬红军。《时事讲话》第3期指出：“华北危机在扩大”“日本要求独占华北”“创设航空兵团，准备战争”。《时事讲话》第4期指出：“日本要求我们放弃反日运动，只好做忠顺奴才”“军人工农和学生建立起了华北血肉长城”。《时事讲话》第5

期指出：“我们的政府统治一切消息，箝制言论，使人民对自己生死关头毫不明白，我们对当局提出开放民众反日运动的要求！”《时事讲话》第6期指出：“不愿做奴隶，只有对日抗战。现在中央政府既不公布外交内容，又不开放反日运动，除了妥协，无路可走！”《时事讲话》第7期指出：红军“着重于对付日本帝国主义，适应全民族的抗日要求，争取中华民族的自由平等”。

《力文》的成员，不只是抗日救亡的宣传者、号召者，而且是抗日救亡的实践者。1936年10月18日，成都各界救亡联合会筹备会上，车耀先推举《力文》为大会筹委之一。

《力文》半月刊在宣传抗日救亡方面发挥了积极作用。在发行的四个多月中，它积极宣传抗日救亡，抗议、驳斥并抨击退让、妥协、投降，代表和传达了广大人民群众的意愿和呼声，成为全面抗战爆发前夕成都地区吹响的第一声救亡号角。

1936年11月6日，《力文》被国民党四川省党部查禁停刊后，其主要成员转入了党在成都创建的《建设晚报》。

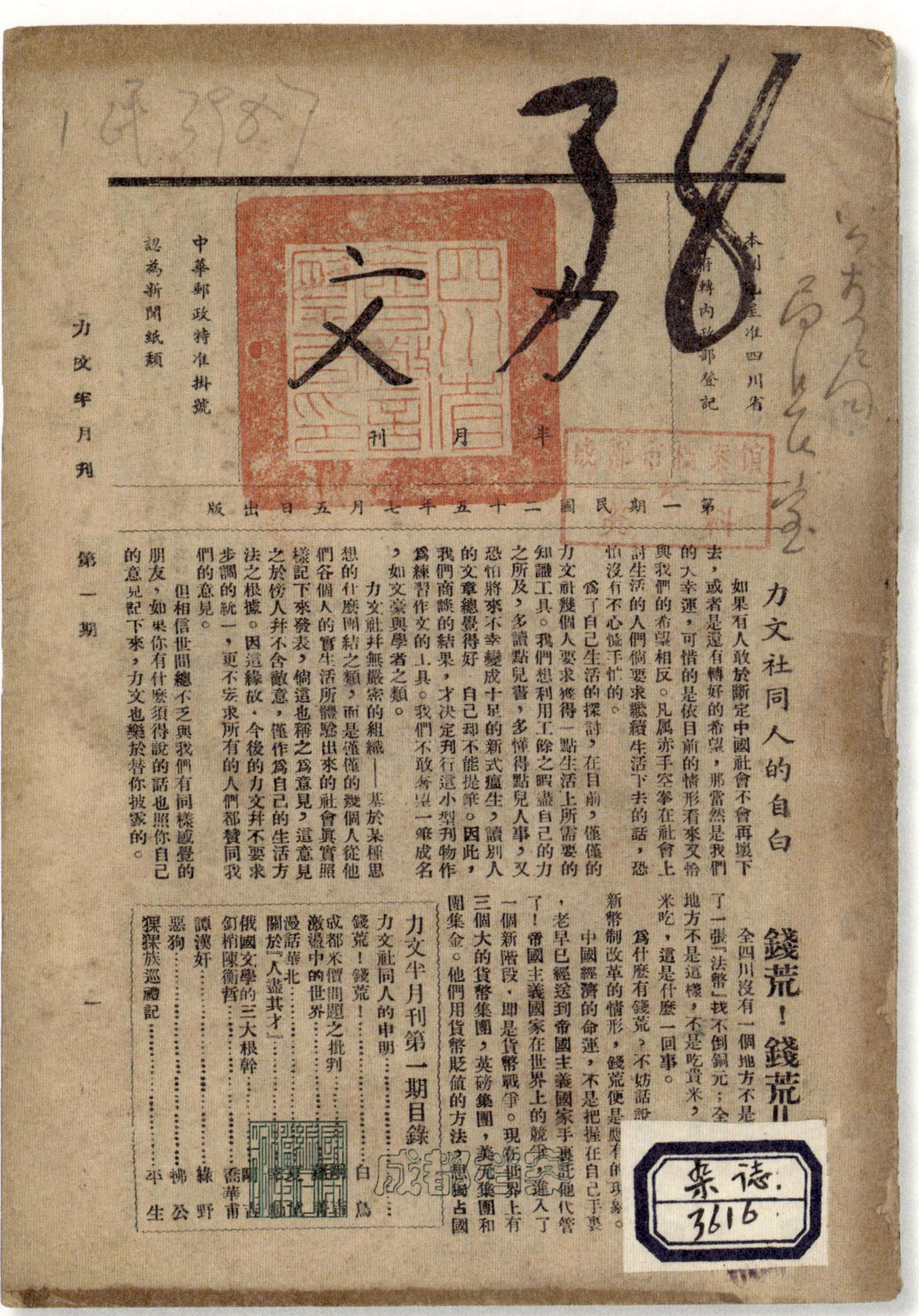

力文 半月刊

本刊□呈准四川省□府轉內政部登記

中華郵政特准掛號認為新聞紙類

第一期 民國二十五年七月五日出版

力文半月刊 第一期 一

力文社同人的自白

如果有人敢於斷定中國社會不會再壞下去，或者是還有轉好的希望，那當然是我們的大幸運，可惜的是依目前的情形看來又恰與我們的希望相反。凡屬赤手空拳在社會上討生活的人們倘要求繼續生活下去的話，恐怕沒有不心慌手忙的。

為了自己生活的探討，在目前，僅僅的力文社幾個人要求獲得一點生活上所需要的知識工具。我們想利用工餘之暇盡自己的力之所及，多讀點兒書，多懂得點兒人事，又恐怕將來不幸變成十足的新式瘟生，讀別人的文章總覺得好自己却不能提筆。因此，我們商談的結果，才決定刊行這小型刊物作為練習作文的工具。我們不敢奢望一筆成名，如文豪與學者之類。

力文社并無嚴密的組織——基於某種思想的什麽團結之類，而是僅僅的幾個人從他們各個人的實生活所體驗出來的社會真實照樣記下來發表，倘這也稱之為意見，這意見之於傍人并不含敵意，僅作為自己的生活方法之根據。因這緣故，今後的力文并不要求步調的統一，更不妄求所有的人們都贊同我們的意見。

但相信世間總不乏與我們有同樣感覺的朋友，如果你有什麽須得說的話也照你自己的意見記下來，力文也樂於替你披露的。

錢荒！錢荒！！

全四川沒有一個地方不是……了一張『法幣』找不倒銅元；全……地方不是這樣，不是吃貴米，……米吃，還是什麽一回事。

為什麽有錢荒？不妨話說……新幣制改革的情形，錢荒便是應有的現象。

中國經濟的命運，不是把握在自己手裏，老早已經送到帝國主義國家手裏託他代管了！帝國主義國家在世界上的競爭，進入了一個新階段，即是貨幣戰爭。現在世界上有三個大的貨幣集團，英磅集團，美元集團和團集金。他們用貨幣貶值的方法，想獨占國

力文半月刊第一期目錄

1936年7月5日《力文》第一期

1936年四川省政府给省会公安局关于查禁《力文》半月刊的训令

頁號 04

盼將辦理情形見覆爲荷」！

等由，到府，除函復外，合行令仰該局，即便查照，辦理嚴禁該社刊物之發

行販賣。此令。

中華民國　年　月　日

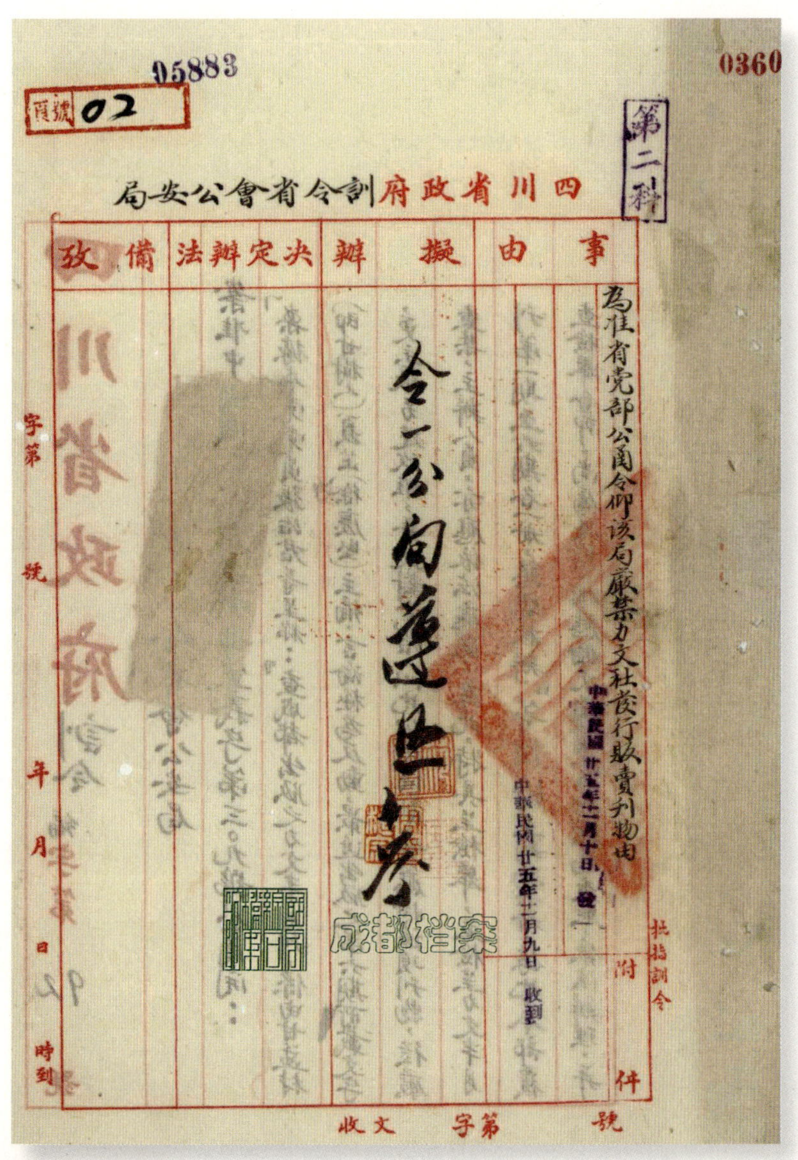
95883
0360
頁號 02
第二科
四川省政府訓令省會公安局
事由 為准省党部公函令仰该局嚴禁力文社發行販賣刊物由
中華民國廿五年十二月十日發
中華民國廿五年十二月九日收到
擬辦
辦
決定辦法
備考
令一分局遵照
字第 號
年 月 日 時到
附 件
收文 字第 號

档案解读

《力文》是在党的影响下，由中共党员和爱国青年成立的“力文社”创办的刊物。它“站在救亡图存的立场上，促进反帝抗日斗争，争取民族解放运动为最大目标”，引起了国民党当局的惊恐。

果然，1936年四川省政府给省会公安局的训令，要求查禁甘树人（爱国知识分子，后加入共产党）、徐庆坚主编的《力文》半月刊，惩办主办人员并送交第1—6期的《力文》半月刊作为证据，要求省会公安局“即便查照处理，严禁该社之发行贩卖”。

18 《活路》

为扩大成都地区抗日救亡运动的宣传，打破国民党政府对新闻舆论的垄断，在车耀先的支持下，1936 年 11，月共产党员、成都民先队队长韩天石和四川大学法学院政经系学生周海文、胡绩伟等成都民先队员创办了抗日救亡刊物——《活路》旬刊。其编辑发行地址名义上设在四川大学法学院学生宿舍，实际设在车耀先的努力餐馆。

《活路》由成都民先队自筹经费，自己写稿、编辑校对和发行。它大力宣传党的抗日民族统一战线方针政策，分析国际国内形势，揭露日寇阴谋，抨击投降言论，要求政府停止内战、一致对外，呼吁全国人民不分阶级、党派、信仰、种族，团结合作、力御外侮。

《活路》刊发了许多民先队员自己撰写的抗日救亡的文章，如《日本帝国主义侵华政策剖析》《日本侵略中国会适可而止吗？》《不需唤起民众？》《武器是万能的吗？》《关于中国目前的形势和任务》等，同时转载了冯玉祥的《我们如何才能自立》《全欧华侨抗日救国会代电》等。还刊登了车耀先的《发起救亡会（成都各界救亡联合会）的经过》，以抗议国民党四川省党部阻挠联合会的成立企图："我们以为世界上最正大的事业，就是爱国救亡……立志救亡，固不敢作'传谕嘉奖'之想，而赤心不致有'其它企图'之嫌……不然，爱国者变为犯法人，国事尚堪问耶？国亡尚有日耶？"

《活路》出版3期后，被当局以没有经过国民党政府批准立案为由查封。

《活路》载车耀先《发起救亡会的经过》

P.4 每月逢六出版 XOLU 全年卅六期

發起救亡會的經過

車耀先

——來件——

如果我們還有眼睛，就看得見日本帝國主義者對我們是如何的兇暴橫橫；如果我們還有腦筋，就想得到我們中華民族是如何的危險；我們底兒女快要跟着我們做第二代的亡國奴！只要我們底良心還在，就必然會驅使我們去作救亡運動；只要我們有一點血性，就應當不顧一切的去與敵人拚命！我自信這些點是具備的；我又相信除漢奸外的任何中國人，都已具備這些點的；因爲我們同是一個人！人同此心，心同此理啊！

因此，我才約我們注音符號促進會的同志發起「成都市各界救亡聯合會」。因爲是「抗日，救亡」，恐怕黨政機關於外交方面有所顧慮。而且有無「允許救國」之規定尚未可必，所以未請立案。因爲要「集會，組織」。恐怕當局於治安方面有所懷疑，而且恐組織不善有礙進行，所以事前曾請省黨部、市政府、警備部、公安局派員蒞場指示；并以私人名義商託省黨部警備部負有重要責任者爲之解釋；且願以個人之身家性命担保絕無其他作用。開會之前夜，又承省黨部職員黃夢元同志來會詢諸究竟；經我說明純係愛國熱忱所致絕無任何背境後，當蒙諒解；并允次晨面陳劉書記長，到時復約如不准開會事前必須示知！在開會前又接到函託的兩位友朋的復信，一則表示如嘱照辦，一則表示十分贊成；前往開會時，并未得着黃夢元同志阻止之消息，更未奉到黨部制止之明令。在我，當然認爲默許，毫無問題發生了！不過經過這樣的感想才允許我們開始救亡會議，已夠使我莫明其妙了！

十月十八日是星期天的正午，在春熙路青年會底大禮堂開發起人大會。其時間之光明，地點之正大，當然不是「難免無其他企圖」之秘密集會可比；參加團體與個人共約三百人之譜。推舉注音促進會常務理事曾任黨部工作現任軍分校黨史教官塗盛權君臨時主席。由我報告發起經過後，公安局代表演說：若依手續立案無不贊成！黨部市府均無代表到會。開始討論應不應該組織救亡會，無一人不贊成；無一人不贊成馬上選舉籌備員成立籌備會，亦無一人不認爲國家存亡確已到了最後關頭，實不容許猶豫徘徊畏縮不前！所以只限一星期開成立大會！并主張立案與否，均不能阻止我們底救亡運動！當時選出：注音促進會，市商會，四川郵務工會，力文社，人力車工會，四川文學社爲籌備員。散會時主席知道軍調會代表懷疑發言者中有人提出不分黨派的話的緣故，遂向籌備會建議：非曾在黨部立案之團體，不得爲負責籌備員；且於簡章限定：須立案之團體，機關，學校始有被選爲執監委員之權。籌備會同人亦以對內健全組織，對外堅固信仰起見，絕採縱健辦法擬具限制極嚴之簡章及採取全國基督教學生救亡運動之原則製定工作大綱，呈請省黨部市政府備案！雖然受人許爲快險的救國與落後的右傾，但是免除黨政機關的疑慮，對我們將來的進行無阻，縱不能獲得有些人的同情亦可以博得當局的諒解啊！自以爲「計策不差」，殊不知「出人」意外！

我們籌備會的組織分三部：注促會市商會任總務；力文社人力車任組織；郵工會川文社任宣傳；并推我和商會代表李璋卿接洽新聞檢查所請開放救亡言論。結果未達目的。所以我們至今「一切主張及組織經過到今天社會人士還不知道！」

十月廿四日的華西日報載：「…………省黨部以其既未立案擅行集會嚴免無其他企圖電呈中央請示辦法復電飭轉知地方當局取締」。是日十時警市復召集我和于潤遠話；示以省府奉黨命令嘱轉符會停止組織云：至此我們更屬莫明其妙了！

我們以爲，世界上最正大的事業，就是愛國救亡；最光明的行動，就是絕對公開！此爲正大光明之事，亦爲正大光明之舉，此心此志，可質天日！立志救亡，固不敢作「傳論嘉獎」之想，而赤心愛國亦不致有「其他企圖」之嫌！本中央不以「既未立案」爲犯法，不信「其他企圖」而懷疑；不飭令辦，僅云取締。不然，愛國者翻爲犯法人，國事尚堪問耶？國亡尚有日耶？

那嗎，我們今後究竟「坐以待亡」嗎？還是「起而救亡」呢？當然，不能這樣說「因噎廢食」！地下組織嗎？秘密行動呢？不！絕不！我們又不反對政府！又無其他企圖！本來是光明磊落的事！爲何要像偷偷摸摸呢？我們知道此次的步驟，是中央恐我們底救亡綱領與政府的政策衝突，故不許我們有紛歧的組織；又恐我們果有其他企圖，故飭地方當局取締。取締云者去其非法存其合法之謂也。非取消理食禁之謂也。省黨部以我們事前未經批准，擅自糾合恐有其他企圖故請中央辦非，亦非絕對不許組織也。假如我們的救亡綱領與政府底策略一致，救亡工作與政府底設施無二，又經黨政機關核准允許，甚至就請當局來領導，指揮，監察，試問：這種不圖升官，不想發財的的義務事情，誰不歡迎!?誰敢阻止!?如果這樣，還有人說這是「不信賴政府」；這是「越外之計」；這是「出風頭」；種種說詞破壞天經地義的最神聖的最偉大的救亡運動；你說不是替日本帝國主義者取消抗日救亡運動的演奏呢？誰信呢？同胞們！起來！起來！在日本帝國主義者鐵蹄下的平津學生和華北人民，都一致起來抗戰！難道我們民族復興根據地的省會的民衆，不能作一點後防的準備工作嗎!?

編者的話

按照我們的計劃，本期增加了「中國與日本」「通俗講話」「生活知識」各欄，是否適合大家的需要和口味是要讀者們多多提出自己的意見，以供我們改進的標準。關於本刊的一切更需要讀者給予我們嚴正的批評和指示。因爲本刊本來就是屬於大家的，需要大家來愛護它培養它。

還有一點，因爲我們的時間很忙，而且編輯校對又只有兩三個人分担，所以第一期錯落很多，譬如四維先生的「這是說我們要作一個人的話」的那篇文章，連標題的「作」字都掉了，編者的話裏「中國與日本」排成了「中國的日本」其他的小錯誤，當然還不少。那只有希望讀者原諒了！

《活路》第2期载冯玉祥《我们如何才能自立？》

十一月十六日出版　　活路　　第二期　P.1

XOLU

第二期

特載

我們如何纔能自立

馮玉祥

中華民國的誕生，已經整整的二十九年了；在這二十五年之中，我們全國人民上下，莫不經歷了多少奮鬥和犧牲，曾受了多少艱難與困苦，這許多可歌可泣，可喜可痛的成功與失敗，一方面造成了中華民國的國慶史，另一方面造成了中華民族的國恥史。

我國的重重國恥，有一些是我們的先人遺留下來的，有一些是我們自己願或功的。尤其是五年前「九一八」的奇恥大辱，在短短的幾個月中，易的損失了幾百萬里的土地，三千五百萬的人口，使得敵人膽大意恣，得尺進步，在全國範圍以內，南侵北闖，予取予求，至今日，我們的國家，已經興不國，處於生死存亡的最後關頭了！

在國際上，中華民族是一個最愛和平的民族。我們無論在過去或將來，都不願仇視或侵略其他國家；凡是以平等待我的民族，維護和平的國家，都是我們的朋友。[illegible]可是，[illegible]我們決不能[illegible]伸着手臂任人[illegible]；四萬萬五千萬的同胞，我們國家的一寸土地，也不容敵人任意踐踏，已失的土地，也不容久佔不還。

美國的獨立戰爭，土耳其的民族革命戰爭，是我們國際上的榜樣；南宋和明末的抗敵與和，是我們歷史上的殷鑒。我們現在所處的情勢，正像一家子遭到強盜的搶劫，從鄰舍召集朋友，尚未趕到，則我們應作好準備，有時間上容許我們迎抗上前去，我們假如事實上連一點時間都莫有，強盜已經在屋內動手搶劫了，那末我們手邊如有棍棒，就只有拿着棍棒，打上去，手邊有個茶碗，就只應拿着茶碗打過去，甚至連拿棍棒茶碗的時間也沒有，那麼當振臂一呼，張開兩個拳頭，從事拼死去和他們抵抗，以保護我們的生命財產。如此集中全家力量，作一英勇的鬥爭，強盜也未見得就能操勝算。何況我們事實上並不是手無寸鐵的？

我們在堅甲利兵方面雖不如人，可是我們有的是真理與正義，有的是待開發的富源，更有的是待發與組織的四萬萬五千萬人民的不可估計的力量。這偉大的力量，可以製造並使用器械，可以克服任何物質的優勝，而得最後的勝利。可以說世界上所有由危亡而復興的民族，都是經過這種種奮鬥而來。現在也正處在這個生死存亡轉變關頭。

我們當前所遭遇的問題，不是能不能雪恥救亡的問題，而是如何才能齊心一致，實行雪恥與救亡的戰鬥；主要的還是人的問題，爭取民族獨立與自由的戰鬥，決不祇是物質的力的戰鬥。我們目前應該認定，民族革命戰爭，是我們全國人民之一切言行的最高原則，為民族犧牲是一切道德的最高標準，而救亡圖存，是我們最神聖的任務，因此我相信全國人民必然能[illegible]已經正在這個目標之下團結起來，奮鬥起來。

（轉載生活星期刊十九期）

XOLU

活路

第三期

十一月廿六日出版

我們對綏東抗戰之應有的認識

判若兩人

誰底命令？

組織民眾

為綏東抗戰告同胞書

歡迎批評介紹訂閱贈稿

《活路》第3期

19
《大声》《大生》《图存》

1937年1月17日，《大声》创刊，社长兼编辑车耀先，发行人薛特恩，编务胡景祥，社址设于成都祠堂街172号努力餐馆。成都民先队（党领导下的先进青年组织）骨干张文澄、彭为果、胡绩伟等为主要撰稿人。车耀先用党的方针指导编辑《大声》，准确及时地宣传党的路线、方针和政策，使其在某种意义上起到了党刊的作用。

《大声》发行的三年多时间里，三易其名，四次被封，共出版61期。其中《大声》周刊13期，《大生》周刊5期，《图存》周刊3期，《大声》复刊40期。《大声》发行全川各地及省外一些大城市，发行量高达5000份左右。

《大声》开设社声、一周展望、自由言论、论著、特载、常识讲话、通讯讨论、文艺、谁胜谁负、救亡情报、读者之声、妇女园地等栏目。

抗日战争初期，《大声》周刊以鲜明的立场、客观的事实、生动的形式，宣传党的抗日方针政策，有力地推动了成都地区抗日救亡运动的发展，成为抗日战争时期成

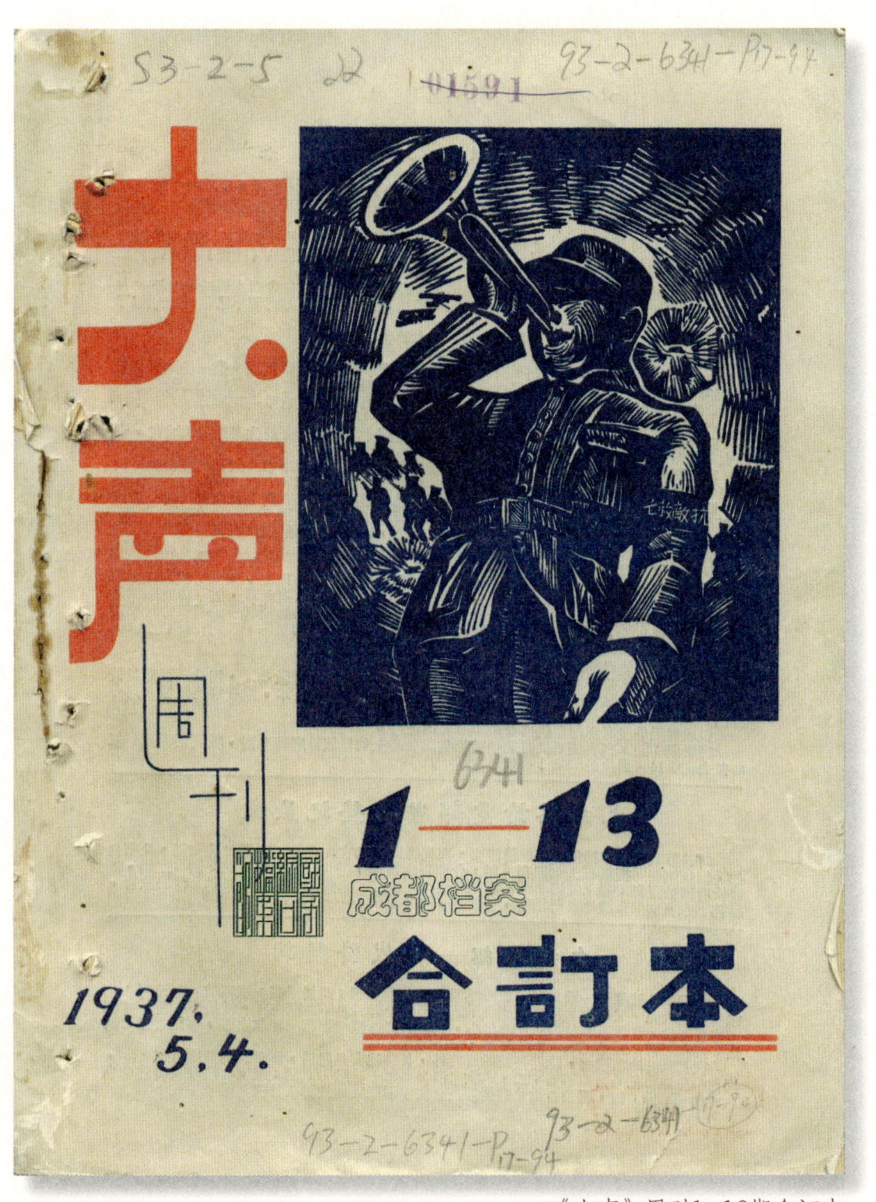

《大声》周刊1-13期合订本

都乃至四川最有影响的进步期刊之一，起到了党的喉舌作用。《大声》的主要负责人车耀先，以其不屈不挠的斗争精神和出众的领导才能，被尊称为统一战线的“线长”。

成都民先队以《大声》为阵地，以鲜明犀利的文章来揭露日寇吞并中国的阴谋，传达中国共产党的主张，指示成都地区的抗日救亡活动。他们在编辑中，力求做到文字通俗易懂，消息真实及时，使《大声》深受广大读者的欢迎和喜爱。

1937年3月14日，该刊还以“大声周刊社”的名义，联络成都30多个团体，发起成立“成都各界救国联合会”。车耀先还以《大声》为基础，团结群众组成“大声抗日救亡宣传队”，在成都、泸州、绵阳等地发展社员近千人，以抗日救亡为内容，组织了多次“大声读者座谈会”，慰问抗日军属，为八路军购买防毒面具募捐。

《大声》还开辟“通俗哲学”专栏，用活泼的形式、通俗的语言、简明的风格、准确的表达，向读者介绍辩证唯物主义世界观和方法论，给群众特别是青年学生一个认识抗战复杂形势的科学方法，产生了良好的社会效果。

1937年4月17日，《大声》在出版13期后被当局无理查封。当局的迫害没有使革命者却步，车耀先、周海文和胡绩伟等民先队员为《大声》复刊与国民党进行了有理、有利、有节的斗争。同年5月8日，停刊20天的《大声》改名为《大生》继续出刊；6月，《大生》出至第五期又被国民党无端查封。“七七事变”后第三天的7月10日，《图存》又与读者见面了！《图存》前后发表了《抗战！抗战！抗战！》《以血肉的抗战答复敌人的侵略》《举国一致的抗战》《全国团结抵抗到底》等文章，要求政府“立即总武装、总动员全国民众对日抗战！”

1937年11月5日，经过车耀先和民先队员们的不懈努力，《大声》正式复刊。复刊后的《大声》更加旗帜鲜明地宣传党的抗日民族统一战线方针政策，实时报道

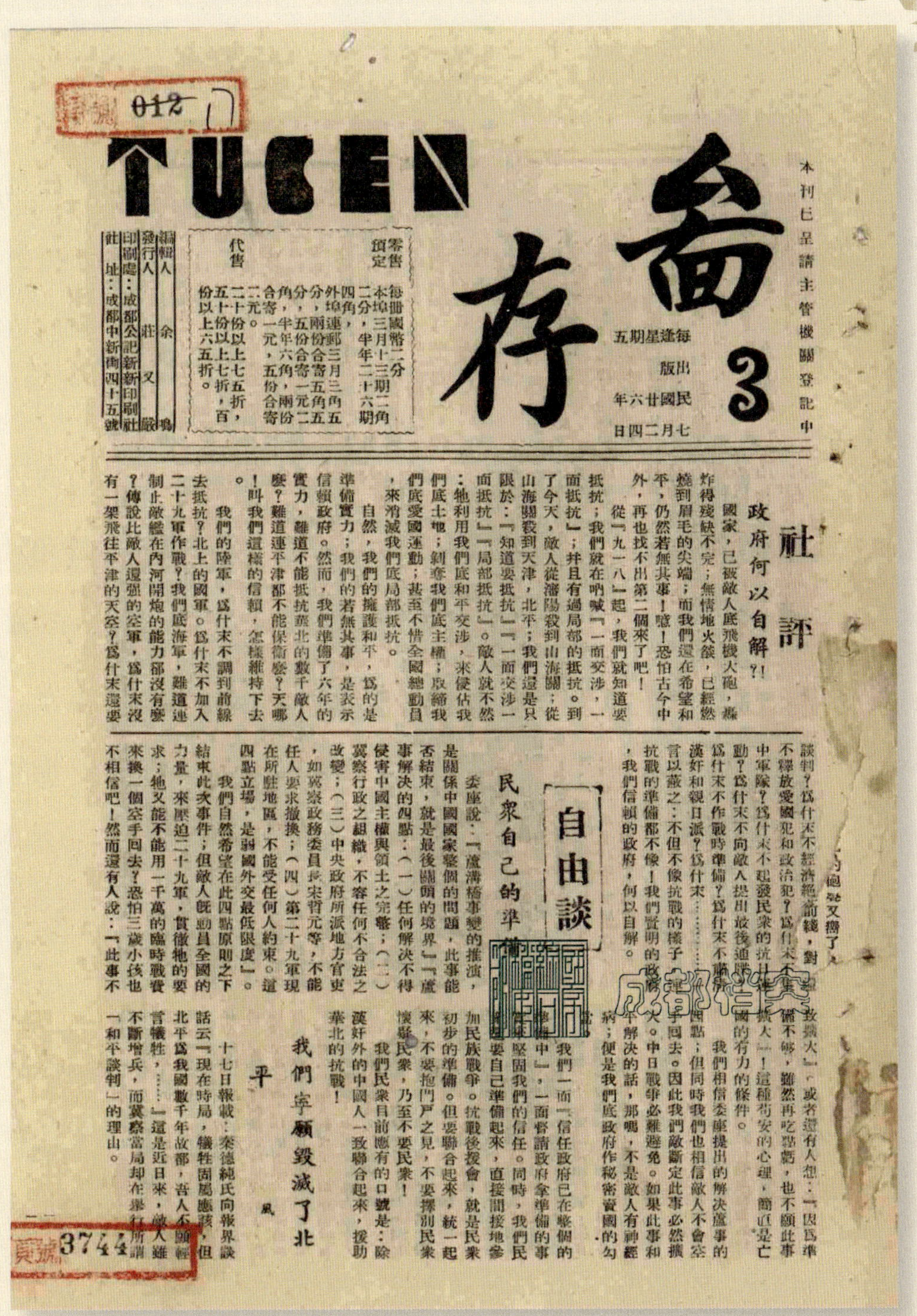

TUCEN

圖存

3

每逢星期五出版
民國廿六年七月二十四日

本刊已呈請主管機關登記中

編輯人 余鳴
發行人 莊又嚴
印刷處：成都公記新新印刷社
社址：成都中新街四十五號

零售 每册國幣二分
預定 本埠三月十三期二角二分，半年二十六期四角，外埠連郵三月三角五分，兩份合寄五角五分，五份合寄一元二角，半年六角，兩份合寄一元，五份合寄二元。
代售 二十份以上七五折，五十份以上七折，百份以上六五折。

社評

政府何以自解？!

國家，已被敵人底飛機大砲，轟炸得殘缺不完；無情地火燄，已經燃燒到眉毛的尖端；而我們還在希望和平，仍然若無其事！噫！恐怕古今中外，再也找不出第二個來了吧！

從『九一八』起，我們就知道要抵抗；我們就在吶喊『一面交涉，一面抵抗』；并且有過局部的抵抗。到了今天，敵人從瀋陽殺到山海關；從山海關殺到天津，北平；我們還是只限於：『知道要抵抗』『一面交涉一面抵抗』『局部抵抗』。敵人就不然：牠利用我們底和平交涉，來侵佔我們底土地；剝奪我們底主權；取締我們底愛國運動；甚至不惜全國總動員，來消滅我們底局部抵抗。

自然，我們的擁護和平，為的是準備實力；我們的若無其事，是表示信賴政府。然而，我們準備了六年的實力，難道不能抵抗華北的數千敵人麼？難道連平津都不能保衛麼？天哪！叫我們這樣的信賴，怎樣維持下去。

我們的陸軍，為什末不調到前線去抵抗？北上的國軍。為什末不加入二十九軍作戰？我們底海軍，難道連制止敵艦在內河開炮的能力都沒有麼？傳說比敵人還强的空軍，為什末沒有一架飛往平津的天空？為什末還要談判？為什末不經濟絕[illegible]錢，對[illegible]不釋放愛國犯和政治犯？為什末不集中軍隊？為什末不起發民衆的抗日運動？為什末不向敵人提出最後通牒？為什末不作戰時準備？為什末不肅清漢奸和親日派？為什末……[illegible]言以蔽之：不但不像抗戰的樣子，連抗戰的準備都不像！我們賢明的政府，我們信賴的政府，何以自解。

自由談

民衆自己的準備

委座說：『盧溝橋事變的推演，是關係中國國家整個的問題，此事能否結束，就是最後關頭的境界』『盧事解決的四點：（一）任何解決不得侵害中國主權與領土之完整；（二）冀察行政之組織，不容任何不合法之改變；（三）中央政府所派地方官吏，如冀察政務委員長宋哲元等，不能任人要求撤換；（四）第二十九軍現在所駐地區，不能受任何人約束。這四點立場，是弱國外交最低限度』。

我們自然希望在此四點原則之下結束此次事件；但敵人既動員全國的力量，來壓迫二十九軍，貫徹牠的要求；牠又能不能用一千萬的臨時戰費來換一個空手回去？恐怕三歲小孩也不相信吧！然而還有人說：『此事不致擴大』，或者還有人想：『因為準備不夠，雖然再吃點虧，也不願此事擴大』！這種苟安的心理，簡直是亡國的有力的條件。

我們相信委座提出的解決盧事的四點；但同時我們也相信敵人不會空手回去。因此我們敢斷定此事必然擴大。中日戰爭必難避免。如果此事和平解決的話，那嗎，不是敵人有神經病；便是我們底政府作秘密賣國的勾當。

我們一面『信任政府已在整個的準備中』，一面督請政府拿準備的事實來堅固我們的信任。同時，我們民衆要自己準備起來，直接間接地參加民族戰爭。抗戰後援會，就是民衆初步的準備。但要聯合起來，統一起來，不要抱門戶之見，不要擇別民衆懷疑民衆，乃至不要民衆！

我們民衆目前應有的口號是：除漢奸外的中國人一致聯合起來，援助華北的抗戰！

我們寧願毀滅了北平

風

十七日報載：秦德純氏向報界談話云『現在時局，犧牲固屬應該，但北平為我國數千年故都，吾人不願輕言犧牲，……』這是近日來，敵人雖不斷增兵，而冀察當局卻在舉行所謂『和平談判』的理由。

1937年7月24日《图存》第3期

中国共产党洛川会议精神和《抗日救国十大纲领》，揭露日本帝国主义的侵略罪行。它用大量的篇幅转载中共领导人的重要讲话和文章，以及党中央公布的文件，其中包括毛泽东的《论反对日本帝国主义进攻的方针方法与前途》《与英国记者贝特兰的谈话》《与延安新中华报记者其光先生的谈话》《与合众社国际记者的谈话》《抗日游击战争战略问题》，周恩来的《目前抗战危机与坚持华北抗战的任务》《目前抗战形式与坚持长期抗战的任务》《论保卫武汉及其发展前途》，朱德的《八路军抗战的一周年》《中国共产党对时局的宣言》《八路军出师抗日誓词》等。

南京失守前夕，国民政府和国民党中央机关西迁武汉。国民党内的顽固势力压制民主，大肆鼓吹实行“一党专政”。《大声》连续发表文章，针锋相对地予以驳斥，“在举国一致抗日之时，突然有人提出所谓一党专政的问题，不知是何居心？”“我们抗战获得最后胜利的唯一条件，就是把四万万同胞团结起来，共同对付唯一的敌人，我们的抗战所恃者在此，敌人的侵略所惧者亦在此”，而“一党专政问题的提出，其来源是否出自敌人不得而知，可是在客观上很有被敌人利用而施展他一贯的毒计的危险”。

复刊后的《大声》，每期都辟有“战情展览”专栏，报道抗日前线的战况，鼓舞士气、教育群众。《大声》还十分关心进步青年的成长，经常发表来自陕北公学、抗日军政大学和延安的通讯报道，使广大青年看到陕甘宁边区在党的领导下的真实情况，吸引了许多进步青年学生赴延安参加抗日战争。

1938年8月13日，《大声》最终被当局查封。

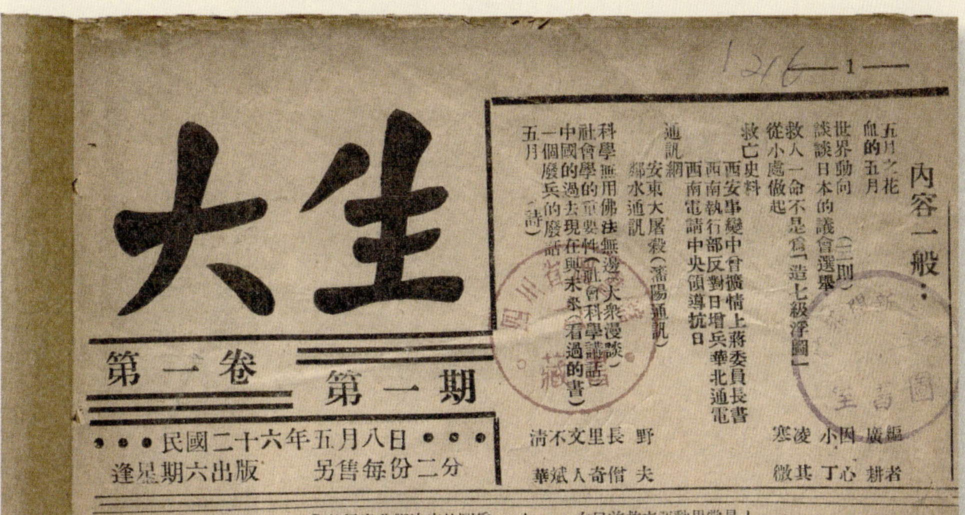

—1—

大生

第一卷　第一期

●●●民國二十六年五月八日●●●

逢星期六出版　另售每份二分

內容一般：

五月之花

血的五月

世界動向（三則）

談談日本的議會選舉

救人一命不是爲「造七級浮圖」

從小處做起

救亡史料

西安事變中會攝情上蔣委員長書

西南執行部反對日增兵華北通電

西南電請中央領導抗日

通訊網

安東大屠殺（瀋陽通訊）

鄰水通訊

科學無用佛法無邊（大衆漫談）

社會學的重要性（社會科學講話）

中國的過去現在與未來（看過的書）

一個廢兵的廢話

五月（詩）

編者　廣耕　四心　小丁　凌其　寒徹　野夫　長僧　里奇　文人　不斌　清華

五月之花

—編者獻辭—

時代的巨輪毫不留情地輾去了一九三七年的三分之一，偉大的戰鬥的被壓迫民族的血淋淋的五月，又悄然地到臨了！正面迎着這沉痛壯悲的季節，蓬勃的「大生」以嶄新的姿態出現了。

不太早也不太遲，它剛剛際逢着這多災多難的日子降生，它是從被壓迫民族的五月的鮮血裏滋長起來的一株花朵！它的身世是艱苦的悲壯的；無疑的，它要肩荷起這艱難而偉大的時代課給它的神聖的使命，在戰鬥裏奮爭中勇邁前進——爲戰鬥而生，爲戰鬥而死！

「大生」，爲了要爭取大家的光榮的生存，爲了要追求大衆的幸福的生活，必須努力促進民族解放偉業的儘先完成，必須奮力推動抗日戰爭的早日爆發，因爲，愈益行向我們決定的鬥爭，便愈益接近我們最後的偉大的勝利！

在目前救亡運動異常昂揚的高潮裏，「大生」，它是整個救亡巨浪中的一條支流，它要配合起每一點每一滴的救亡力量，它要毫無遺漏地接受救亡陣綫的最高戰術。它不反對政府，它更不反對軍政的最高領袖；但它要督促，要批評，要提供自己的意見，爲的是要盡它一個國民應盡的救國和愛國的責任。

它要喊起在文化統制下的愚昧的大衆，它要加強前進的和落後的強烈的和淡漠的救亡意識與情熱。

因此，它的內容必然是針對着現實的，而且必然是戰鬥的教育的。

至於這小小的東西能否完成上述的任務，那是毫無把握的；它只有盡力做去，做到它的力量所能達到的最後一步爲止。同時希望文化界的朋友們能給予它以最大的指示與幫助，讀者們能給予它以最嚴厲的監督和批評，使它能從幼小到長成，從稚嫩到堅實。

這一顆救亡文化園地中的一株「五月之花」，希望大家能來灌溉和培養呵！

五月的仙人掌

預訂：全年五十二期本埠八角外埠一元

半年二十六期本埠五角外埠六角

保證收足停刊照退五分下郵票代洋十足

本刊已呈請省府省黨部轉請內政部中宣會登記中

編輯兼發行：余路由

出版者：大生週刊社

總代發行所：成都長順上街益民書店

1937年5月8日《大生》第一卷第一期

1937年7月，四川省政府查禁《大生》周刊的密令

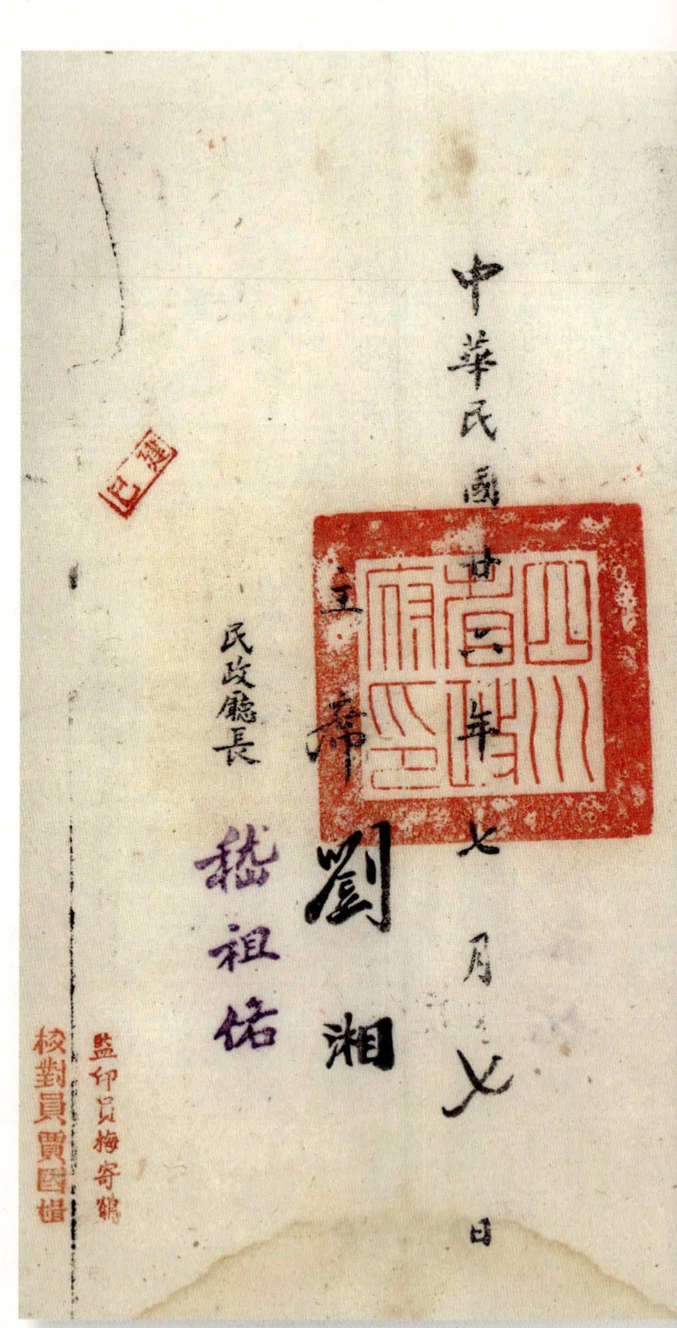
中華民國廿六年七月七日

主席 劉湘

民政廳長 嵇祖佑

監印員梅寄鶴

校對員賈國楫

档案解读

1937年7月7日，四川省政府训令第一区行政督察专员公署说，前不久查禁过的《大声》周刊，“又更名《大生》周刊，继续出版，言论较前尤为荒谬反动”，命令该专员公署“严予查禁”。

1936年国民党行政院公布《行政督察专员公署组织条例》，正式确定各省划分若干行政督察区，设置行政督察专员公署为省政府常设的派出机构，协助省政府监督督察区内各县行政，同时监督舆论和报刊。

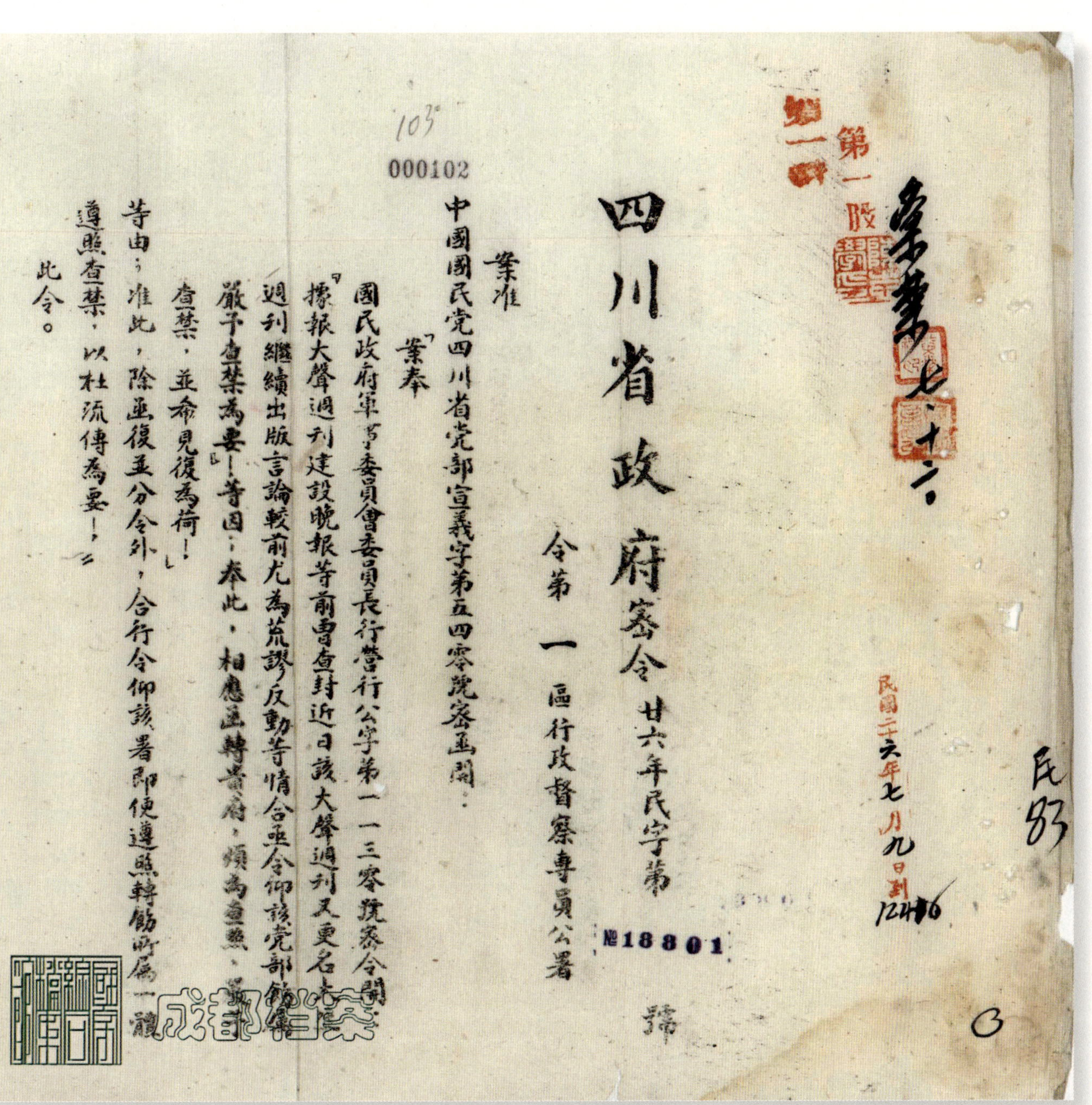

000102

四川省政府密令　廿六年民字第　號

令第一區行政督察專員公署

中國國民党四川省党部宣義字第五四零號密函開：

「案准

「案奉

國民政府軍事委員會委員長行營行公字第一一三零號密令開：

『據報大聲週刊建設晚報等前曾查封近日該大聲週刊又更名為[illegible]週刊繼續出版言論較前尤為荒謬反動等情合亟令仰該党部飭嚴予查禁為要！』等因；奉此，相應函轉貴府，煩為查照，嚴[illegible]查禁，並希見復為荷！」

等由；准此，除函復並分令外，合行令仰該署即便遵照轉飭所屬一體遵照查禁，以杜流傳為要！

此令。

1937年7月，四川省会警察局奉省政府命令查封《图存》周刊的谕令

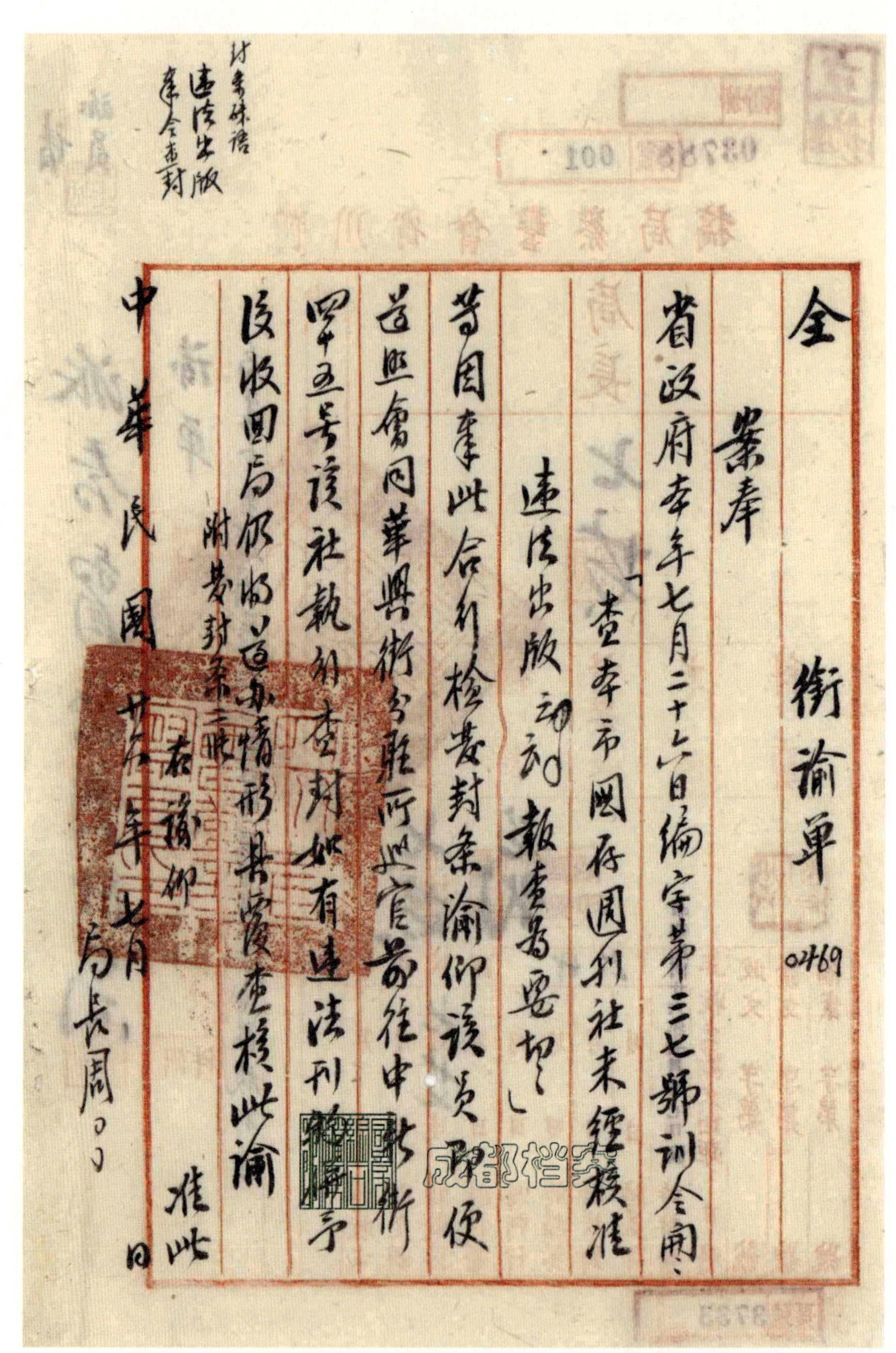
封条标语
违法出版
奉令查封

全衔谕单 0469

案奉
省政府本年七月二十六日编字第三七号训令开：
"查本市图存周刊社未经核准
违法出版，饬即查封，报查为要，切切。"
等因奉此，合行检发封条，谕仰该员即便
遵照，会同华兴街分驻所巡官前往中新街
四十五号该社执行查封，如有违法刊物亦予
没收，回局具报，所有遵办情形，具复查核。此谕
附发封条二张
右谕仰
准此
中华民国二十六年七月　日
局长周

档案解读

谕令说，奉省政府训令前往中新街45号"执行查封"《图存》周刊，并说准备好了封条两张，在档案左上方标注了封条内容是"违法出版，奉令查封"。

档案解读

1937年1月17日《大声》创刊后，以鲜明犀利笔触揭露日寇罪行，传达中国共产党抗日民族统一战线的方针和政策，指导成都地区抗日救亡活动。同年4月17日被当局无理查封。经过党组织和车耀先的大量工作，1937年11月《大声》复刊。

此后《大声》更加旗帜鲜明地宣传党的全面抗战路线，揭露日本帝国主义的侵略罪行，争取人民的抗日民主权利。1938年8月13日再次被当局查封。

1937年11月，四川省政府送市政府关于核准《大声》周刊社复刊的指令

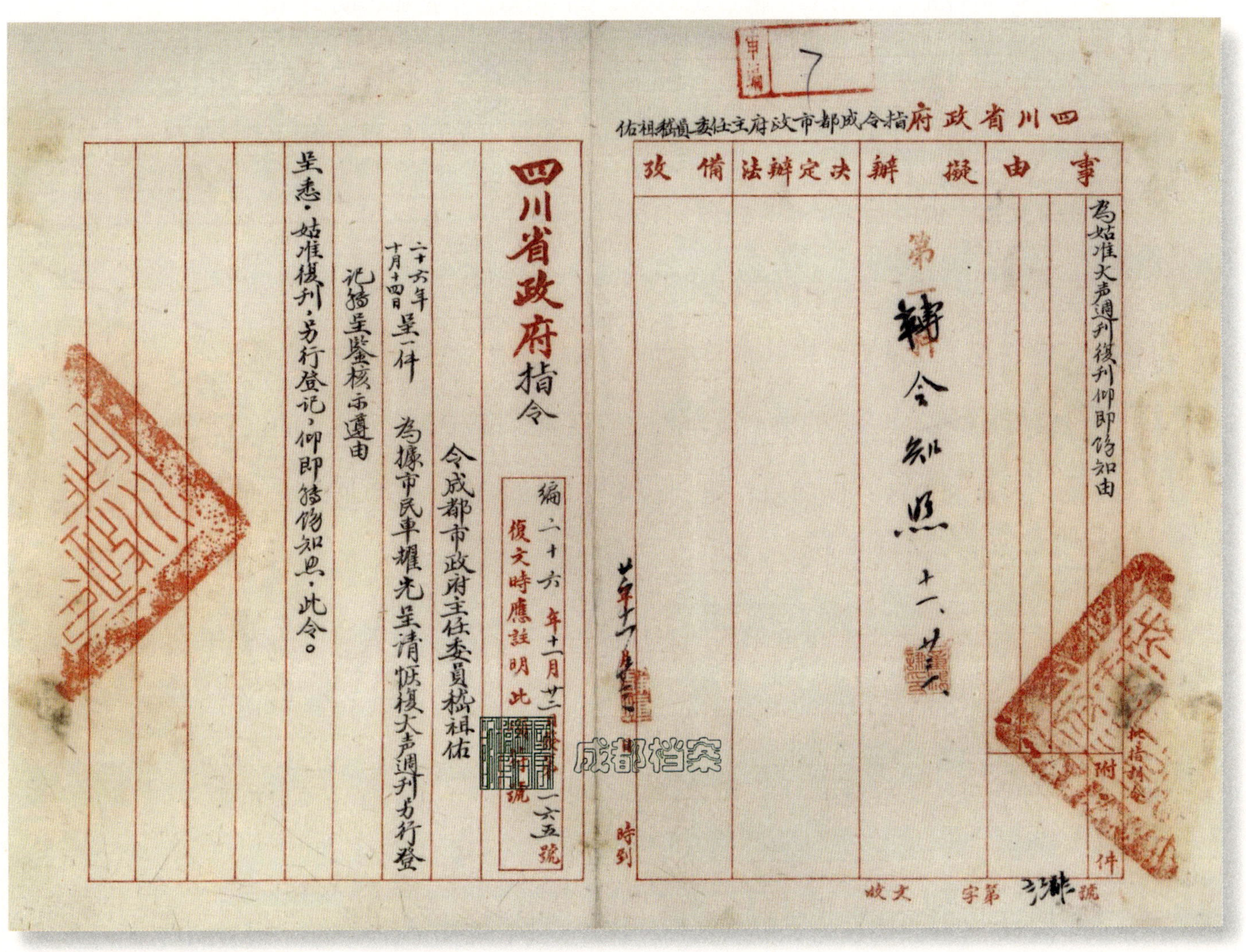
四川省政府指令成都市政府主任委員嵇祖佑

事由：為姑准大声週刊復刊仰即飭知由

擬辦：轉令知照 十一、廿五

附件

收文 字第 號

四川省政府指令

編二十六年十一月廿二日 字第一六五號

復文時應註明此

令成都市政府主任委員嵇祖佑

二十六年十一月十四日呈一件 為據市民車耀先呈請恢復大声週刊另行登記擬呈鑒核示遵由

呈悉。姑准復刊，另行登記，仰即轉飭知照。此令。

20
《四川日报》

1937年5月5日，《四川日报》由重庆迁至成都出版。董事长毛畅熙，总编辑陈光远，主笔蒲剑秋，共产党员杜桴生任编辑。社址设在成都华兴正街30号，新新印刷社代印。前后两任中共成都市委书记杜桴生、韩天石先后派出朱一帆、王达非、刘彦槐、朱亚凡、胡绩伟、黄启明和叶凯加入《四川日报》。陈光远离开报社后，杜桴生任总编辑，此时《四川日报》完全掌握在成都地下党组织手中，并在报社内建立党支部，由市委书记杜桴生兼任党支部书记。

《四川日报》除刊载少数应时文章外，旗帜鲜明地宣传抗日救亡。它发表了大量赞扬中共抗日主张，揭发日寇侵华罪行，宣传我军民英勇抗战以及后方的救亡活动的文章。同时报道中共领导人的抗日救亡言论和边区军民的救亡活动，积极反映各界同胞共赴国难的行动。

《四川日报》的报纸社论大多由杜桴生或中共川康特委郑伯克执笔撰写。1937年7月19日，题为《为二十九军英勇杀敌，谨致民族的敬礼》的社论中指出，“国家民族以届生死关头”，呼吁“救亡图存，自今日始”。

1937年8月，《四川日报》每周还出版《科学丛谈》《体育与空军》《政治与经济》《妇女园地》《现代教育》《戏剧电影与音乐》《金箭》《工人园地》等栏目，深受读者欢迎。

1937年12月，工人抗敌宣传团（受中共成都市委直接领导）在《四川日报》复刊开辟了“生活线”专栏，该专栏主编和作者大多是工人抗敌宣传团的领导和骨干。他们向工人讲述战祸和苛政给劳苦大众带来的灾难，要求改善工人待遇，呼吁救国救亡，揭露顽固派破坏统一战线的阴谋，使《四川日报》“生活线”成为成都工人阶级的主要舆论阵地。

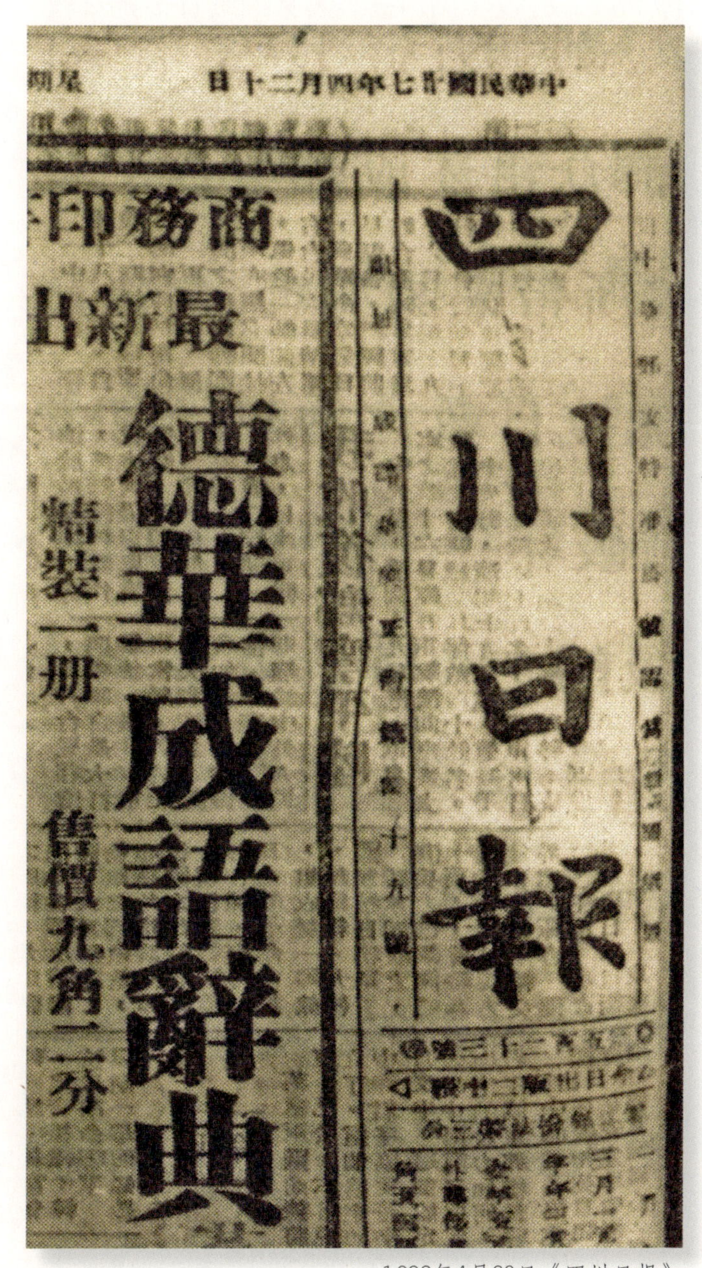
中華民國廿七年四月二十日 星期

四川日報

商務印
最新出
德華成語辭典
精裝一册
售價九角二分

1938年4月20日《四川日报》

1938年10月30日，《四川日报》增发“星期增刊”，其《发刊词》说：“正确理解有关抗战的事实，认识有利于抗战的言论主张和办法，是许多有良心的同胞所感到必要的了。要通过长期抗战中必有的最艰苦阶段，要争取最后的胜利，把凡爱我们祖国的人们，所要知道的问题，及时解答报道出来，不正是我们执笔者所能做而又应该做的事吗?”“因此，《四川日报》发行这一个每周的星期增刊，它的主要内容是正确地叙述事实，客观的提出主张，诚实的集纳材料。”“凡有碍抗战建国的言论及行动，决善意批判；对汉奸言论及行动，则予以不客气打击。”

《四川日报》内容丰富、观点新颖、思想开放、反映面宽，受到社会各届人士欢迎，销路也日渐扩大。《四川日报》发行了两年多，共出710号。1939年4月30日停刊后，曾以《民声报》名义继续宣传抗日救亡。

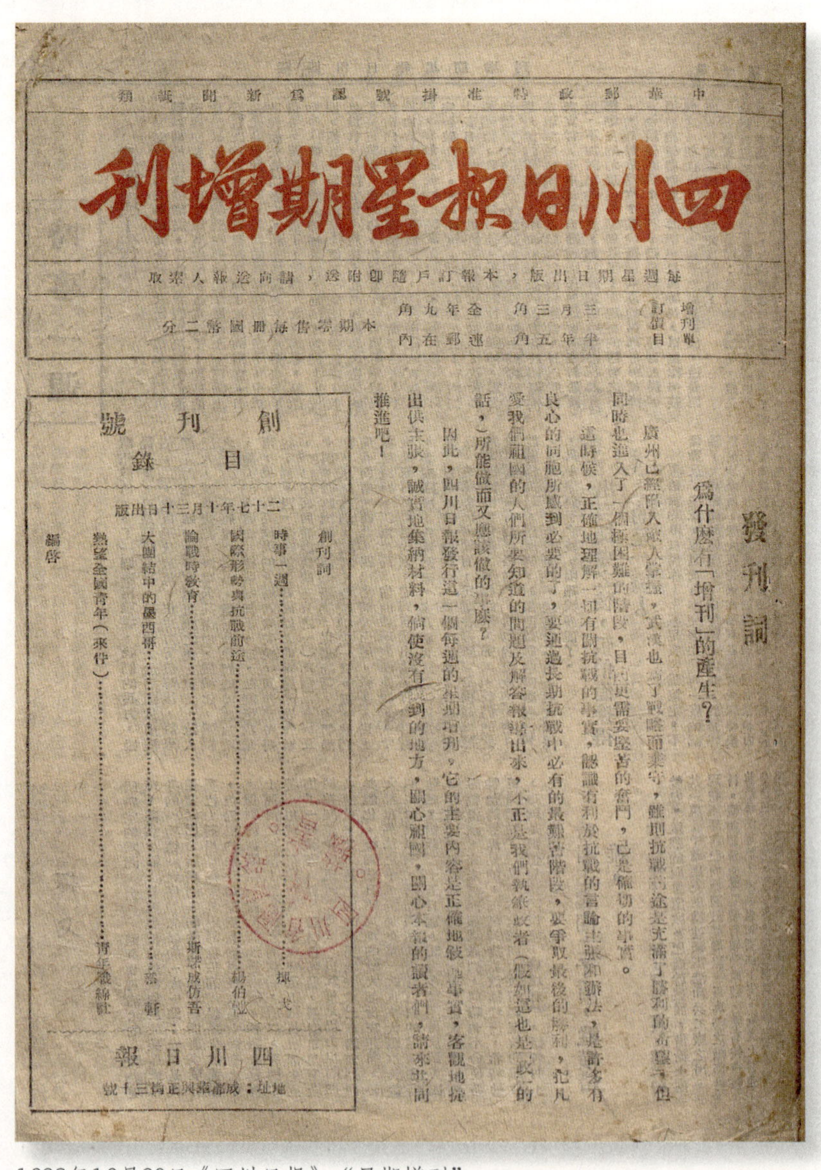

中華郵政特准掛號認爲新聞紙類

四川日報星期增刊

每週星期日出版，本報訂戶隨即附送，請向送報人索取

增刊單價訂閱目：三月三角，全年九角；半年五角，連郵在內

本期零售每冊國幣二分

發刊詞

爲什麽有「增刊」的產生？

廣州已經陷入敵人掌握，武漢也爲了戰略而棄守，雖則抗戰前途是充滿了勝利的希望，但同時也進入了一個艱困難的階段，目前更需要堅苦的奮鬥，已是確切的事實。

這時候，正確地理解一切有關抗戰的事實，認識有利於抗戰的言論主張和辦法，是許多有良心的同胞所感到必要的了，要通過長期抗戰中必有的最艱苦階段，要爭取最後的勝利，把凡愛我們祖國的人們所要知道的問題及解答報導出來，不正是我們執筆政者（假如這也是「政」的話，）所能做而又應該做的事麽？

因此，四川日報發行這一個每週的星期增刊，它的主要內容是正確地敍述事實，客觀地提出供主張，誠實地集納材料，倘使沒有做到的地方，關心祖國，關心本報的讀者們，請來共同推進吧！

創刊號 目錄

二十七年十月三十日出版

四川日報 地址：成都[illegible]興正街三十號

1938年10月30日《四川日报》“星期增刊”

《四川日报》“五一纪念特辑”

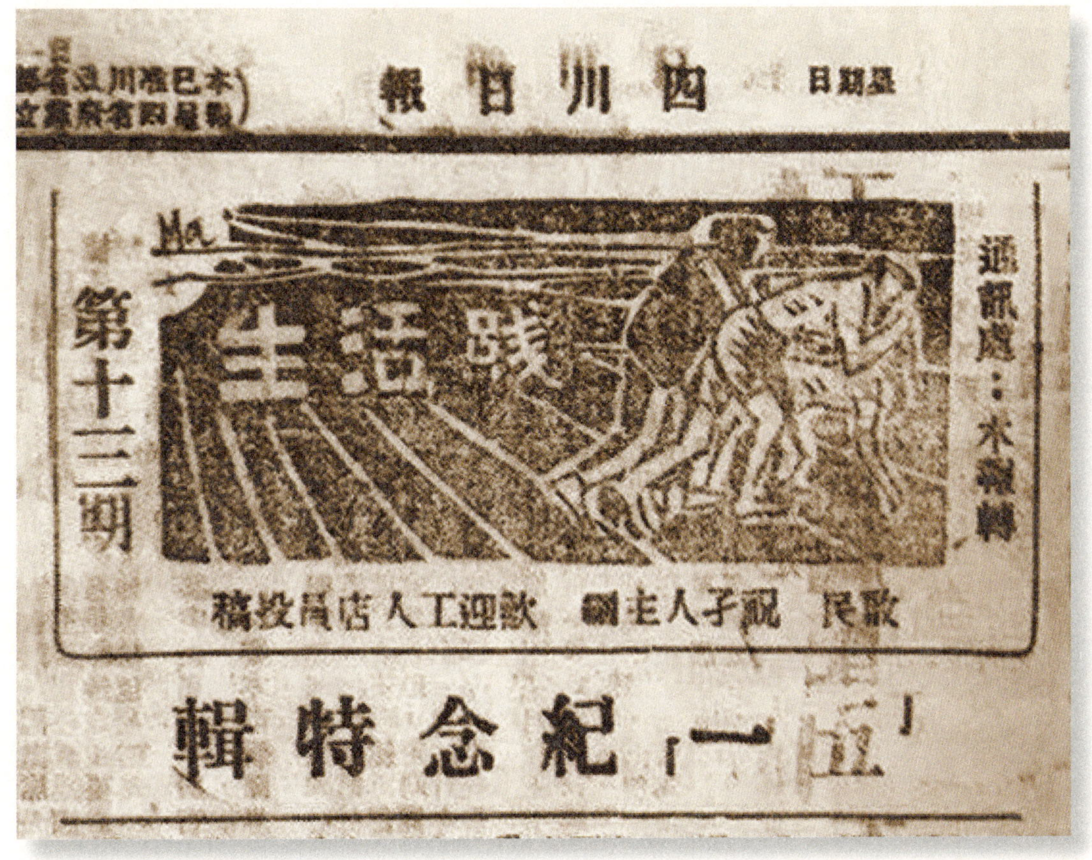
四川日報

第十三期

生活綫

「五一」紀念特輯

档案解读

1938年5月1日，《四川日报》“生活线”第十三期刊登《“五一”纪念特辑》纪念五一国际劳动节。

1937年12月，工人抗敌宣传团（中共成都市委直接领导）在《四川日报》复刊并开辟了“生活线”专栏。“生活线”的主编和作者大多是工人抗敌宣传团的领导和骨干，他们向广大工人群众讲述成都劳苦大众遭受的战祸和苛政所带来的灾难，提出改善生活待遇，参加救亡的呼吁和要求，揭露顽固势力破坏统一战线的阴谋，成为成都工人阶级的主要舆论阵地。

1938年2月，《四川日报》发行人陈远光填报的出版发行登记声请书

档案解读

任何机构或个人出版发行报刊，必须依照1930年12月16日出台的《民国政府的出版法》第九条，和1931年10月7日出台的《出版法施行细则》第九条规定办理登记。

《出版发行登记声请书·说明》规定：

第一，报刊发行人需向相关部门领取此说明书，填送四份。

第二，类别栏需填写是报刊、杂志还是“通讯稿”。

第三，期刊需填明是日刊、周刊、旬刊、月刊还是季刊。

第四，需填写发行人，即主办报刊之人。

第五，需填写编辑人，即掌管编辑之人。

第六，考查意见栏由地方主管官署填写，复核意见栏由省政府填写。

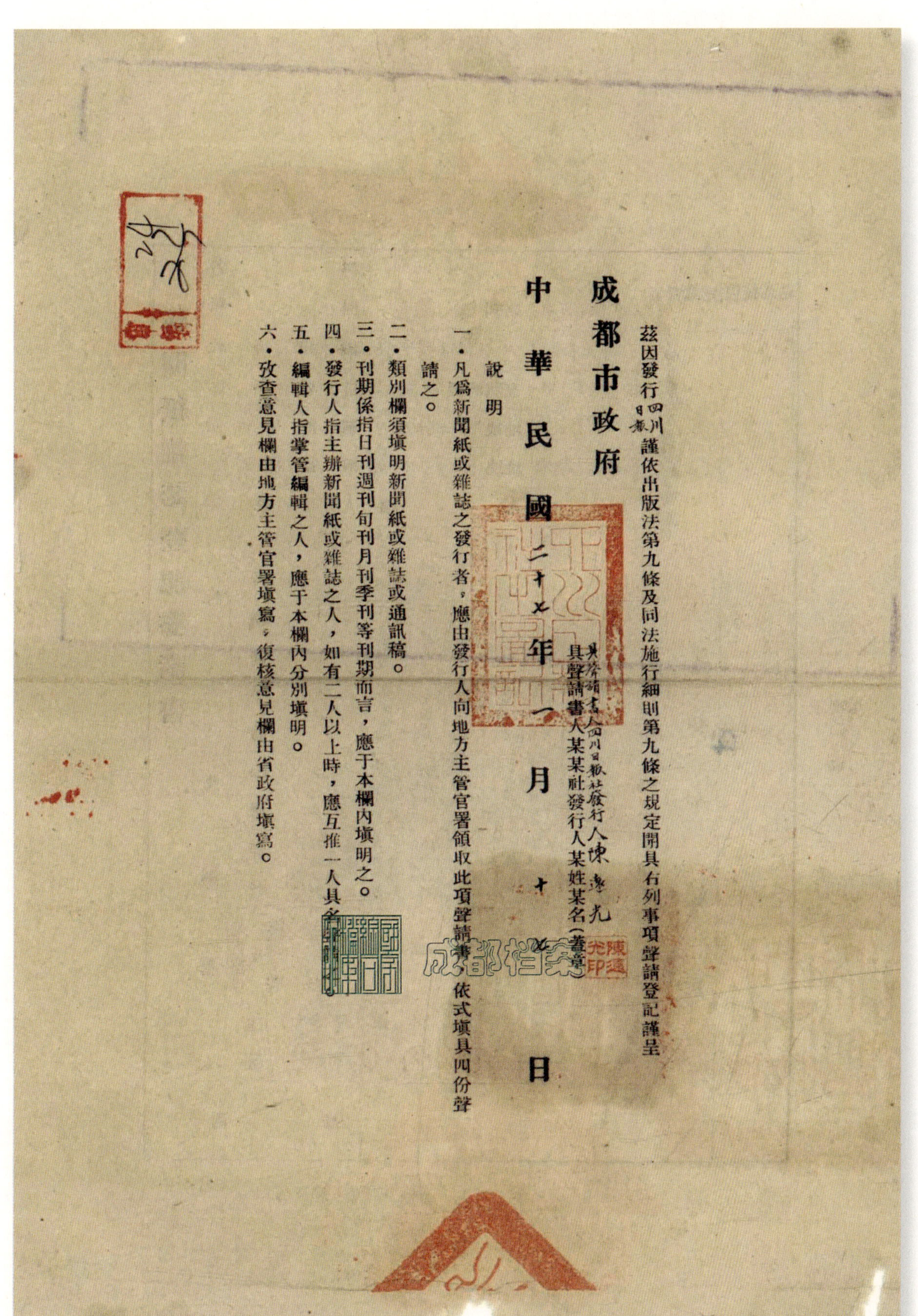

兹因發行四川日報謹依出版法第九條及同法施行細則第九條之規定開具右列事項聲請登記謹呈

成都市政府

具聲請書人四川日報社發行人陳選九
具聲請書人某某社發行人某姓某名（蓋章）

中華民國二十七年一月十七日

說明

一・凡爲新聞紙或雜誌之發行者，應由發行人向地方主管官署領取此項聲請書依式填具四份聲請之。

二・類別欄須塡明新聞紙或雜誌或通訊稿。

三・刊期係指日刊週刊旬刊月刊季刊等刊期而言，應于本欄內填明之。

四・發行人指主辦新聞紙或雜誌之人，如有二人以上時，應互推一人具名。

五・編輯人指掌管編輯之人，應于本欄內分別塡明。

六・攷查意見欄由地方主管官署填寫，復核意見欄由省政府塡寫。

21
《国难三日刊》

1937年8月29日创刊的《国难三日刊》，由四川省各界抗敌后援会主办。“后援会”主任常委陈炳光为社长。中共党员、抗敌后援会秘书钟汝为任总编辑，共产党员和进步人士王达非、郭祖劼、徐庆坚、郑永康等参与编辑部和经理部工作。特约撰稿人有共产党员张秀熟、刘披云、侯方岳等。所以该报实际上是国民党出钱，共产党人办的报纸。

钟汝为执笔撰写的《国难三日刊》发刊词，经过中共党组织审阅，鲜明地提出“对外抗战，对内民主”的办报方针。发刊词还尖锐地揭露了日寇给中国人民造成的“领土国难”“政治国难”“经济国难”诸项罪行，提出“持久的、彻底的抗战”的主张。

《国难三日刊》言论公正、语言通俗、版面生动，敢于代表人民说话。其新闻大多出自上海、香港航寄来的进步报刊、简报和其他渠道得来的消息。它既刊登国民党军队战况也报道八路军战绩，共产党领导人和著名进步人士讲话，以及来自延安的通讯。其头版头条的“战局综述”时效性强、文笔精彩，其对战局准确的分析预测令职业军人为之倾倒。

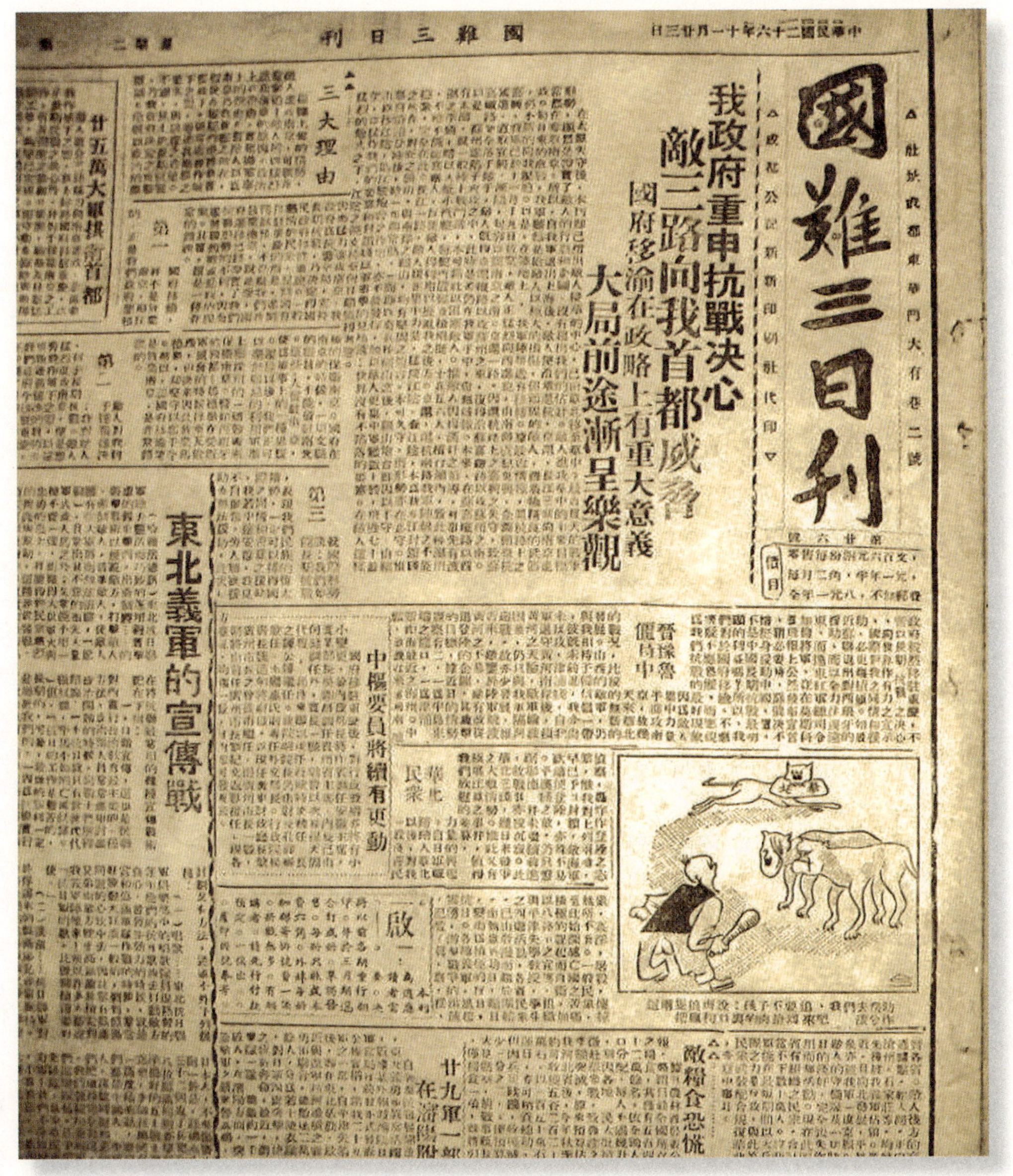
中華民國二十六年十一月廿三日 國難三日刊 第二號

國難三日刊

我政府重申抗戰決心

敵三路向我首都威脅

國府移渝在政略上有重大意義

大局前途漸呈樂觀

廿五萬大軍拱衛首都

三大理由

東北義軍的宣傳戰

中樞要員將續有更動

晉豫魯僵局中

敵糧食恐慌

1938年11月23日《国难三日刊》

其他如“国际述评”“人物志”“我们的敌国”“常识讲话”“抗战工作”“白刃集”等栏目，也深受读者欢迎。许多读者称赞《国难三日刊》“言论新颖、消息灵确，精神食粮，抗战良药”。创刊不到一月发行量就达1.5万份。

1937年9月5日，四川各界民众3000多人在成都少城公园召开欢送第一批川军出川抗日誓师大会。《国难三日刊》发文称赞：“川军健儿，出川参加国际战争，与日本帝国主义作正面的冲锋陷阵，是为历史之创举！”

1937年8月，钟汝为向成都市政府呈报的《国难三日刊社简章》

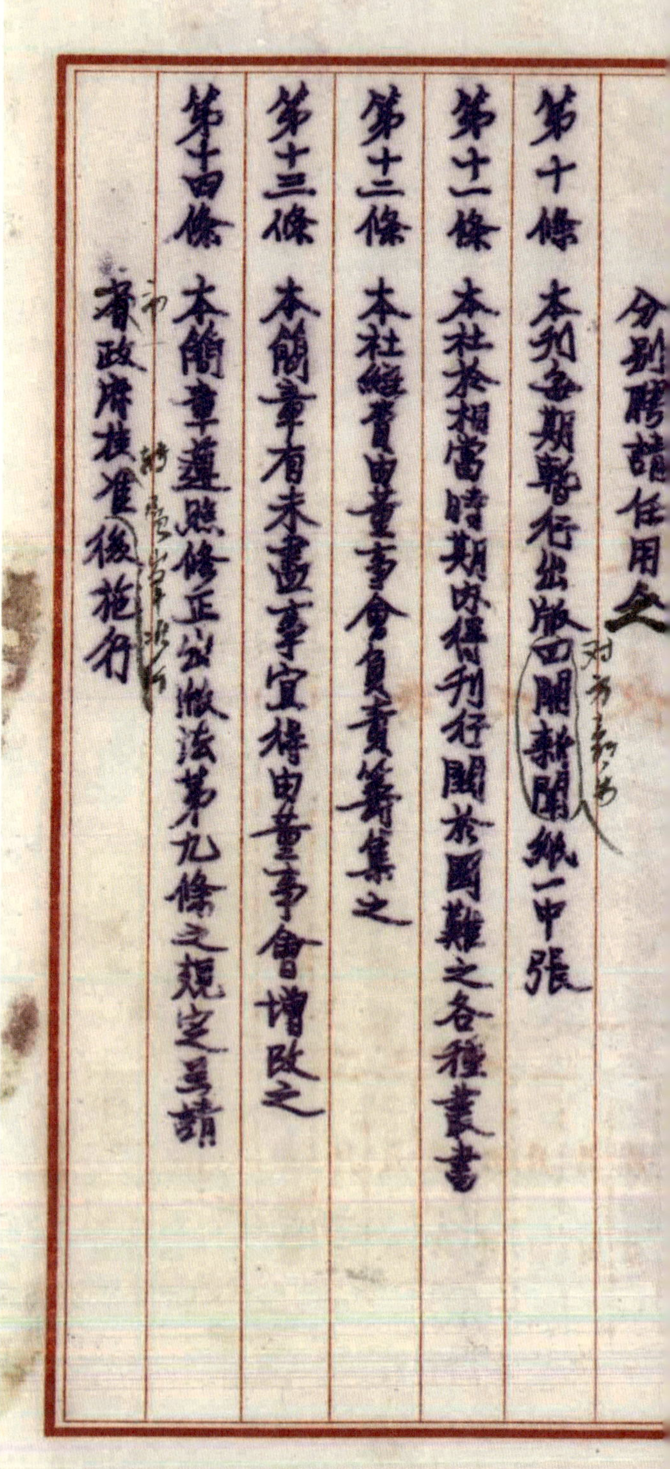
分别聘请任用之
第十條 本刊每期暫行出版四開新聞紙一中張
第十一條 本社於相當時期得刊行關於國難之各種叢書
第十二條 本社經費由董事會負責籌集之
第十三條 本簡章有未盡事宜得由董事會增改之
第十四條 本簡章遵照修正出版法第九條之規定呈請
省政府核准後施行

1938年3月26日，在中共四川地下组织的领导下，由四川省妇女抗敌后援会发起的“四川妇女战地服务团”一行11人，在团长民先队员肖玲率领下，开赴抗日前线开展战地鼓动和救护工作。《国难三日刊》发文赞叹：“她们抛下温暖的家庭，幸福的生活，英勇地踏上了解放民族，解放妇女的途径。”

1937年12月6日，《国难三日刊》被查封。1938年2月6日复刊，同年6月终刊。

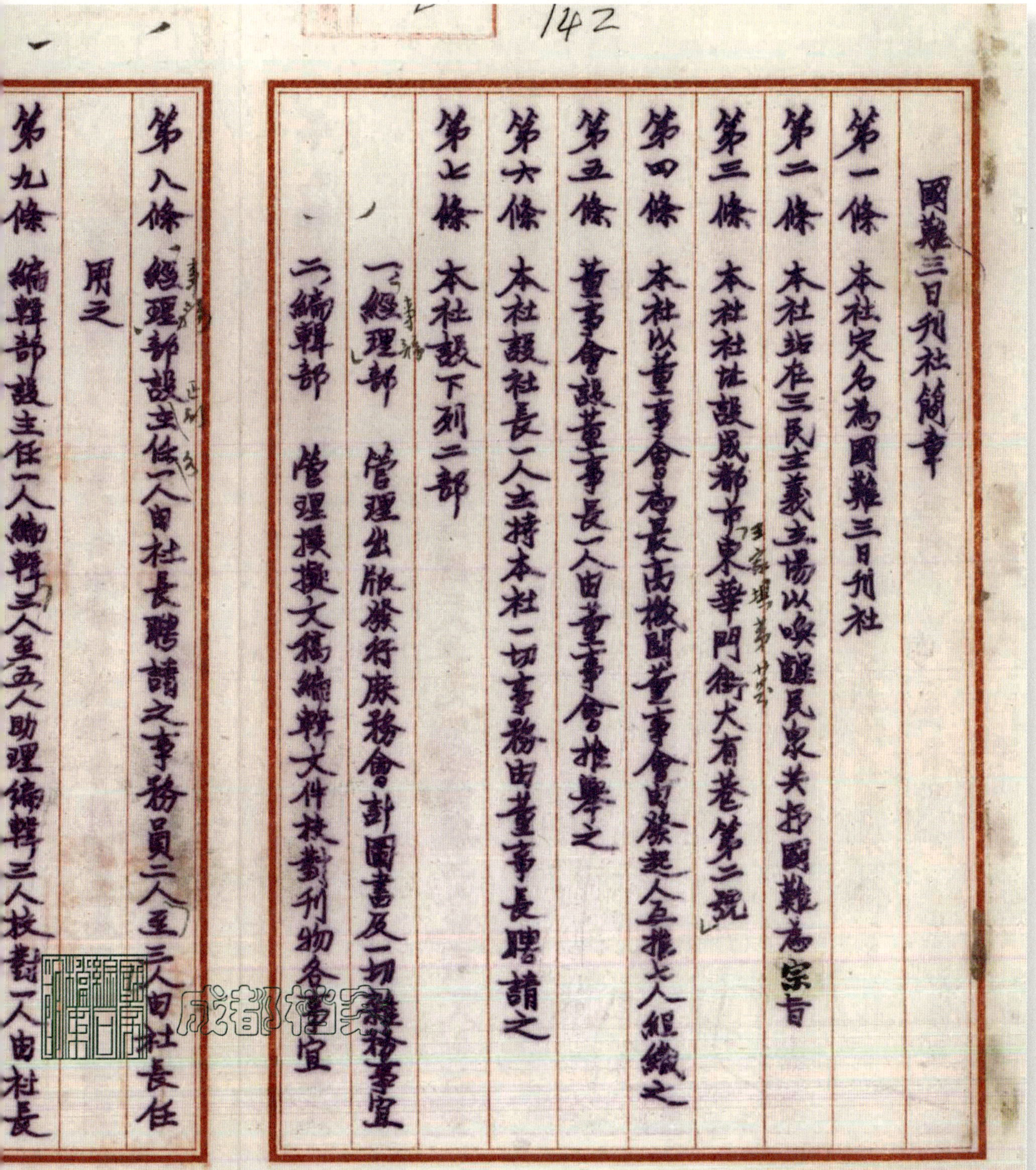

142

國難三日刊社簡章

第一條 本社定名為國難三日刊社

第二條 本社站在三民主義立場以喚醒民眾共赴國難為宗旨

第三條 本社社址設成都市東華門街大有巷第二號

第四條 本社以董事會為最高機關董事會由發起人互推七人組織之

第五條 董事會設董事長一人由董事會推舉之

第六條 本社設社長一人主持本社一切事務由董事長聘請之

第七條 本社設下列二部

一、經理部 管理出版發行庶務會計圖書及一切雜務事宜

二、編輯部 管理撰擬文稿編輯文件校對刊物各事宜

第八條 經理部設主任一人由社長聘請之事務員二人至三人由社長任用之

第九條 編輯部設主任一人編輯三人至五人助理編輯三人校對一人由社長

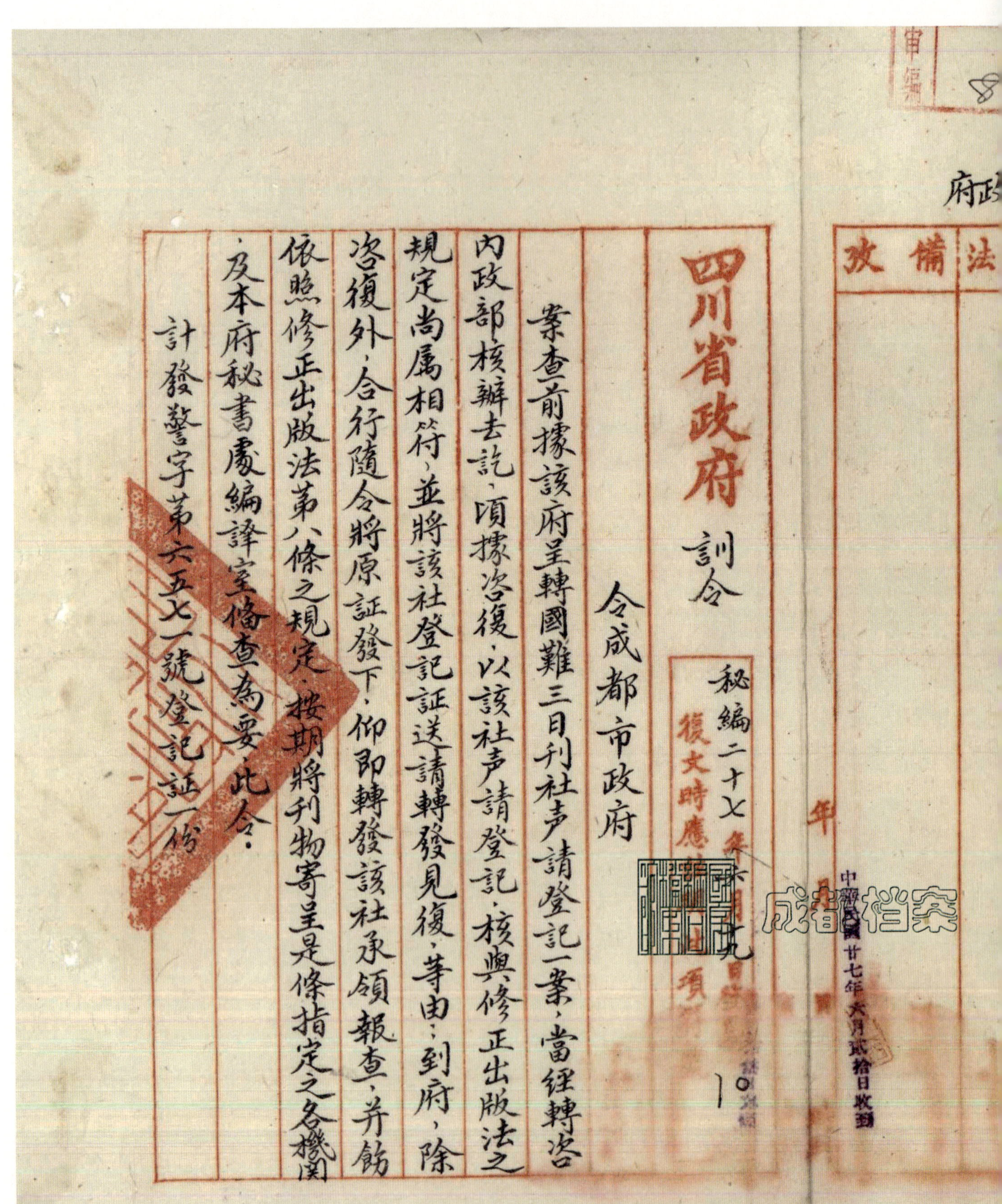

四川省政府 訓令

秘編二十七年 字第 號

令成都市政府

案查前據該府呈轉國難三日刊社声請登記一案，當經轉咨
內政部核辦去訖，頃據咨復，以該社声請登記，核與修正出版法之
規定尚屬相符，並將該社登記証送請轉發見復，等由；到府，除
咨復外，合行隨令將原証發下，仰即轉發該社承領報查，并飭
依照修正出版法第八條之規定，按期將刊物寄呈是條指定之各機關
及本府秘書處編譯室備查為要。此令。

計發警字第六五七一號登記証一份

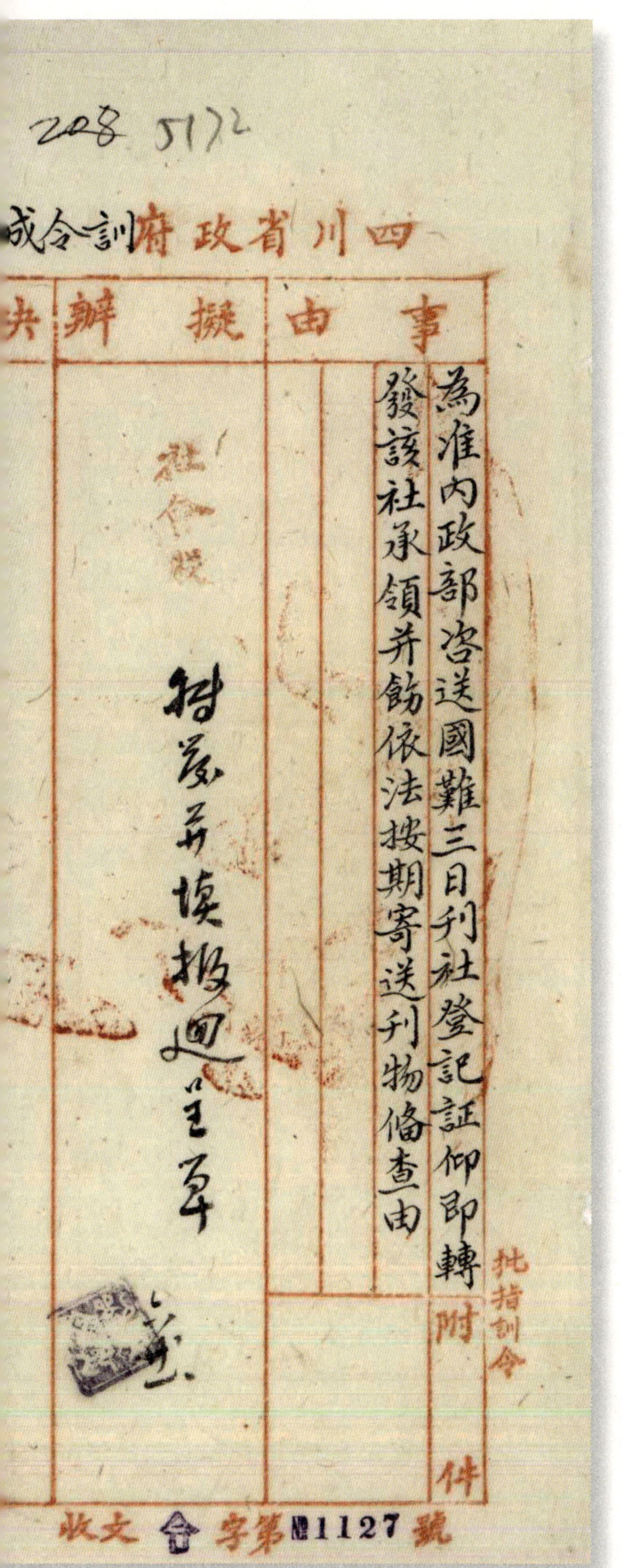
208 5172

四川省政府訓令成

事由：為准内政部咨送國難三日刊社登記証仰即轉發該社承領并飭依法按期寄送刊物備查由

擬辦

附件

批指訓令

收文 字第1127號

1938年6月，四川省政府给成都市政府关于同意《国难三日刊》登记并要求其按期寄送刊物备查的训令。

档案解读

1928年6月，国民党当局颁布了《指导党报条例》《指导普通刊物条例》《审查刊物条例》，规定所有报刊均须绝对遵循国民党的主义与政策，服从国民党中央及地方党部的审查。其目的是为了杜绝一切不利于国民党统治的新闻宣传内容。

22 《星芒周报》《星芒·救亡联合周报》《星芒报》

1937年9月18日，中华民族解放先锋队成都队的“星芒通讯社”创办了宣传抗日救亡的《星芒周报》，发行人兼社长蒋慕岳（江牧岳），主编胡绩伟，编辑冯诗云，社址初设于成都祠堂街。其主要读者对象为广大的知识青年，发行宗旨是推行新的文化启蒙运动，对民众进行爱国救亡教育。

“星芒通讯社”是中国共产党领导下的一个抗日救亡团体，于1937年9月在成都祠堂街44号“战时出版社”营业部成立。

“星芒通讯社”建立有党支部，它充分利用合法团体组织的形式做争取上层、中层和下层共同抗日的工作。它创办了《新民报三日增刊》《蜀话报》《通俗文艺旬刊》等许多宣传抗日救亡刊物，并向《四川日报》《华西晚报》《新民报》等发送通讯稿。

《星芒周报》及时报道敌我态势，反映前方将士杀敌情况，抨击汉奸罪行，驳斥“速胜论”和“亡国论”，宣传持久战的战略方针。《星芒》创刊号是“纪念九一八特辑”，第2期为“怎样组织民众特辑”，第3期是“关于民主政治特辑”。编辑部计划“每期出个特辑，专门请人写文讨论一些现实的问题”，计划中还要出“国难教育特辑”。在1937年11月6日出版的第8期中，有著名爱国人士李公朴、冯玉祥等人写的文章。胡绩伟当时担任编辑，经常以“小丁”为笔名写稿。

《星芒周报》创刊适逢“九一八”事变六周年，其创刊号《致读者》呼吁：“九一八”事变“酿成了中国有史以来的奇耻大辱”，不容忘记，“争取最后胜利只有彻底放开民众运动……我们要求政府与全中国的民众立即行动起来，严厉铲除汉奸，立即发动全面抗战，彻底开放民众运动，以保障抗战的最后胜利”。《星芒周报》第三期发表的《广泛地开展学生救亡运动》指出，“在半封建、半殖民地的中国……只有依靠全民伟大的力量，才给予敌人致命的打击”。

1937年11月13日，《星芒周报》与“四川青年救国会”的《救亡》周刊合并为《星芒·救亡联合周报》，出三期后停刊。1938年4月，《星芒周报》改《星芒报》，共产党员胡绩伟任主笔，记者和主要撰稿人有肖晴天、谭吐、江农任、刘延年、车辐、张漾兮、王大化、梅英等。

《星芒报》承接《星芒周报》的宗旨，及时报道抗战情况和国内外大事，动员广大群众参加抗战，并发表大量生动活泼的大众文艺作品。它以形式多样、短小精干、通俗易懂的独特风格宣传抗日，深受广

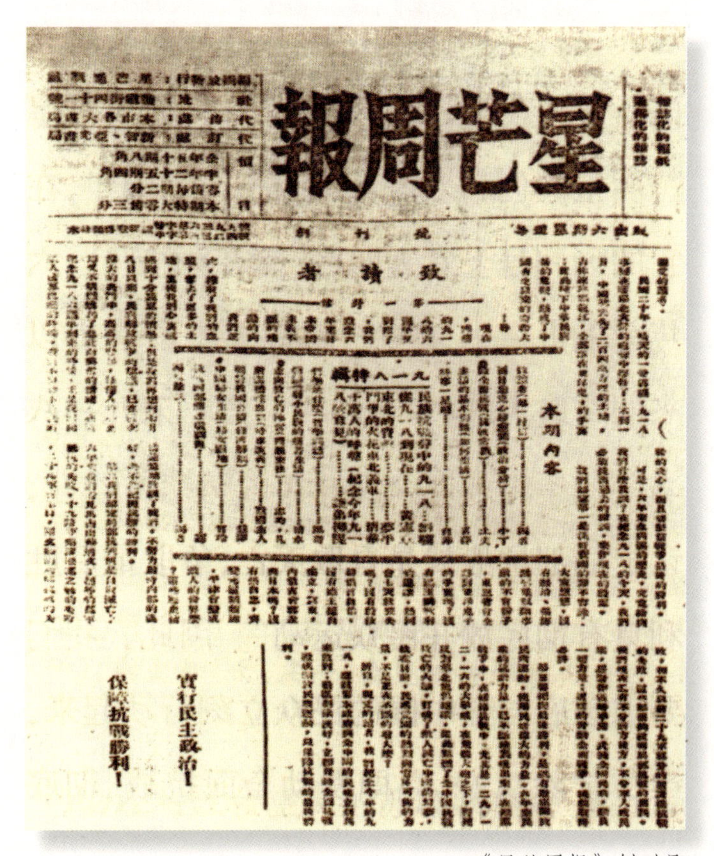
星芒周報

創刊號

致讀者

本期內容

九一八特輯

實行民主政治！

保障抗戰勝利！

《星芒周报》创刊号

大读者的欢迎。

编辑部撰写的《千百万人的呼声》《从九一八到现在》《论政府抗战到全民抗战》《所谓民主是要人民自己做主》《解除成都学生的镣铐》等文章旗帜鲜明、论述精辟入里。同时还邀请士史良、沙千里、李公朴等各届知名爱国人士为《星芒报》撰文。

《星芒报》笔触辛辣、语言犀利，令国民党当局如芒刺背、眼中插钉，先后对其进行了11次查封，1940年8月强令其停刊。

档案解读

呈文说：“有鉴于倭寇鸱张（嚣张），国难日深，非普及民智，唤起全国民众不足以资救亡图存”，我们“就本市新集商场35号开办《星芒》报馆一所”，先出版三日刊，待资金充足再开办日报。现呈上登记表二份，请核发登记证。申请人为《星芒报》发行人张梁。

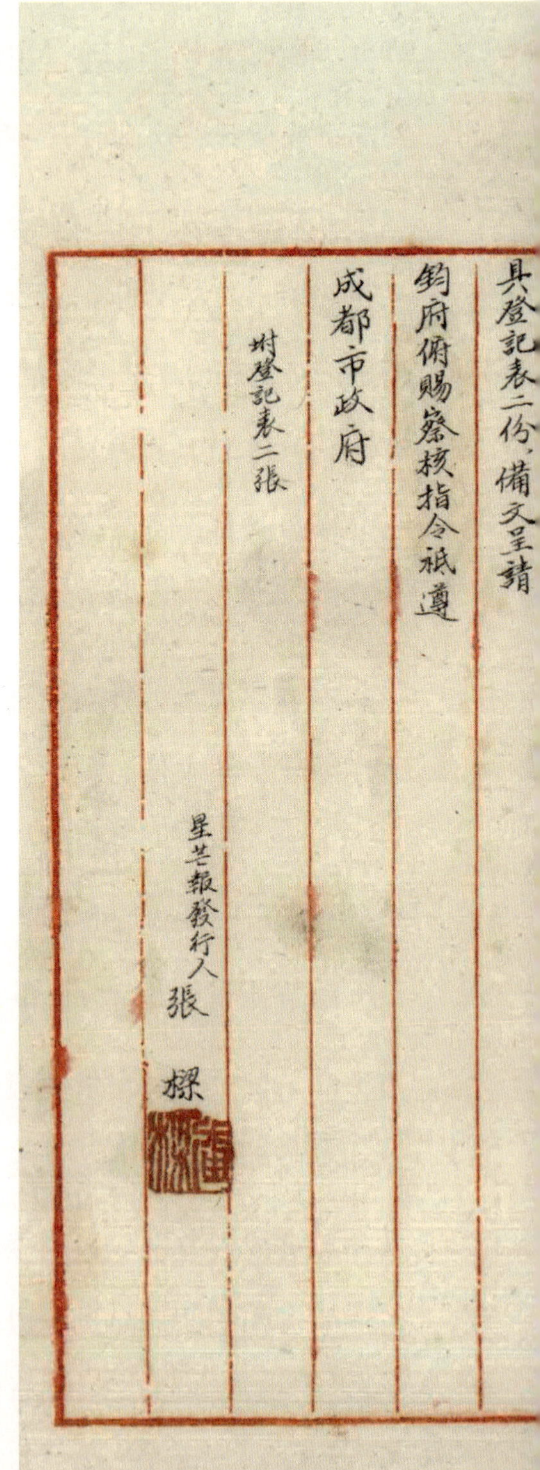
具登記表二份，備文呈請
鈞府俯賜察核指令祇遵
成都市政府
附登記表二張
星芒報發行人張　樑

1938年8月，星芒报社送成都市政府关于呈请出版并发给登记证书的呈文。

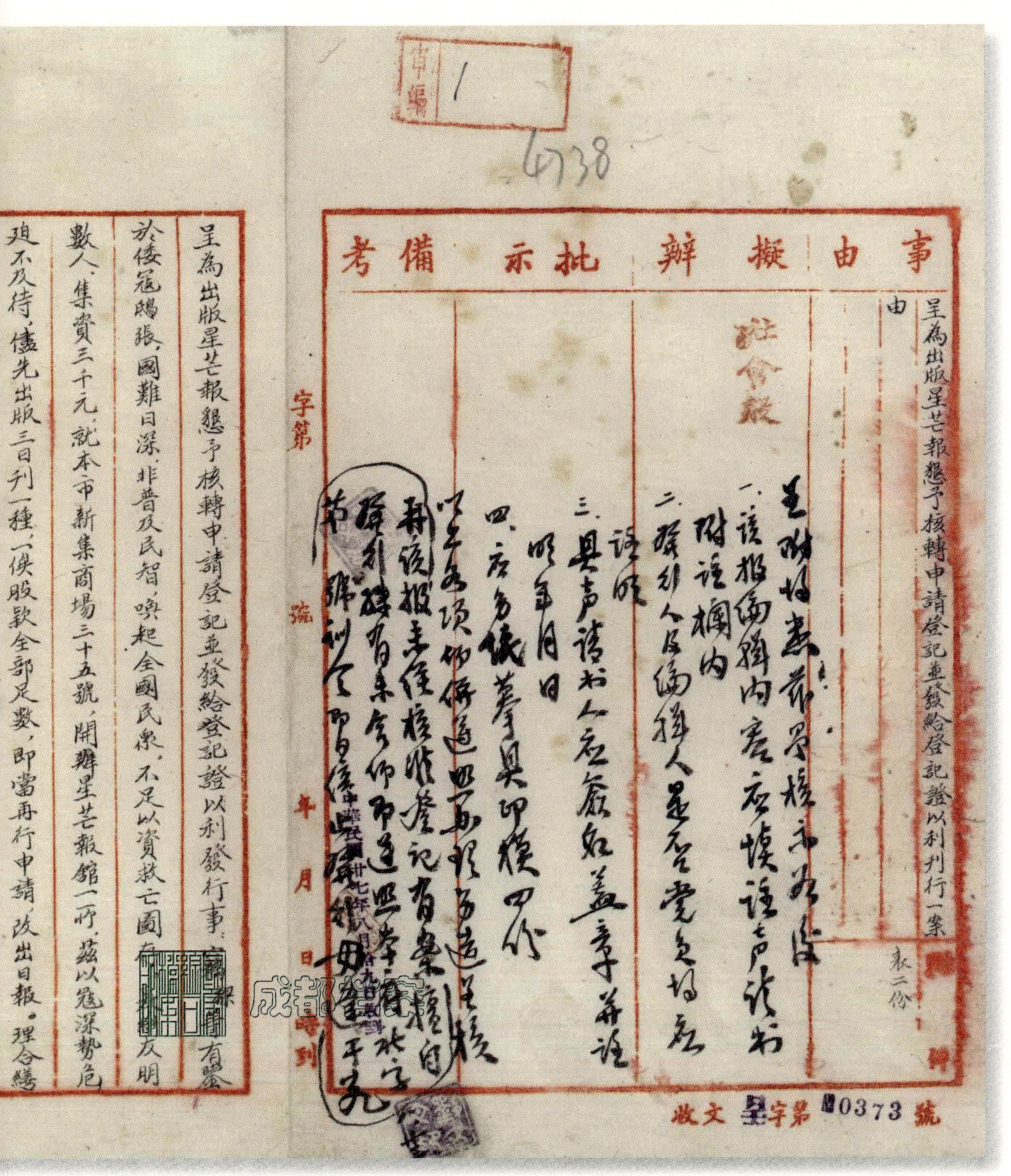

呈為出版星芒報懇予核轉申請登記並發給登記證以利發行事：竊有鑒於倭寇鴟張，國難日深，非普及民智，喚起全國民衆，不足以資救亡圖存。友明數人，集資三千元，就本市新集商場三十五號，開辦星芒報館一所，茲以寇深勢危，迫不及待，儘先出版三日刊一種，一俟股款全部足數，即當再行申請，改出日報。理合繕

事由	擬辦	批示	備考
呈為出版星芒報懇予核轉申請登記並發給登記證以利刊行一案 由			

社會股

表二份

字第 號 年 月 日 到

收文 字第0373號

1938年8月，星芒报社送成都市政府的“星芒报编辑内容”

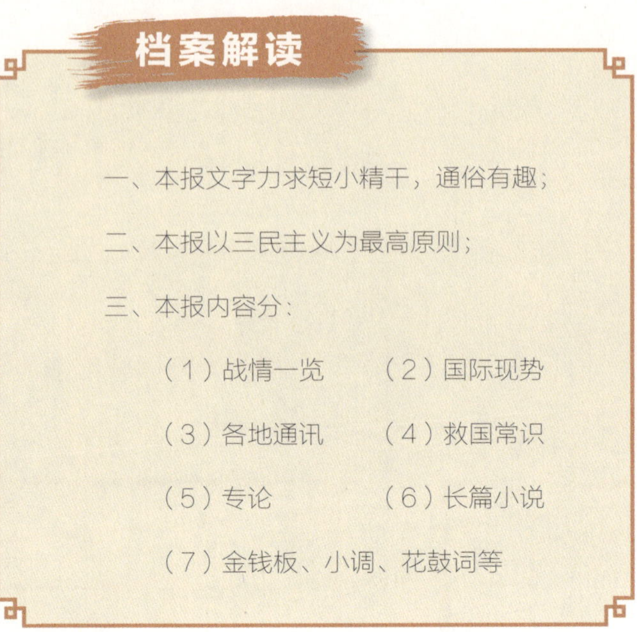

档案解读

一、本报文字力求短小精干，通俗有趣；

二、本报以三民主义为最高原则；

三、本报内容分：

（1）战情一览　（2）国际现势

（3）各地通讯　（4）救国常识

（5）专论　（6）长篇小说

（7）金钱板、小调、花鼓词等

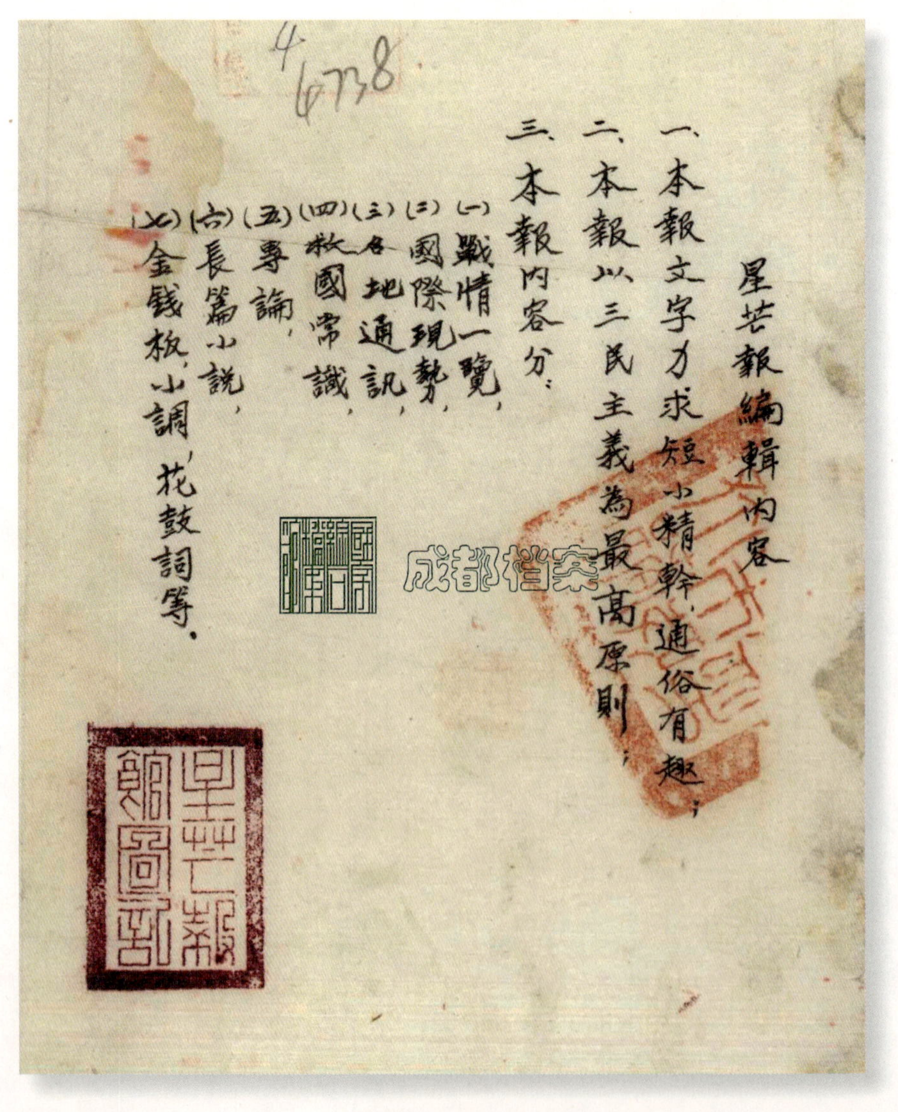

星芒報編輯内容

一、本報文字力求短小精幹，通俗有趣；

二、本報以三民主義為最高原則；

三、本報内容分：

（一）戰情一覽，

（二）國際現勢，

（三）各地通訊，

（四）救國常識，

（五）專論，

（六）長篇小説，

（七）金钱板，小調，花鼓詞等。

星芒報編輯部

23
《救亡》周刊、《星芒·救亡联合周报》《战时学生》旬刊

1937年10月10日，成都四川青年救国会创办了《救亡》周刊。主编熊复、王世焕，编辑吴德让、董仲平、张黎群、余明等，发行人萧泽宽。社址设在成都商业街20号。

1937年11月，《救亡》周刊出版5期后与中华民族解放先锋队成都

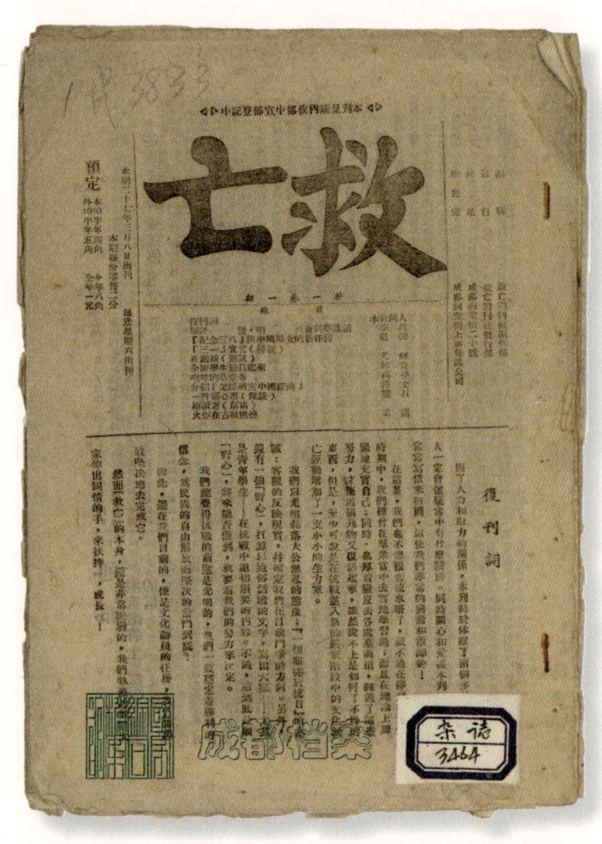

救亡

復刊詞

《救亡》

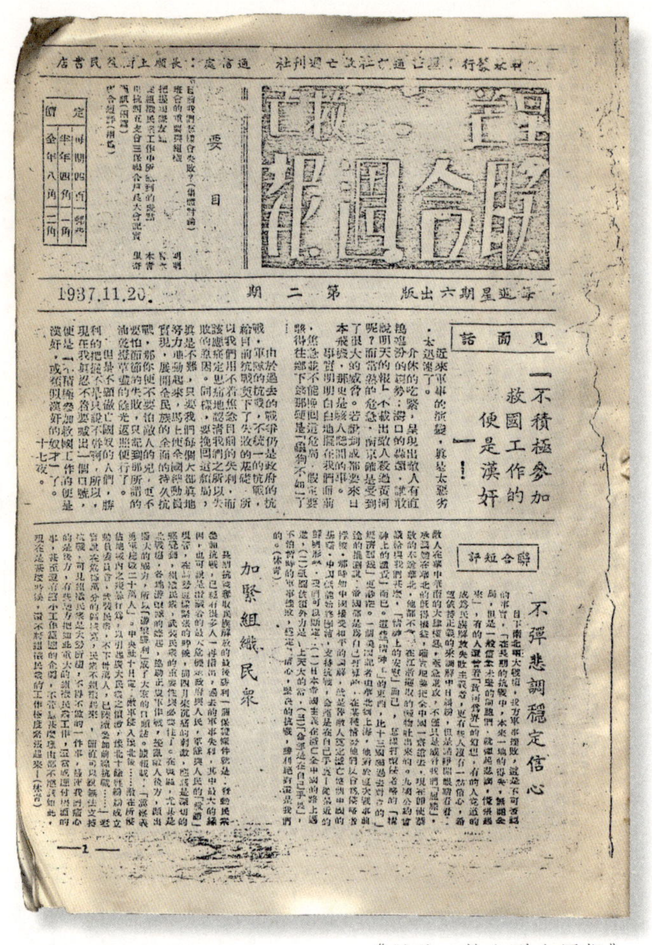

星芒 救亡 聯合週報

要目

1937.11.20. 第二期 每星期六出版

見面話

一不積極參加救國工作的便是漢奸！

聯合短評

不彈悲調穩定信心

加緊組織民衆

《星芒·救亡联合周报》

队的《星芒周报》合并，出版《星芒·救亡联合周报》，3期后停刊。1938年3月8日《救亡》周刊再单独出版 4期，同年4月2日停刊。1938年5月，《救亡》周刊社经改组扩充出版《战时学生》旬刊。

《救亡》周刊积极宣传抗日，号召青年做救亡先锋，设有“抗战一周”“一周短评”“读者信箱”等专栏。

《救亡》周刊积极宣传抗日救亡，它向人民揭示了中日战争的性质：“我们应该认识，这次抗敌战争，不是国内的军阀混战，也不是国际的帝国主义的火拼，这是极伟大的民族解放或民族革命战争”“日本帝国主义发动的侵略战争是罪恶的，必然失败，我们进行的是伟大的、正义的民众解放战争，它必然胜利。”

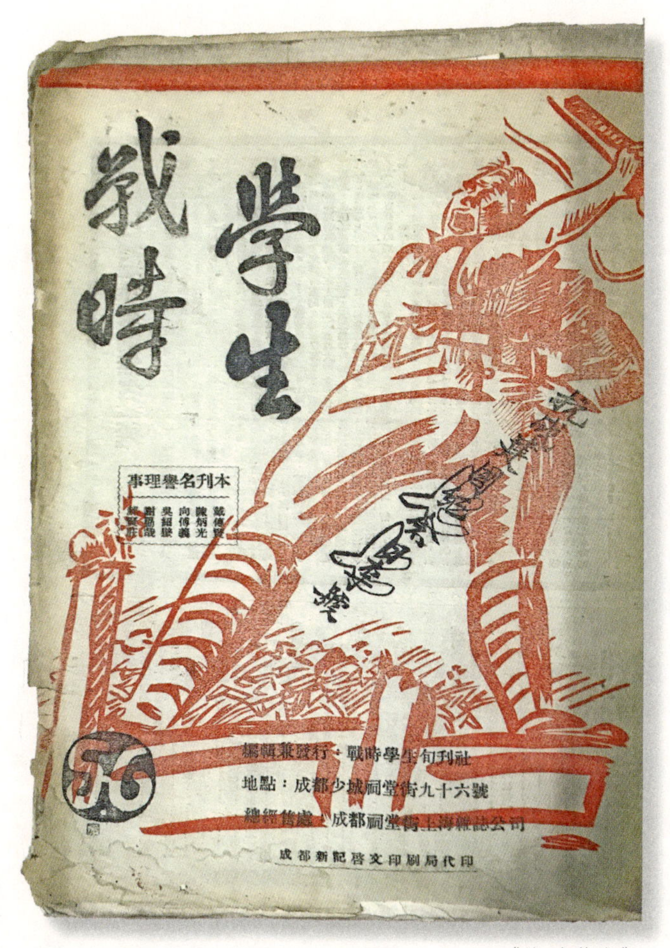

《战时学生》

《战时学生》旬刊是中共地下党领导的以青年学生为对象的抗日救亡刊物。发行人萧愉，社长康乃尔，总编刘掞，编辑有黄天杰、王玉琳、谢庆笙等。社址设于成都祠堂街96号。

《战时学生》旬刊以讨论学生生活、读书，及研究战时工作为宗旨，设有时事述评、专题著述、生活园地、抗战文艺、各科顾问、国外通讯、国内通讯、信箱等栏。撰稿人有吴德让、李亚群、曹葆华、林珈等。发行量最高时达万份。

《战时学生》旬刊出版至1938年8月20日第10期，因“尚未核准登记，自得于核准登记前停止发行”而停刊。1939年7月10日复刊，社址迁至娘娘庙街。1940年4月终刊。

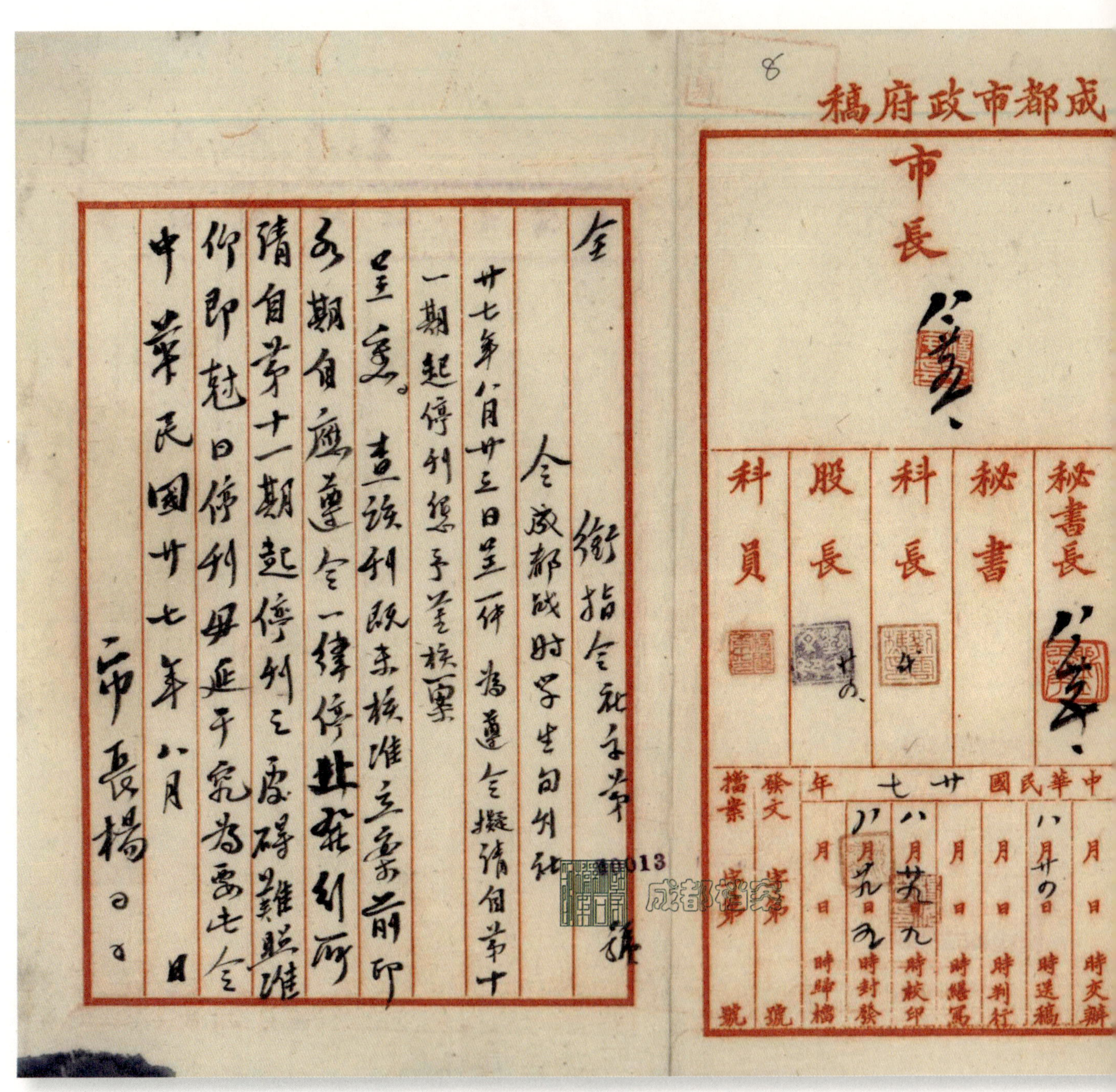

成都市政府稿

市長

秘書長

秘書

科長

股長

科員

中華民國廿七年

月 日 時交辦　八月廿〇日 時送稿　月 日 時判行　月 日 時繕寫　八月廿九日 時校印　八月廿九日 時封發　月 日 時歸檔

發文 字第 號

檔案 字第 號

令

衛指令社字第 號

令成都戰時學生旬刊社

廿七年八月廿三日呈一件，為遵令擬請自第十一期起停刊，懇予鑒核備案

呈悉。查該刊既未核准立案，前即出期，自應遵令一律停止發行。所請自第十一期起停刊之處，礙難照准，仰即剋日停刊，毋延干究為要。此令。

中華民國廿七年八月 日

市長楊

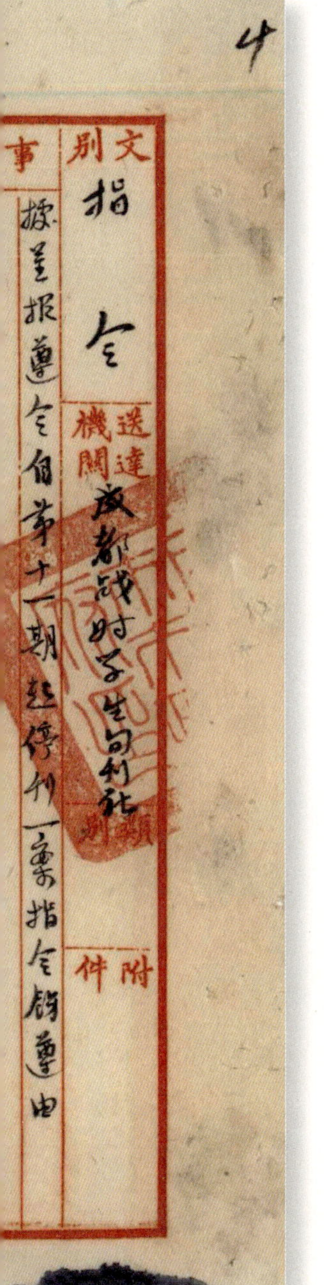
4

文別 指令

送達機關 成都戰時學生旬刊社

事由 據呈報遵令自第十一期起停刊一案指令飭遵由

附件

1938年8月29日，成都市政府驳回成都战时学生旬刊社关于延期停刊的指令

档案解读

1938年8月23日，战时学生旬刊社给成都市政府呈文说，杂志有些手续还没有办完登记，但目前第十期已经印刷，可否从第十一期开始停刊。政府批文说：“查该刊既未核准立案，前印各期自应遵令一律停止发行……克日停刊，毋延干究为要。此令！”

从这份文书我们可以看到民国成都市政府的文件审批流程：一份呈文需通过科员、股长、科长审核，盖上审核人印章后再送到秘书长最后审核，最后还要代市长签名。这份文件8月23日送到，8月29日完成签署发出，历时6天。

24 《战旗》

《战旗》旬刊创刊于1937年12月5日，发行人秦耀鸿，编辑葛乔、沙汀、周文等。撰稿人多为文艺界、教育界、文化界的知名人士。社址设于成都春熙路西段17号，由成都球新印刷厂印刷。

《战旗》创刊号发表了金仲华的《中日战争的第一阶段》、黄宪章的《动员民众的几个根本问题》、刘披云的《抗战期中的民主政治问题》，强调要发动全民抗战，必须实行民主政治。葛乔的《民族统一战线与托洛斯基派》，对当时出现的错误思想进行了分析批判，指出托洛斯基派混淆了当时主要矛盾的变化。马宗融的《应否对日绝交》、李劼人的《对日绝交的我见》、张志和的《立即对日绝交》、萧崇素的《国际法上的绝交》等文讨论了“对日绝交”问题。

《战旗》“特载”还刊载了宋庆龄的《两个十月》，颂扬孙中山领导的辛亥革命，也高度评价了俄国的十月社会主义革命，号召“学习我们伟大邻人的榜样”。“特刊”还刊发了胡绳的《北京的汉奸文化》、沙汀的《出征》、周文的《成都的印象》等文章。

《战旗》被当局以“擅自发行”，“再该刊思想亦不能纯正，在此全面抗战时期，尤恐影响后防”，饬令停刊。仅出一期。

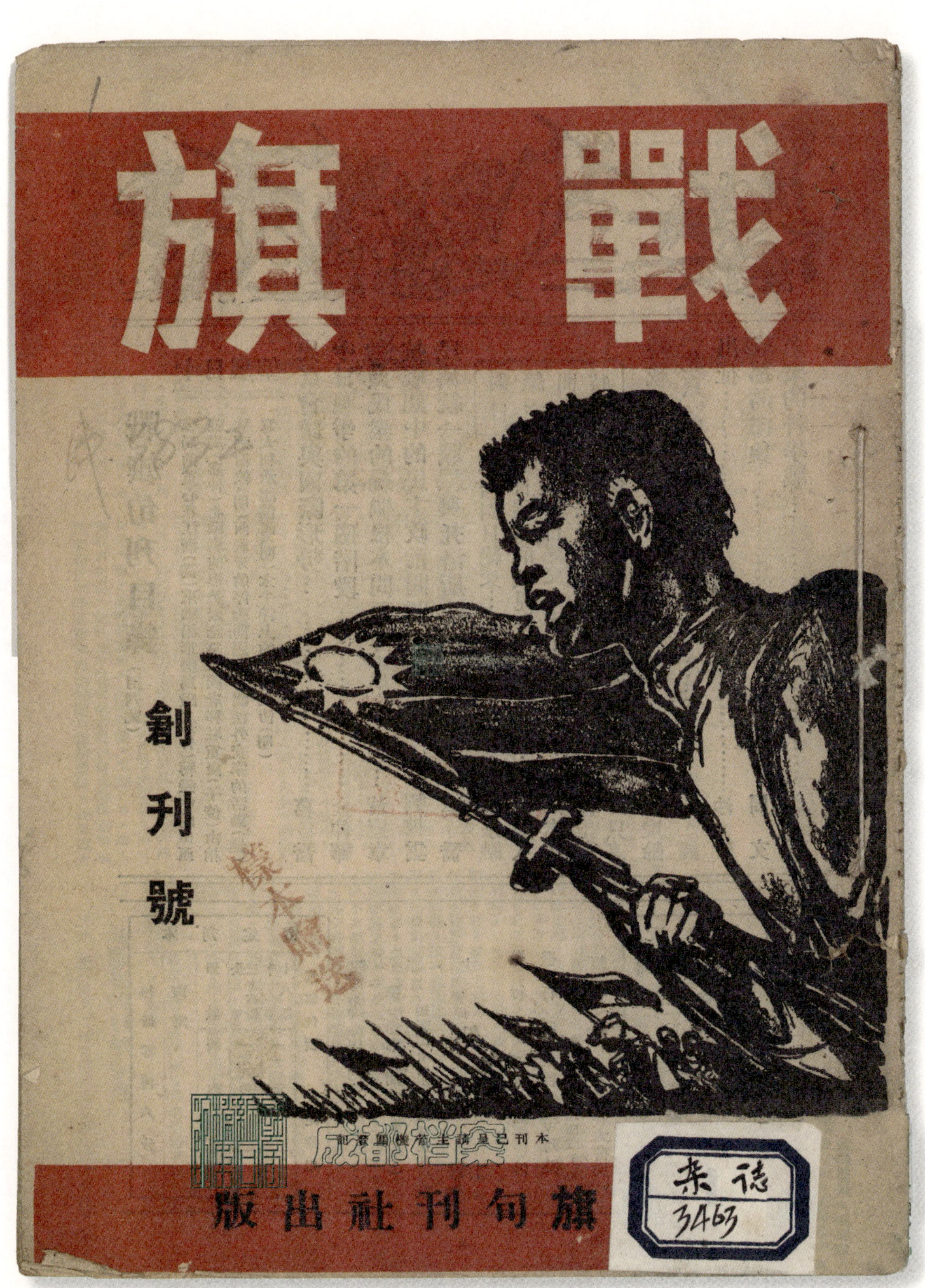

《战旗》创刊号

1937年12月2日，秦耀鸿向成都市政府申办《战旗》旬刊的呈文

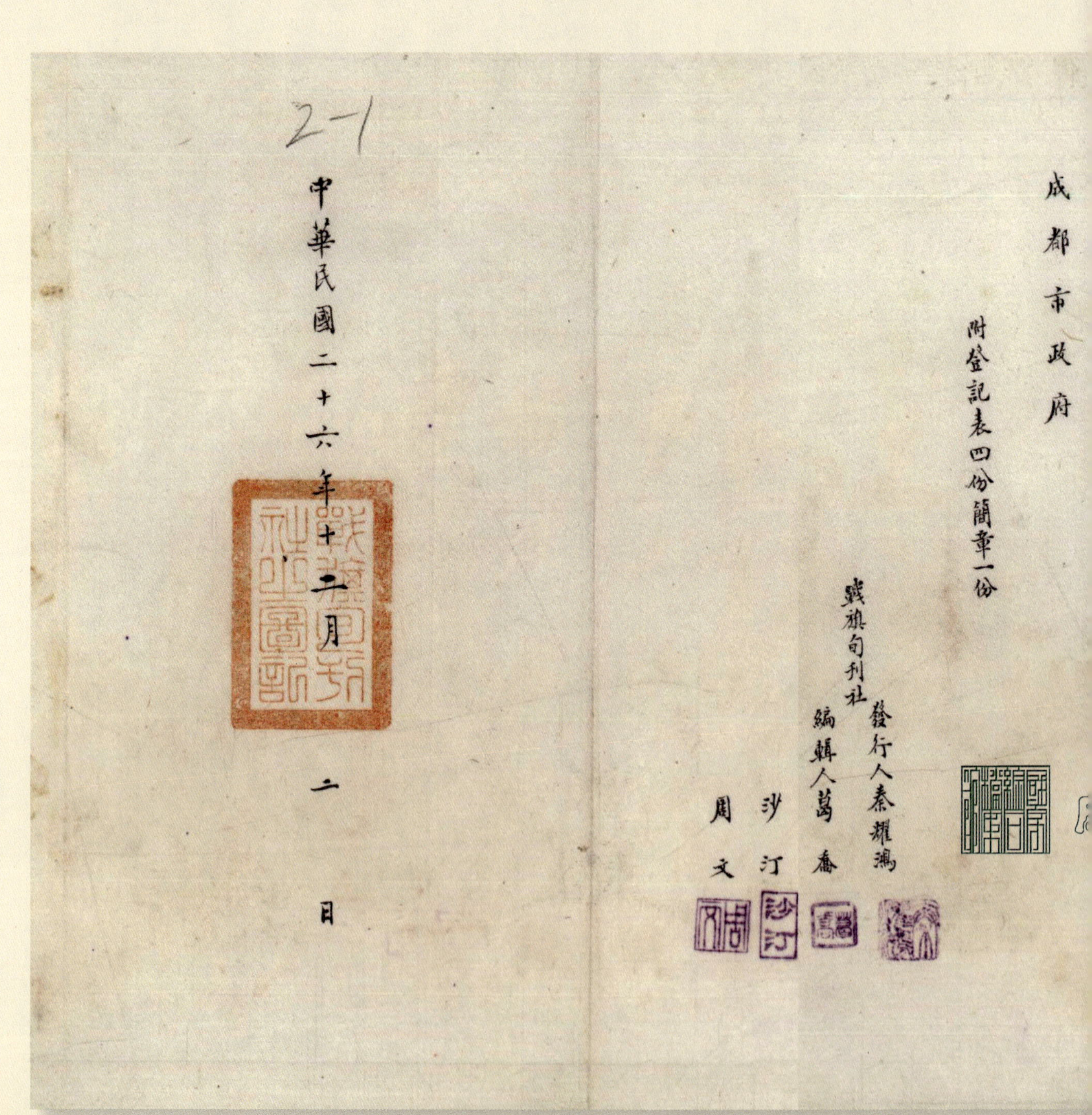

2-1

成都市政府

附登記表四份簡章一份

戰旗旬刊社
發行人秦耀鴻
編輯人葛喬
沙汀
周文

中華民國二十六年十二月二日

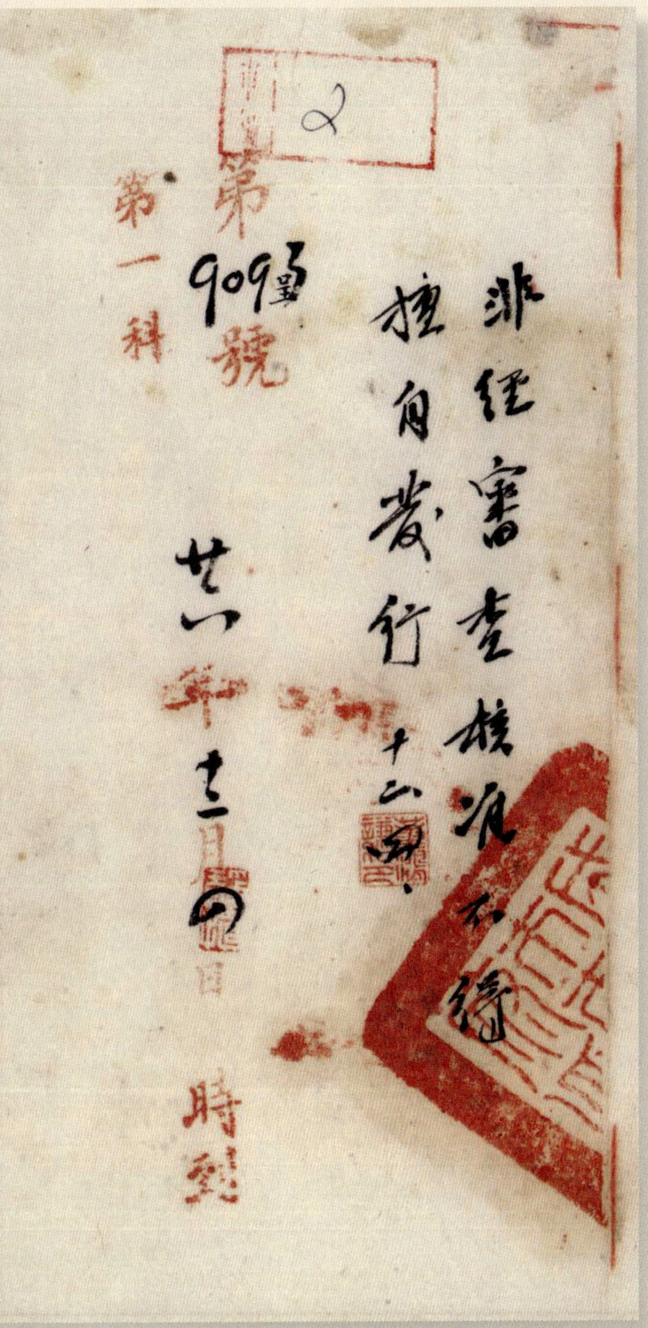
第一科

第909號

非經審查核准不得擅自發行 十二.四

廿六年十二月四日

時到

呈為呈請登記懇予備案事竊值茲全面抗戰之際、凡屬國民、皆有共赴國難之責任。同人等為擁護政府、督促民眾參加抗戰起見、爰集同人、組織戰旗旬刊社、發行旬刊一種、定名「戰旗」、內容刊載關於抗戰諸方面之文字。現已籌備就緒、定十二月五日發行。為此連同章程隨登記聲請書具呈

鈞府懇予備案、並請發給登記證、用利進行實沾德便。謹

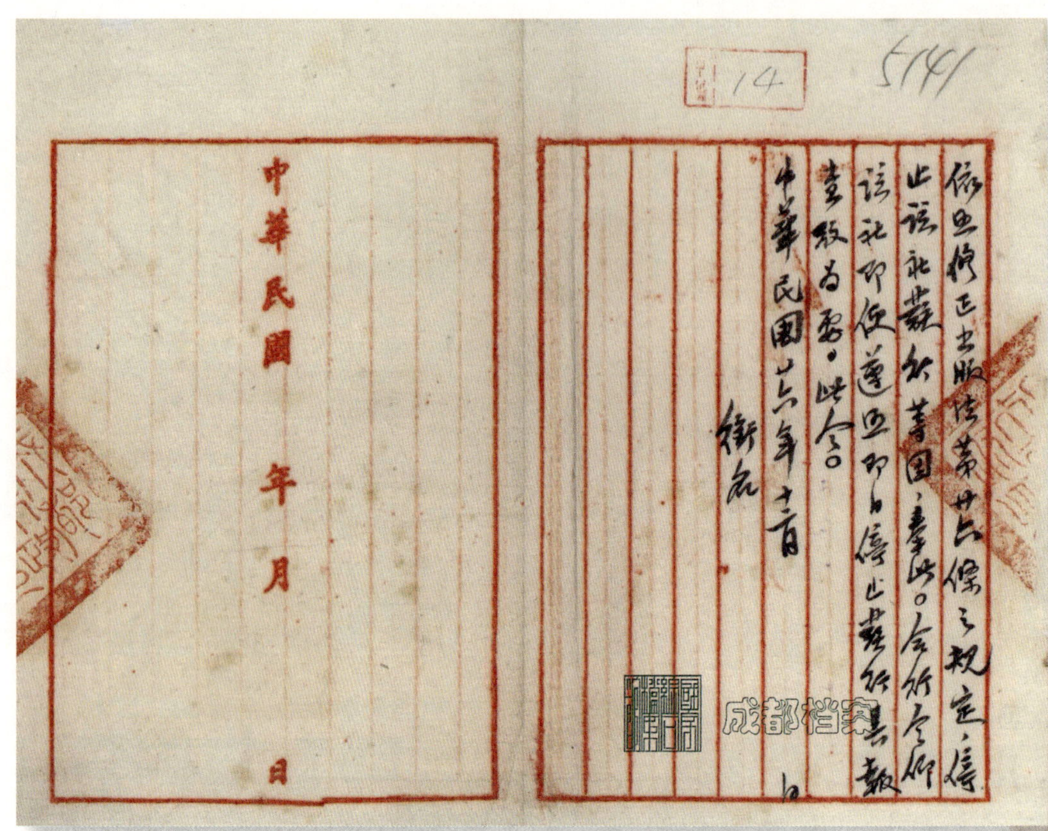

档案解读

该训令在“事由”栏写道，“为该刊违背法令，擅自出版，令饬即日停止发行”。为此成都市政府训令《战旗》旬刊立即停刊。

根据1932年国民党中央先后通过和颁布的《检查新闻办法大纲》《各省市新闻检查所新闻检查规程》《各省市新闻检查所新闻检查违检惩罚暂行办法》等一系列文件，要求“凡在各省、市印行之日报、晚报、小报、通讯社稿及其增刊、特刊、号外等，于发行前均须将全部新闻一次或分次送各该新闻检查所检查”。

1937年12月16日，成都市政府关于《战旗》旬刊未经批准擅自发行，即令停止发行的训令

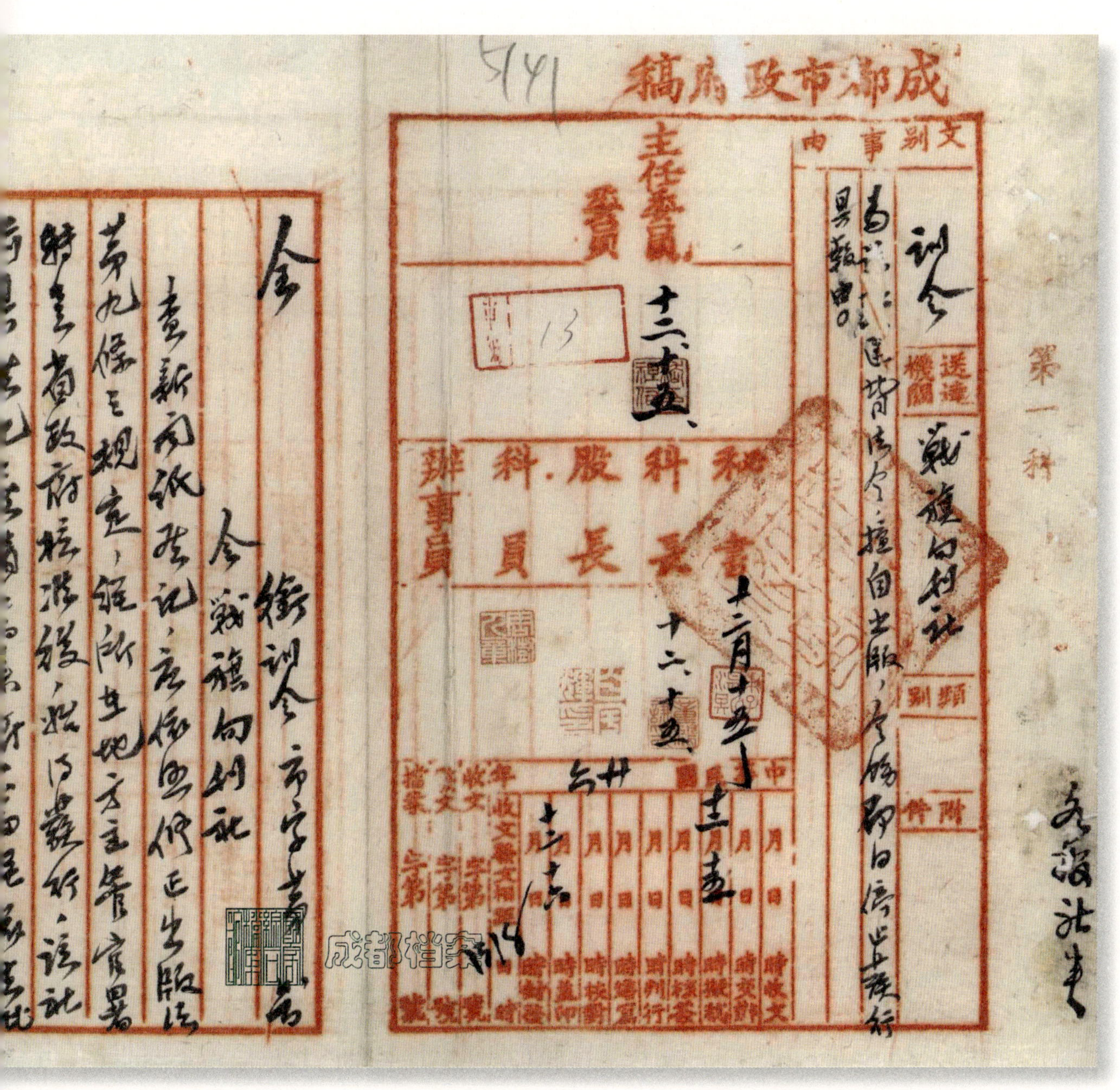
成都市政府稿

文别：訓令

事由：……擅自出版……停止發行

送達機關：戰旗旬刊社

主任參議
參員

秘書
科長
股員
辦事員

令戰旗旬刊社

25
《新华日报》

1938年1月11日，在抗日烽火之中，在民族存亡之际，《新华日报》作为中共机关报正式创刊。它是中国共产党建党以来创办的第一张大型日报，同时也是共产党在国民党统治中心主办的第一张全国性政治机关报。

《新华日报》1937年底在南京筹备，1938年初在武汉创刊，1938年10月迁至重庆，1947年2月28日被国民党查封。它经历了抗日战争时期和解放战争初期，前后共9年1个月零18天，共出版3231期。1949年4月南京解放后，同年4月30日，《新华日报》在南京正式恢复出版。

《新华日报》全方位地宣传党的路线、方针、政策，介绍八路军、新四军及人民解放军的辉煌战绩，报道抗日根据地、解放区的巨大成就，反映国统区民众的呼声，揭露日本帝国主义的侵略罪行和国民党顽固势力独裁、内战、反共反人民的面目，团结国统区各民主党派和广大群众，为抗击日本侵略者和反对国民党反动派进行了艰苦卓绝的斗争。

抗日战争时期，总部设在重庆的《新华日报》是中共南方局领导下的一家公开报纸，这是中国共产党在国民党统治区宣传全面抗战方

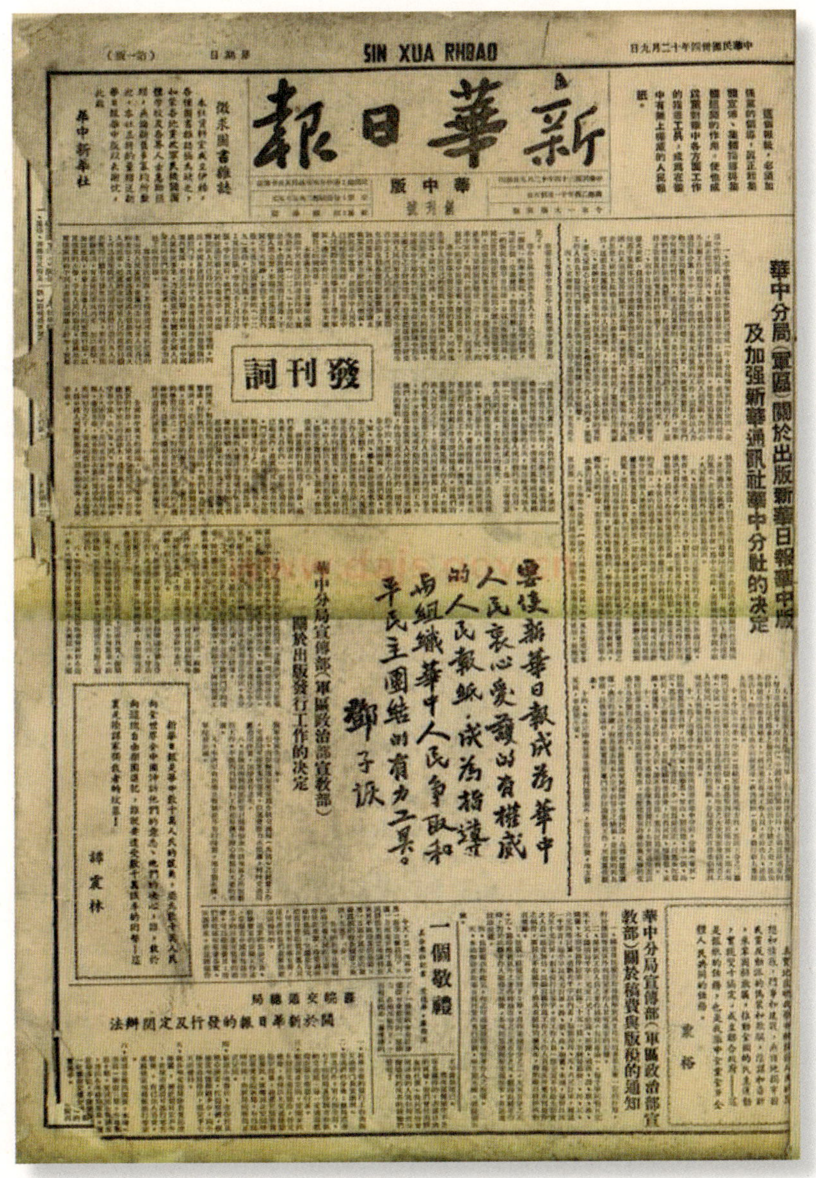

SIN XUA RHBAO

新華日報

華中版 創刊號

發刊詞

華中分局（軍區）關於出版新華日報華中版及加強新華通訊社華中分社的決定

要使新華日報成為華中人民衷心愛護的有權威的人民報紙，成為指導與組織華中人民爭取和平民主團結的有力工具。

鄧子恢

華中分局宣傳部（軍區政治部宣教部）關於出版發行工作的決定

一個敬禮

華中分局宣傳部（軍區政治部宣教部）關於稿費與版稅的通知

蘇皖交通總局 關於新華日報的發行及定閱辦法

1945年12月9日《新华日报》（华中版）创刊号

针的一个重要舆论阵地。

1938年1月，《新华日报》在成都设立了发行组，1939年1月在成都祠堂街设立川西北分销处。从1939年至1945年，洪希宗、申同和、李椿、张均等先后任分销处负责人。抗战胜利前后，杜桴生、罗石生为负责人。

在发行组和川西北分销处员工的努力工作下，《新华日报》在川西北地区的发行量，从1938年1月的40余份提升到最高时的1.2万份，并在彭县（今彭州市）、西昌、嘉定（今乐山）等地设十几个推销站，使《新华日报》成为成都地区最有影响的进步报刊之一。此外总分销处还代售进步图书杂志，自印、翻印延安解放社出版的书报，以及毛泽东等党领导人的论著，如《论持久战》《新民主主义论》等。

《新华日报》川西北分销处，从1938年到1947年在成都坚持战斗九个年头。在总分销处和《新华日报》总社的领导下，对国民党顽固派和特务机构阻挠登记、撕毁报纸、殴打绑架报童、查封营业部、秘密逮捕分销处负责人等种种手段，企图阻止《新华日报》在成都地区发行的卑劣行径，进行了坚决的斗争。

1940年3月，国民党特务在成都制造“抢米事件”后，逮捕了《新华日报》川西北分销处负责人、中共川康特委书记罗世文及分销处负责人洪希宗。1941年初，国民党四川省图书杂志审查委员会以“发卖反动书刊，危害国家”为借口，查封了祠堂街的生活书店和《新华日报》川西北总分销处。

1942年2、3月间，又发生了送报人被殴打和失踪事件。同年9月，分销处负责人李椿外出时被便衣特务绑架。

为了躲避国民党顽固派对发行的阻挠，分销处采取多种特殊的发行方式，如读者定期上门取报，给读者邮寄，以优惠价格批发给报贩，有时还用国民党《中央日报》作为外包装邮寄《新华日报》，由此保证了《新华日报》在成都及川西北地区的顺利发行。

1947年2月26日《新华日报》停刊后，3月5日，国民党当局查封了成都的川西北分销处，全体人员被用汽车武装“护送”到重庆，与总社人员一道撤回延安。

《新华日报》川西北分销处传播党的抗日民族统一战线方针，是宣传八路军、新四军及全国军民抗击日本侵略者的英雄事迹的重要阵地，是成都乃至西南地区革命斗争的指路明灯，为鼓舞和推动抗日救亡运动作出了不可磨灭的贡献。

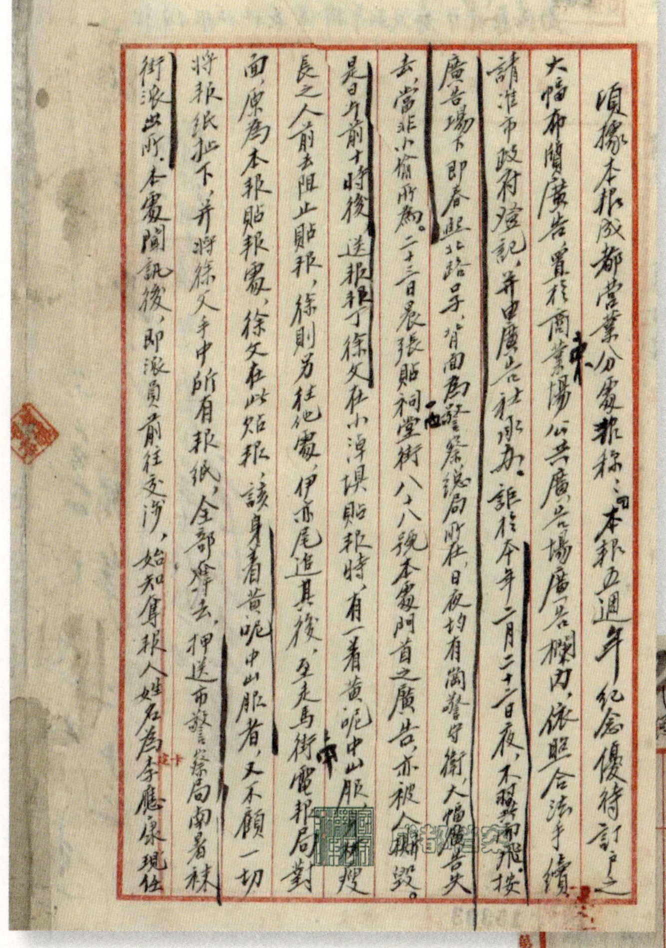

頃據本報成都營業分處報稱："本報五週年紀念優待訂戶之大幅布質廣告，置於商業場公共廣告場廣告欄內，依照合法手續請准市政府登記，并由廣告社承辦。詎於今年二月二十六日夜，[illegible]廣告場下即春熙北路口，背面為警察總局所在，日夜均有崗警守衛，大幅廣告失去，當非小偷所為。二十六日晨張貼祠堂街八十八號本處門首之廣告，亦被人撕毀。是日午前十時後，送報丁徐文在小[illegible]貼報時，有一着黃呢中山服長之人前去阻止貼報，徐則另往他處，伊亦尾追其後，至走馬街電報局對面，原為本報貼報處，徐文在此貼報，該身着黃呢中山服者，又不顧一切將報紙扯下，并將徐文手中所有報紙，全部搶去，押送市警察局南暑襪街派出所。本處聞訊後，即派員前往交涉，始知拿報人姓名為李應康，現任

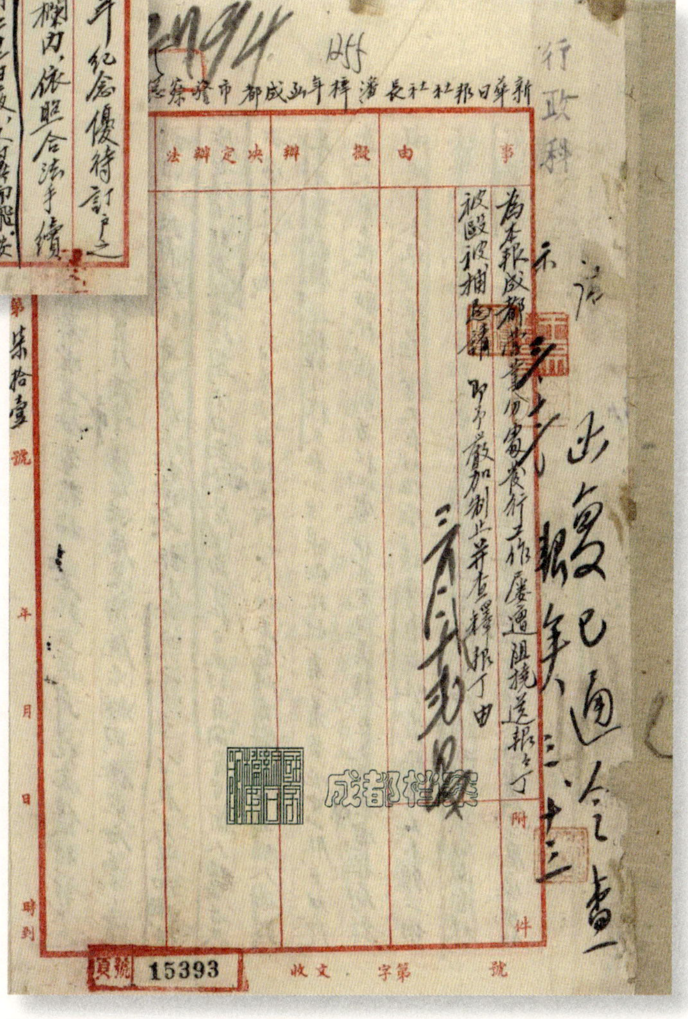

新華日報社長潘梓年函成都市警察局

事由	擬辦	決定辦法
為本報成都營業分處發行工作屢遭阻撓，送報丁被毆被捕，函請即予嚴加制止并查釋報丁由		

第柒拾壹號

15393 收文 字第 號

1943年3月，《新华日报》成都分社社长潘梓年就新华日报广告被撕毁，工作人员被殴打和失踪给四川省会警察局的呈文

1943年9月，新华日报社社长潘梓年给成都警察局长要求查明并释放新华日报成都营业处主任李椿的函文

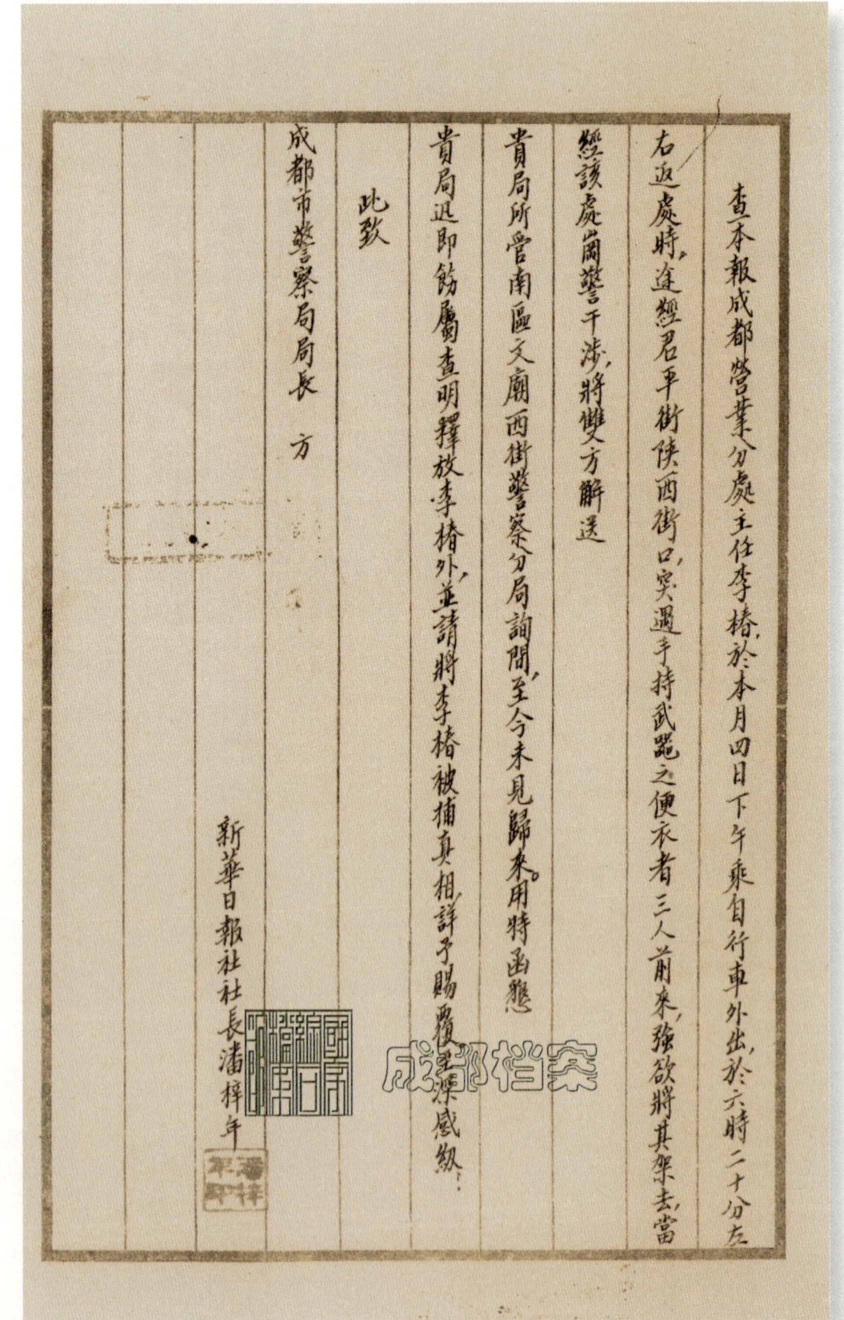

查本報成都營業分處主任李椿，於本月四日下午乘自行車外出，於六時二十分左右返處時，途經君平街陝西街口，突遇手持武器之便衣者三人前來，強欲將其架去，當經該處崗警干涉，將雙方解送

貴局所管南區文廟西街警察分局詢問，至今未見歸來。用特函懇

貴局迅即飭屬查明釋放李椿外，並請將李椿被捕真相，詳予賜覆，深感紉！

此致

成都市警察局局長 方

新華日報社社長潘梓年

档案解读

被列入成都市优秀建筑保护名录的祠堂街38号，曾是《新华日报》发行组和川西北分销处的办公场所，是中共成都地下组织开展革命活动的重要据点。

抗日战争时期，这里除发行《新华日报》外，还是八路军驻重庆办事处在成都的联络点。中共川康特委负责人罗世文以八路军重庆办事处驻成都代表的身份在此开展工作，部分党的同志和爱国青年也通过分销处联络安排后去延安。

1945年10月8日，《新华日报》刊载社论《感谢四川人民》

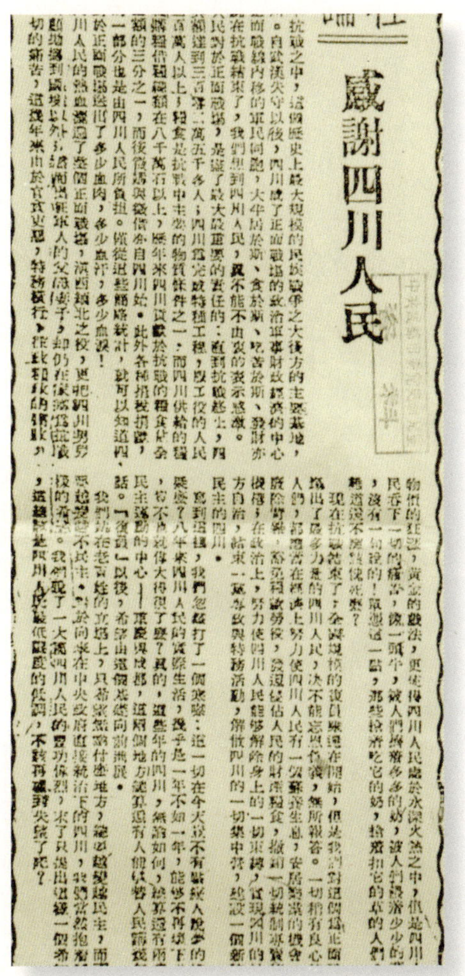
感謝四川人民

〇 《感谢四川人民》节选

在八年抗战之中，这个历史上最大规模的民族战争之大后方的主要基地，就是四川。自武汉失守以后，四川成了正面战场的政治军事财政经济的中心，随着正面战线内移的军民同胞，大半居于斯、食于斯、吃苦于斯、发财亦于斯。现在抗战结束了，我们想到四川人民，真不能不由衷地表示感激。

四川人民对于正面战场，是尽了最大最重要的责任的，直到抗战终止，四川的征兵额达到三百零二方五千多人;四川为完成特种工程，服工役的人民总数在三百万人以上;粮食是抗战中主要的物质条件之一，而四川供给的粮食，征粮购粮借粮总额在八千万石以上，历年来四川贡献于抗战的粮食占全国征粮总额的三分之一，而后征借亦自四川始。此外各种捐税捐献，其最大的一部分也是由四川人民所负担。仅从这些简略统计，就可以知道四川人民对于正面战场送出了多少血肉，多少血汗，多少血泪!

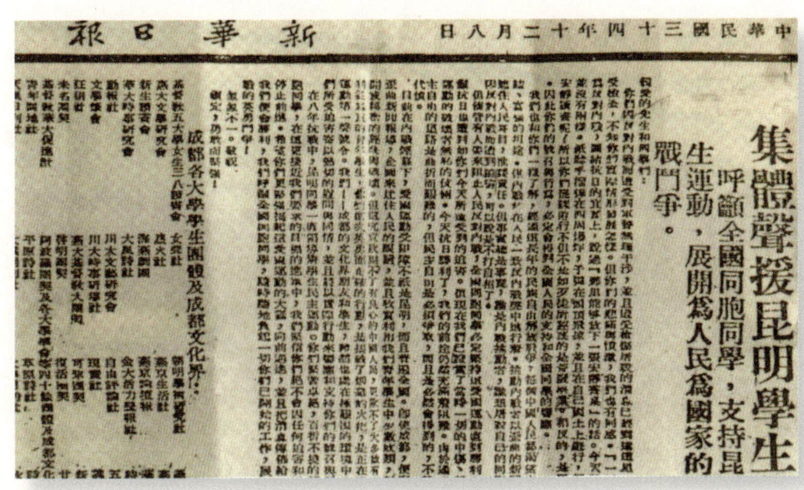
新華日報　中華民國三十四年十二月八日

集體聲援昆明學生

呼籲全國同胞同學，支持昆生運動，展開爲人民爲國家的戰鬥爭。

成都各大學學生團體及成都文化界

1945年12月8日，《新华日报》刊发的关于成都学生团体及文化界集体声援昆明学生运动的报道

26
《时事新刊》

1938年6月25日创刊，社长张雪岩，主笔王达非，总编辑刘刁慈，采访主任孙蕴石，营业部主任王震东、周舒南、汪绍业。前后任经理、编辑、记者的有苏爱吾、朱亚凡、彭为和、张漾兮、黄是云、唐会昌等。社址设在成都新集场52号。

1938年中共地下党创办的《国难三日刊》被国民党当局查封后，党决定利用其原班人马在成都创办《时事新刊》，继续宣传党的抗日救亡方针和政策。

《时事新刊》发刊词说："国难迫得我们不能不关心国事，不能不看报……""《时事新刊》只有一个目的，就是时事知识的普遍化。""我们要使买不起报的同胞买得起，要使看不懂报的同胞看得懂，要使买得起报而又看得懂报的同胞，多省些精力、财力，去做其他解放民族的工作，能够达到这一目的，就是我们对于抗战的贡献。"

《时事新刊》把国内各大报的国际新闻整合在其"国际现势"部分，其余内容纳入"简报"。第一版登载新闻、社评、国际现势、简报，第二版为社评、时事、政论及《大地》副刊。

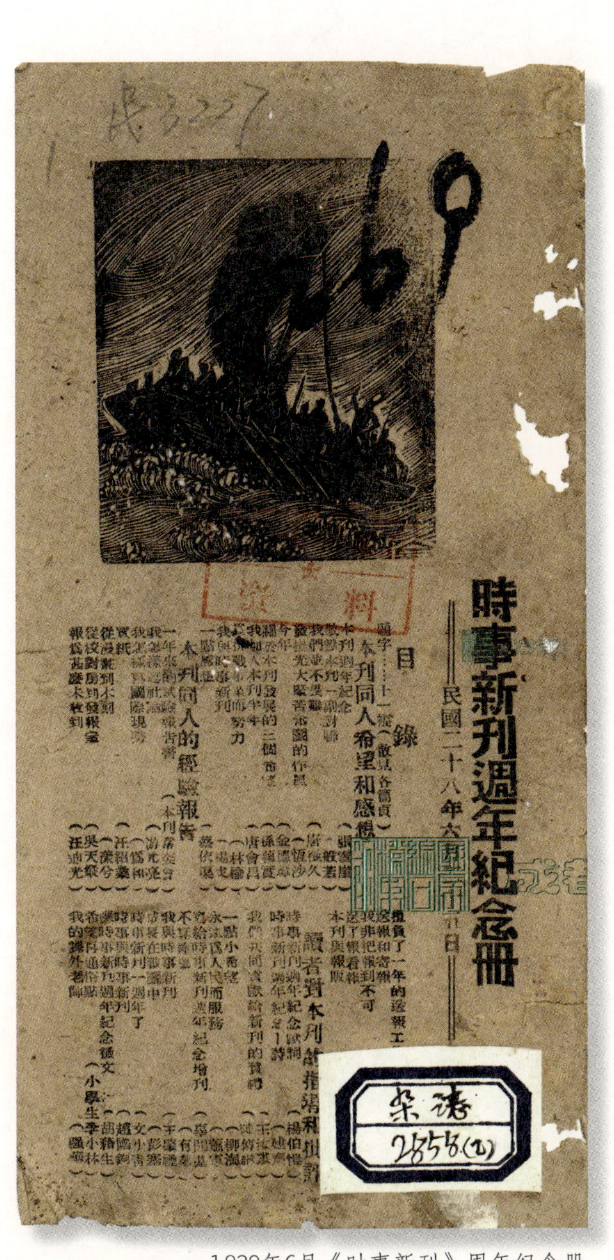

時事新刊週年紀念冊

目錄

本刊同人希望和感想

本刊同人的經驗報告

讀者對本刊的指導和批評

1939年6月《时事新刊》周年纪念册

《时事新刊》不用中央社稿而自编电讯，其文字精练浅白、笔锋犀利，常以幽默的笔触，抨击时弊，伸张正义。苏幼农写的“随白”三两百字，风趣深刻；专栏和评论精当、有力且不超过千字；张漾兮独出心裁的木刻漫画大受欢迎。许多读者赞叹说：“每月花两角钱，就能知天下事，实在太划算了。”报纸最高发行量达3万份，遍布大后方各省。

1940年3月，国民党当局借“抢米事件”查封《时事新刊》，逮捕营业部主任王振东及记者朱亚凡等，并以“煽惑群众，指挥抢米，破坏治安，阴谋暴动”的罪名，枪杀朱亚凡于成都新西门。

1940年4月20日，时事新刊社董事方锦华等送省会警察局请释放“抢米事件”中被抓职员王振东的呈文

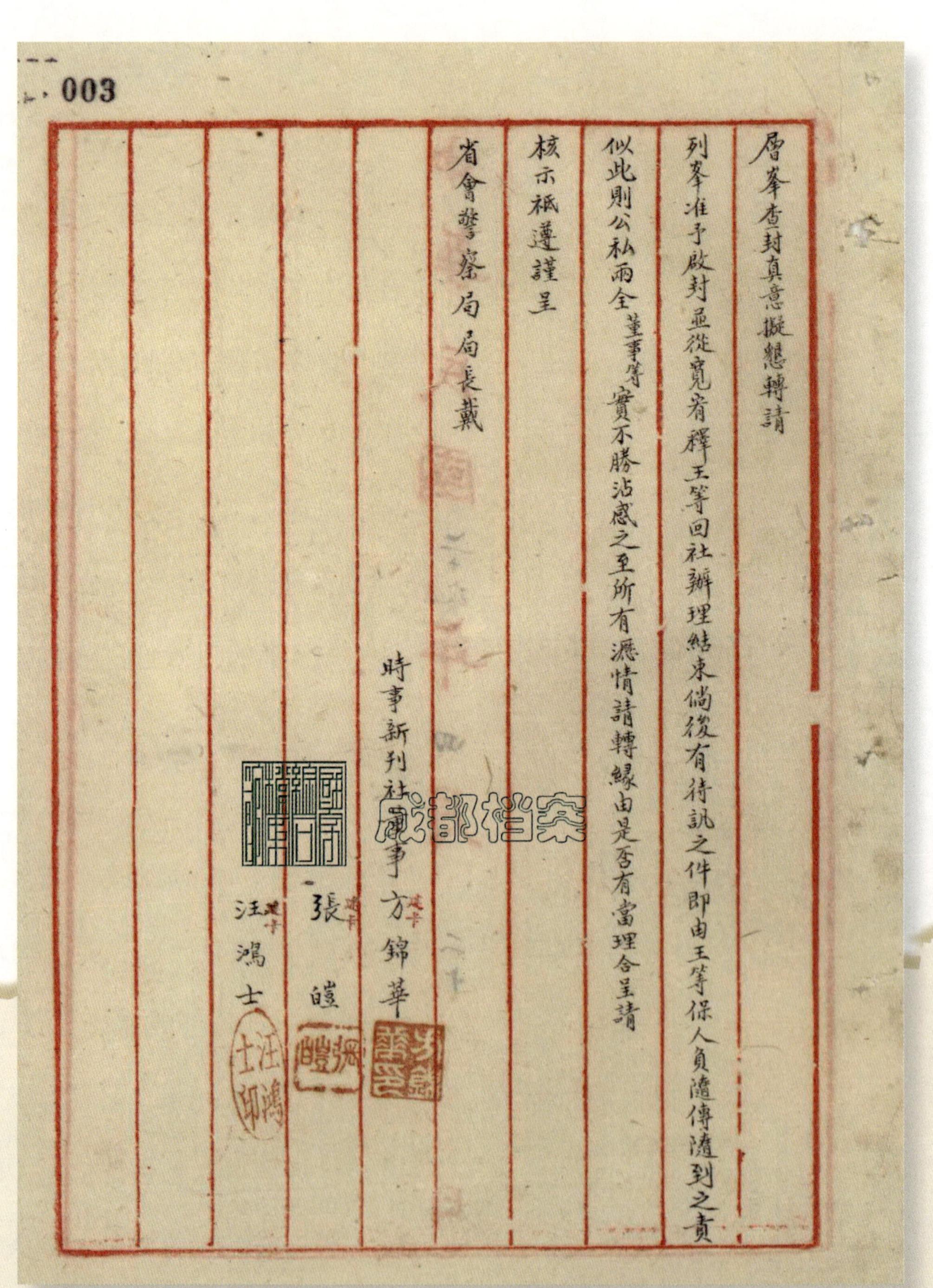
003

層峯查封真意擬懇轉請

列峯准予啟封並從寬宥釋王等回社辦理結束倘後有待訊之件即由王等保人負隨傳隨到之責

似此則公私兩全董事等實不勝沾感之至所有瀝情請轉緣由是否有當理合呈請

核示祇遵謹呈

省會警察局局長戴

時事新刊社董事 方錦華 張暟 汪鴻士

呈為懇請轉陳寬釋啟封以資結束事竊 董事等前歲以抗建期間後方文化宣傳至關重要特集資
組辦一小型日報名為時事新刊以在三民主義立場遵從
中央抗建國策發揮言論覺醒社會以團共禦外侮復興民族出版年餘深博社會人士歡迎 董事等
以國民職責稍盡正引為慶幸乃上月中旬忽值本市新南門外發生搶米風潮適本社編輯部疏散
在新村附近致有職員被逮情事同時新集商場營業部庶務王震東等即被拘押報館亦由
鈞局奉令查封事經月餘
層峯以公正嚴明態度對於肇事真象已偵訊明確分別依法處理一切無辜之人何
恩保釋惟王震東等仍羈押待訊竊以王等係報社負事務責任者別間 董事等 結束
報社關於該員等內外經手及一切銀錢往還手續非其本人釋回不能辦理如久羈禁中而報社實
雖停刊名仍存在反為有負

档案解读

1940年3月14日，国民党当局制造了诬陷共产党人的“抢米事件”，《时事新刊》被查封， 20多名工作人员被逮捕，记者朱亚凡被冠以莫须有罪名枪杀。此后不久，国民党又颁布了《川康防止奸党对策》，在四川各地大肆搜捕迫害共产党员和进步人士。

同年4月20日，《时事新刊》社董事方锦华等给省会警察局呈文，请释放“抢米事件”被拘押职员王振东等人回报社办理相关手续，“倘后有待询之件，即由王（振动）等保人负随传随到之责”。

27
《华西晚报》

1941年4月20日创刊，发行人罗忠信，社长李次平，总经理田一平，总编辑先后有唐征久、李次平、赵铭彝，社址初设于成都五世同堂街67号。该报由《华西日报》同仁创办，最早作为《华西日报》的晚报形式发行，由《华西日报》社代印。

《华西晚报》在《我们的话——权当发刊词》中，提出五点办报指导思想："誓为三民主义新中国而奋斗到底"；"力求通俗化，趣味化，使一般读者对报纸发生兴趣"；"主编取材，多从小处着手，使其能成为读者之补充读物"；"给读者以无穷之新知识，本报当由此努力，使报纸杂志化"；"报纸售价力求低廉"。

1942年《华西晚报》发行量达3000份，逐渐脱离《华西日报》走向独立经营。同年冬成立董事会，请陈白尘担任《艺坛》副刊主编，邀请了郭沫若、叶圣陶、李劼人、张天翼、陈翔鹤、叶丁易、荒芜、贺孟斧、吴祖光、丁聪、邹荻帆等一批进步作家给报纸写稿。这个副刊后来由陈子涛（中共地下党员，后到上海编《文萃》，牺牲于南京雨花台）接编。

1943年冬，中共南方局派黎澍到报社任主笔，加强了报社力量；

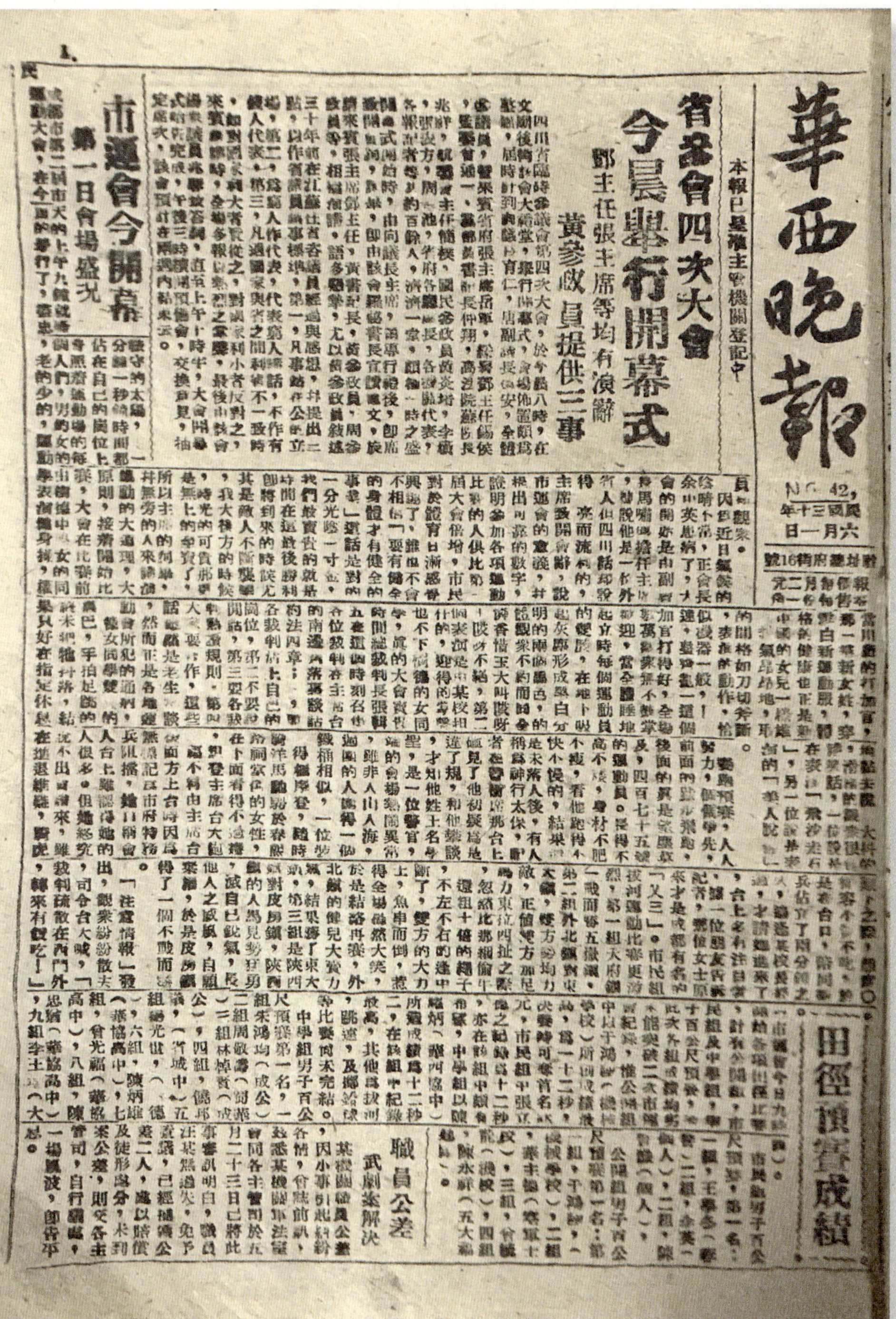

華西晚報

本報已呈准主管機關登記中

省參議會四次大會 今晨舉行開幕式

鄧主任張主席等均有演辭 黃參議員提供三事

市運會今開幕

第一日會場盛況

田徑預賽成績

職員公差 武劇案解決

1941年6月1日《华西晚报》

聘请民盟主席张澜任董事长。1945年2月，南方局派张友渔到成都指导《华西晚报》工作，使这张报纸完全成为党领导下的舆论阵地。

1945年4月起，《华西晚报》梓潼桥正街营业部和五世同堂编辑部，多次遭到特务打砸破坏，人员被殴伤并致使报纸停刊。在抗战时期及抗战胜利后，《华西晚报》积极宣传言论自由、反内战、反迫害、争民主，支持学生运动。《华西晚报》在“拒检”运动，声援昆明“一二·一”惨案，抗议国民党制造的重庆“较场口血案”，发起反内战签名运动，以及“李、闻事件”等重大斗争中，都旗帜鲜明地为正义大声疾呼，因而被读者誉为“民主堡垒”。《华西晚报》创刊五周年时，郭沫若先生赠诗称赞：“五年振笔争民主，人识华西有烛龙。今日九阴犹惨淡，相期努力破鸿蒙。”

1946年南方局迁南京，《华西晚报》得到中共四川省委、川康特委和四人文化小组的领导和资助。1947年6月，国民党宣布成渝两地戒严，《华西晚报》被国民党特务捣毁，报社15人中9人遭逮捕，其中包括主笔杨伯恺、总经理田一平、外勤主任孙文石、副刊编辑刘慕宇、记者车辐、营业部主任马天一、营业员何良臣、工人关修德、杨佑山等。

1941年1月，华西日报社社长罗忠信送成都市政府关于增发晚刊《华西晚报》的呈文

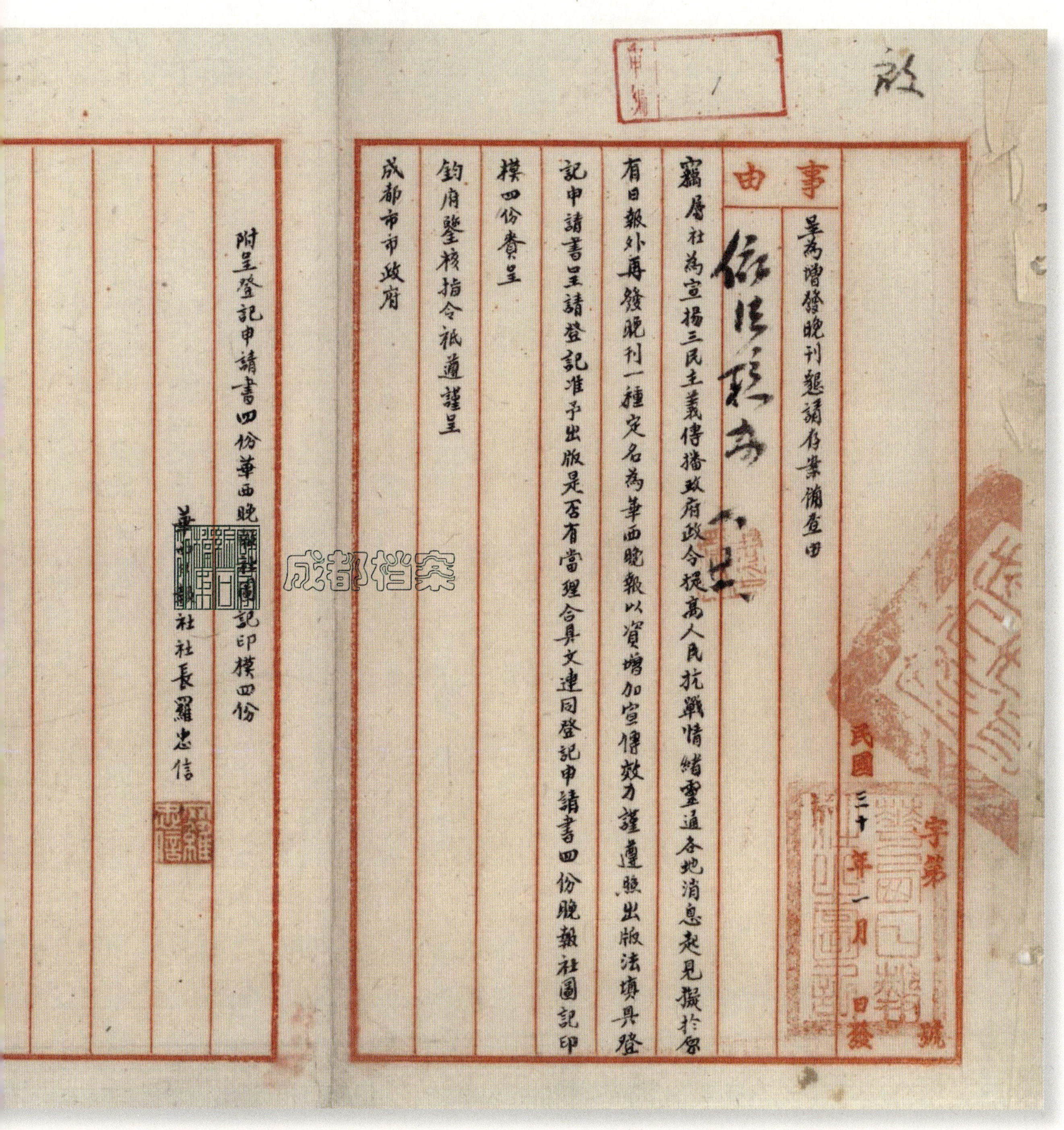

事由：呈為增發晚刊懇請存案備查由

竊屬社為宣揚三民主義傳播政府政令提高人民抗戰情緒靈通各地消息起見擬於原有日報外再發晚刊一種定名為華西晚報以資增加宣傳效力謹遵照出版法填具登記申請書呈請登記准予出版是否有當理合具文連同登記申請書四份晚報社圖記印模四份賫呈

鈞府鑒核指令祇遵謹呈

成都市市政府

附呈登記申請書四份華西晚報社圖記印模四份

華西日報社社長羅忠信

民國三十年一月　日發

1941年2月，国民党成都市执行委员会给成都市政府关于同意《华西晚报》声请登记的复函

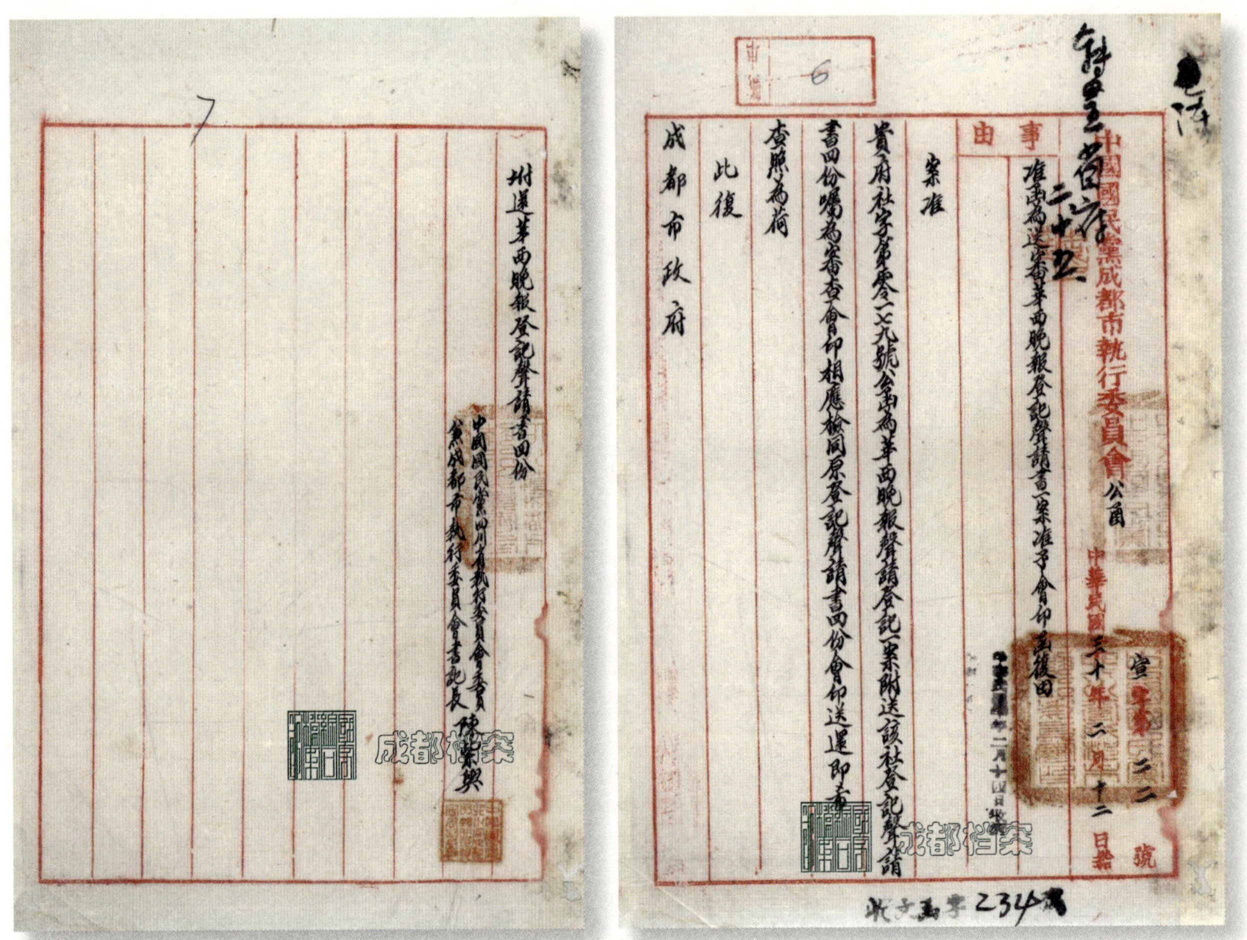
中國國民黨成都市執行委員會公函

事由 准函為送華西晚報登記聲請書一案准予會印函復由

案准

貴府社字第零零一七九號公函為華西晚報聲請登記一案附送該社登記聲請書四份囑為審查會印相應檢同原登記聲請書四份會印送還即希

查照為荷

此復

成都市政府

中華民國三十年二月十二日 宣字第二二號

附送華西晚報登記聲請書四份

中國國民黨四川省執行委員會委員兼成都市執行委員會書記長 陳離與

档案解读

国民党成都市执行委员会给成都市政府的复函说：你们送审的《华西晚报》声请登记一事及相关《登记声请书》，我们已经审查了（我们没有意见），现送回你们核查办理吧。

由此我们也可以看出国民党成都市执行委员会和民国成都市政府共同监管成都的新闻发行登记。

第四篇 解放战争时期报刊

杨伯恺

抗日战争胜利后，中国面临两种前途、两种命运的抉择。国统区的成都笼罩在一片白色恐怖之中，国民党当局对革命进步报刊的钳制变本加厉，然而在中共成都地方组织的领导下，成都的进步报刊没有停止，继续揭露国民党腐败，反映人民苦难生活，反内战、反独裁、争民主，报道解放战争的胜利。

中共地下党员和进步人士创办的《自由画报》，坚持“反蒋反美”的办报方针。中共地下党员王达非、吴汉家、安新贤根据中共南方局的指示创办的《工商导报》，政治上反卖国、反内战、反独裁，经济上反苛捐杂税，反通货膨胀，反官僚买办资本的剥削压榨，促进民族工商业的进步团结。由中共南方局支持，主要是中共地下党员和民盟成员创办的《民众时报》，坚持“为人民说话，替大众服务，作民主之先锋，导社会于光明”，以犀利的笔锋揭露国民党发动内战，谴责美国支持蒋介石，抨击国民党的独裁统治给国家和人民带来的灾难。

由中共地下组织支持，成都进步人士创办的《红益报》，敢于揭露美蒋内战阴谋，抨击国民党独裁，主张建立联合政府，歌颂解放区的光明，报道解放军胜利的消息。以众多中共党员、民盟成员、进步人士为核心创办的《西方日报》，支持青年学生的革命斗争，报道解放战争的胜利进程。中共川西边临时工作委员会领导的川西边人民游击纵队在成都解放前夕创办的秘密报刊《火炬报》，刊登解放军进军进程，介绍五星红旗的制作方法以迎接成都解放，欢迎中国人民解放军入城。

28 《自由画报》

1945年10月10日，由中共地下党员和进步人士创办。发行人裴心易，主编张漾兮，编辑曾巴波、翁耘圃（中共党员）、余时钦、陈子涛（中共党员）等。社址在成都梓潼桥街22号，文光印刷厂印刷。

《自由画报》的办报方针是："反蒋反美，不惹地方，依靠进步力量，稳步发展。"该报一问世便锋芒毕露，其报头大书"言论自由，信仰自由，不虞匮乏之自由，不虞恐惧之自由"，并以"不自由毋宁死"六字作为发刊词。

《自由画报》第一期发表中共党员陈子涛（化名陈亦丹）撰写的连载通讯《撤退三千里》，抨击国民党当局在国难当头仍然文恬武嬉，排宴祝寿，置国土失陷、人民死活于不顾。张漾兮以陈朴为笔名发表漫画《胜利给中国带来的命运》，深刻揭露了国民党祸国殃民的丑陋形象。

在1945至1946年的国共和平谈判和政治协商会议举行期间，《自由画报》以图画和文字积极宣传反内战、反独裁，声援昆明被害师生和重庆较场口事件中被殴知名人士，揭露美蒋阴谋。张漾兮以"舟子"为笔名发表的政治漫画《小距离》，形象地揭露了蒋介石假和谈真备战的阴谋。此外，《自由画报》刊登的《煮豆燃豆萁》《赫尔利外交政策的伟大胜利》《梦迎马歇尔将军》等漫画和《读杜鲁门总统生命》《顶好，炮轰》等文章中，还把矛头直接指向干涉中国事务的美国政府。

1945年12月国共两党“双十协定”被破坏后，当局对舆论的控制更加严厉。《自由画报》为了顶住风浪，便在报上公布董事会成员名单：董事长张澜，副董事长叶圣陶，董事会成员有李劼人、李相符、茅盾、郭沫若、马哲民、邓初民、杨伯恺、沈志远、柳亚子、陈白尘、刘开渠、庞薰琴、罗忠信、甘鉴斌、田一平等。这些人都是文化界、民主党派和地方有实力的头面人物，该报以此张扬其政治背景。

《自由画报》第12期发表漫画《中国人民解放军的年头到了！》显示，站起来的“人民”正在推翻骑在自己头上的“蒋介石”。在一首题为《沁园春——步毛柳原韵》的词中预言：“春将近，遍神州赤土，格外妖娆。”

《自由画报》有讥讽时弊的杂文、进步人士的论著、时事漫画、新闻图片等，讥讽辛辣，图文并茂，受到读者的欢迎以及地方实力派的同情，每期发行5000份，还曾秘密发行到解放区。

国民党当局十分害怕，派特务把子弹寄到报社进行威胁；当局不准报童贩卖，不准邮寄；指使报业公会扣押报款，断绝其经费。

1946年2月20日，《自由画报》在出版第17期后停刊。

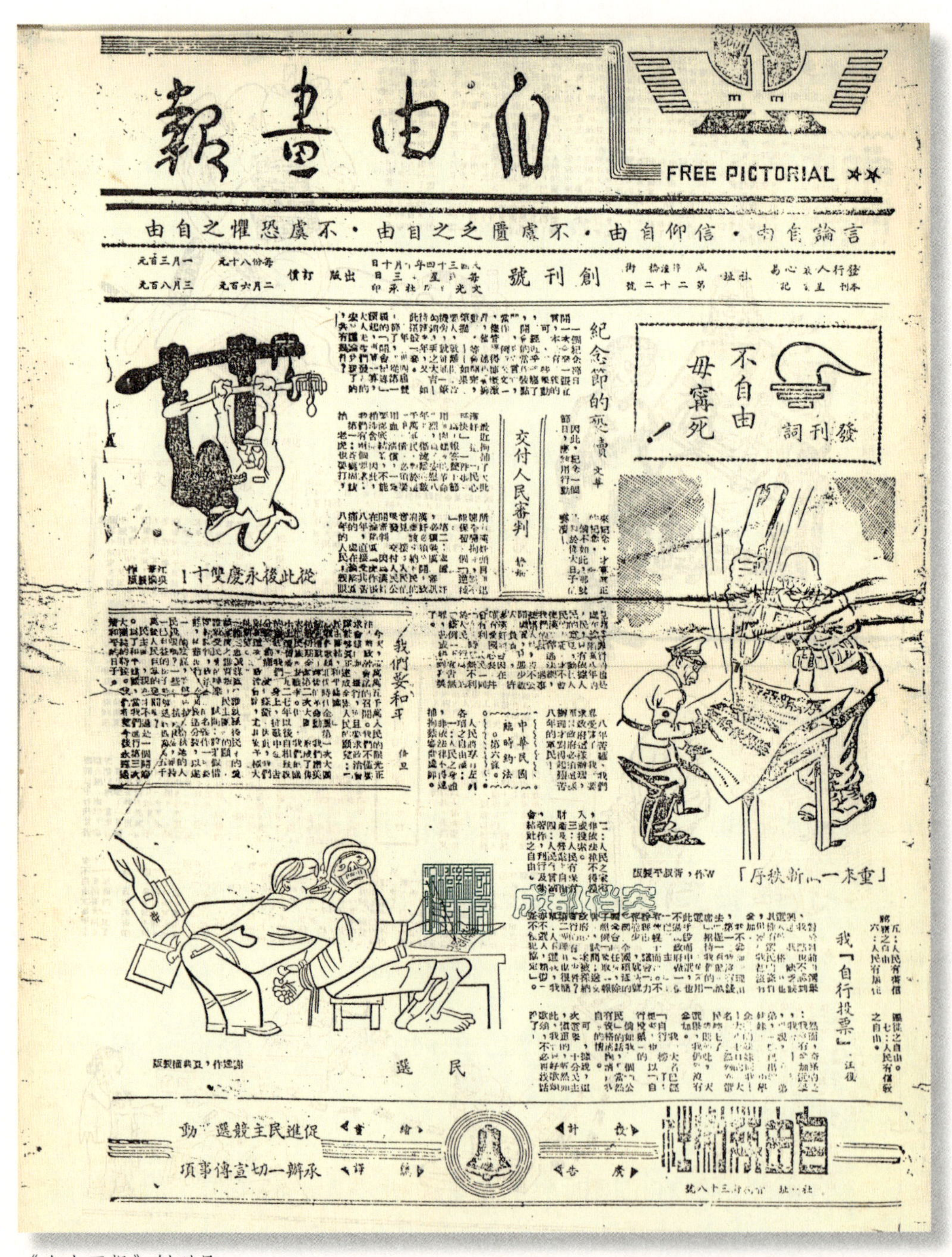
自由畫報

FREE PICTORIAL

言論自由・信仰自由・不虞匱乏之自由・不虞恐懼之自由

創刊號

發刊詞

不自由毋寧死！

紀念節的悲哀

交付人民審判

從此後永慶雙十！

我們要和平

重來一新秩序

我「自行投票」

民選

促進民主競選運動

承辦一切宣傳事項

《自由画报》创刊号

档案解读

《自由画报》第九期刊载了“中国人民的老朋友”、加拿大全国和平大会主席文幼章的儿子文忠志1945年在成都创作的一幅漫画《外国朋友也大声呼喊“反对内战”》。

《自由画报》：外国朋友也大声呼喊“反对内战”

《自由画报》：胜利带给中国的命运

29
《工商导报》

创刊于1946年4月28日，发行人安新贤，总经理兼主笔王达非，总编辑吴汉家，采访主任张西洛，编辑主任陈泽昆，编辑、记者有李伯达、汤远烈、胡迁、车辐、张漾兮、王家鼐、曾省方、叶春恺等。编辑部设在成都新南门建国北路9号，营业部初设在华兴正街37号。自办印刷厂印刷报纸。

《工商导报》是中共地下党员王达非、吴汉家、安新贤根据中共南方局的指示创办的。它的主要成员都来自《华西日报》，开办经费由王、吴、安三人筹措。《工商导报》政治上反卖国、反内战、反独裁；经济上反苛捐杂税，反通货膨胀，反官僚买办资本的剥削压榨，促进民族工商业的进步团结。

《工商导报》约请进步人士黄宪章、彭友今、彭迪先、李紫翔等撰稿，聘用李伯平、吴白桦、陈祖湘、郑次腾、刘伯量等为专刊的主编、主笔。该报抄收延安广播和新华社电稿，以及外国通讯社稿，改头换面后刊登出来，使国统区人民及时了解时局真相以及党的方针政策，因此遭到国民党的迫害。1947年初，王达非被捕（后被保释），同年“六二”大逮捕，汤远烈、胡迁被捕。

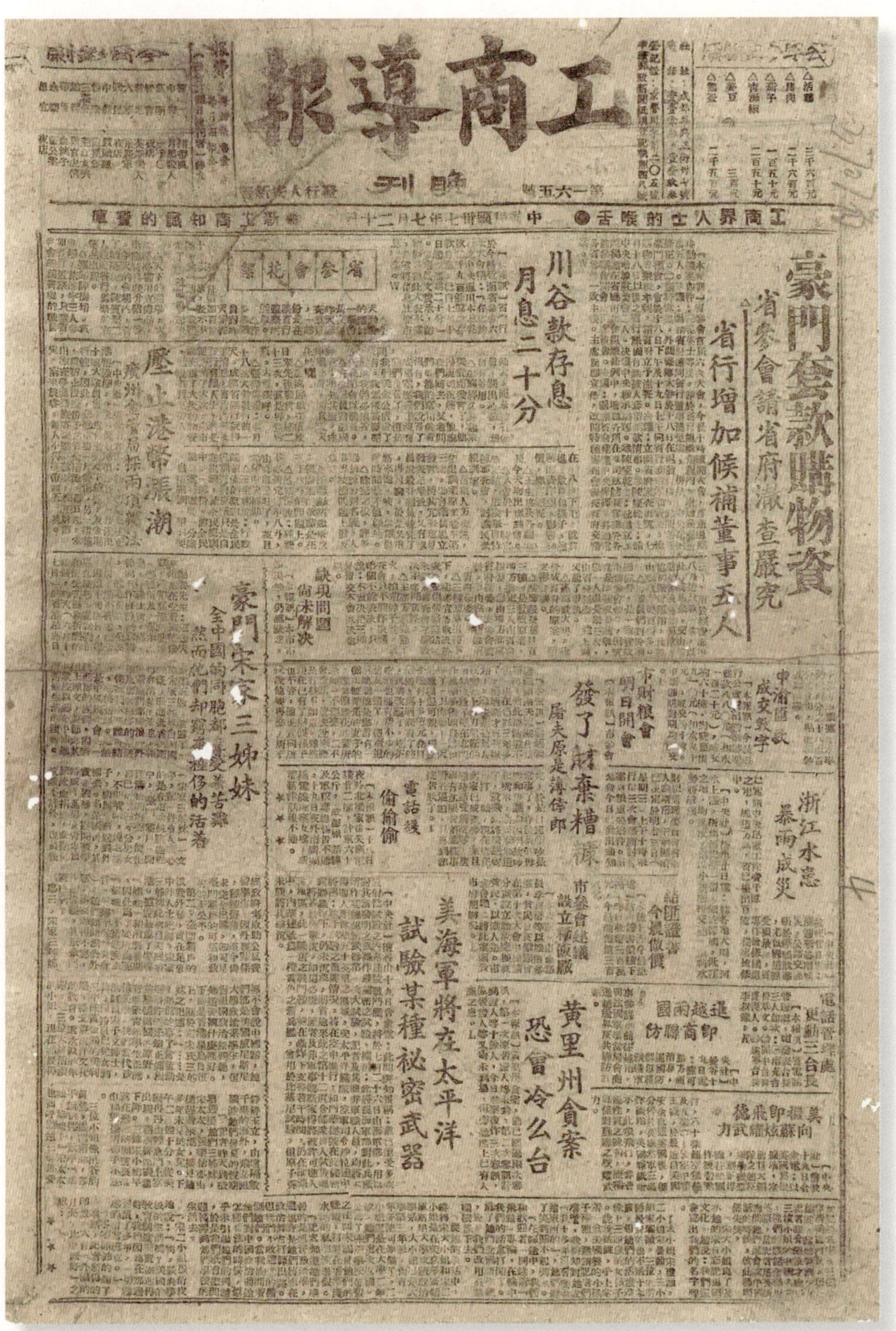
工商導報
晚刊
第一六五號
工商界人士的喉舌
中華民國卅七年七月二十日
新工商知識的寶庫

豪門套款購物資
省參會請省府澈查嚴究

省行增加候補董事五人

川谷款存息
月息二十分

壓止港幣漲潮

豪門宋家三姊妹

發了財棄糟糠

浙江水患
暴雨成災

美海軍將在太平洋試驗某種祕密武器

1948年7月20日《工商导报》晚刊

《工商导报》在报头下印有“《工商导报》是工商界的喉舌；《工商导报》是新工商知识的宝库”的口号，强调其经济报刊的性质，以减少当局对报纸迫害的借口，实际上则旗帜鲜明地站在反蒋行列中，采取灵活多样的手法，迂回曲折地进行合法斗争。每天一篇《今日时事》的综合报道，每星期日还出有《星期专页》，大量报道民主运动的消息，揭露美国的对华侵略，抨击国民党在财政经济方面的倒行逆施。

1947年由于内战扩大，经济恶化，民族工商业遭到更多困难。该报从经济方面展开反内战反迫害斗争，连续发表《论经济内战》《和平安定救工商》等社论。副刊《生活》中，则发表“一上一上又一上，财政躺在发钞上”等讽刺诗，还有张漾兮讽刺国民党滥发钞票，偏爱官僚资产阶级，虐待民族工商业的木刻画等。

1947年10月第一次扩版后，在第三版开辟“货殖篇”专刊，除介绍工商财经资料、业务知识、经营经验外，同时借题发挥，从多方面报道反征税、反征粮的消息，揭露物价飞涨给工商业和人民生活带来的严重灾难。

解放战争时期，《工商导报》对辽沈、淮海、平津三大战役都收译外电或改写新华社电稿进行报道，或在《一年战事如流水》的标题下，用综合述评的方式详加分析介绍。对党的重大决定、重要文件，该报也都设法及时报道。如报道党的七届二中全会决议，用《中共七届二中全会之决议》这一平淡标题刊出，既进行报道，又不致引起当局注意。

1948年国民党改革币制，发行金元券，事先在内部通报。报社截收消息后，立即编写上海专电，抢在中央社之前独家发行紧急号外两万多份，引起社会震动。《工商导报》声誉大振，随即派记者走访专家，发表评论意见，第二天与正式消息一同见报。还对币制改革中的怪现象进行专门采访，发表评论，如《一代不如一代》《此之谓经济崩溃》等，并配发一些社会新闻，如《朱门酒肉臭，路有冻死骨》《今世是何世，儿女入市场》。1948年2月春节前夕，副刊《生活》上刊出一些春联，如："工商两界齐现惨象，国民大会一片嘘声。""国民万税，天下太贪。""人民流汗，一滴汗，两滴汗，千万滴汗；钞票加圈，三个圈，四个圈，六七个圈。"都惟妙惟肖地反映了现实。

1948年2月，“将行情单篇幅略为扩充，并刊上午收得之重要新闻，改为晚刊”，即增出《工商导报晚刊》，以“辅助《工商导报》，导工商于正轨”。晚刊初为4开2版，后为4开4版。

1949 年 1 月，王达非从香港秘密回到成都，召开社务委员会，详细介绍时局发展趋势，提出报纸斗争的策略是利用矛盾，加强经济战线的斗争，讲究策略，保存阵地，抓紧搜集工商资料，迎接解放。按照这一指示，日报于 2 月 1 日起扩大为对开 6 版，晚刊改为 4 开 4 版；在工商界广泛宣传即将编辑出版的《四川工商年鉴》，并派三名记者，按行业系统采写工商资料，到 11 月基本齐稿，解放后交给了成都市军管会。

1949年1月至4月，利用蒋介石“引退”，李宗仁代总统，国民党一片混乱的时机，先后刊发了中共《八条二十四款和平方案》《中共的工业政策》《中共的城市政策》《中共七届二中全会决议》《中共区域的工商政策》以及新华社社论《南京政府向何处去》等一系列“专电”，轰动一时。

1949年2月《工商导报》再次扩版后，团结组织科技界工商界著名人士，主编定期专刊，有川西工业协会主编的《川西工业》，中国工程师学会主编的《工程界》，成都市商会主编的《商业知识》，成都市银行公会主编的《银行界》，西川邮政管理局主编的《川西邮政》，成都电信局主编的《电讯特刊》，会计师谢霖主编的《会计半月刊》，吴庚虞、周建堂两律师合编的《法律常识》，该报汇编的《工商法规》，另外还有《游艺场》《文艺》《工商生活》等。每周还有“政治述评”“经济述评”。随着版面的扩大，报道市场行情的商品，从二百多种增加到五百多种。日报和晚刊还分别报道主要商品当天的开盘、中盘、收盘价格。晚刊上开辟“去年今日物价”专栏，通过对比，揭露国统区通货膨胀，工商凋敝，民不聊生的景象。由于《工商导报》在解放战争中所做出的贡献，1950年1月3日，中央人民政府新闻总署署长胡乔木，副署长范长江、萨空了联合致电工商导报社：“敬祝解放。”

1949年10月15日，《工商导报》再扩大为对开6版，发行量由2000份增加到20000份。1956年被改组成为中共成都市委机关报，更名为《成都日报》，于5月10日正式出版。

1946年6月28日，国民党四川省成都市执行委员会给成都市政府关于同意《工商导报》登记发照的公函

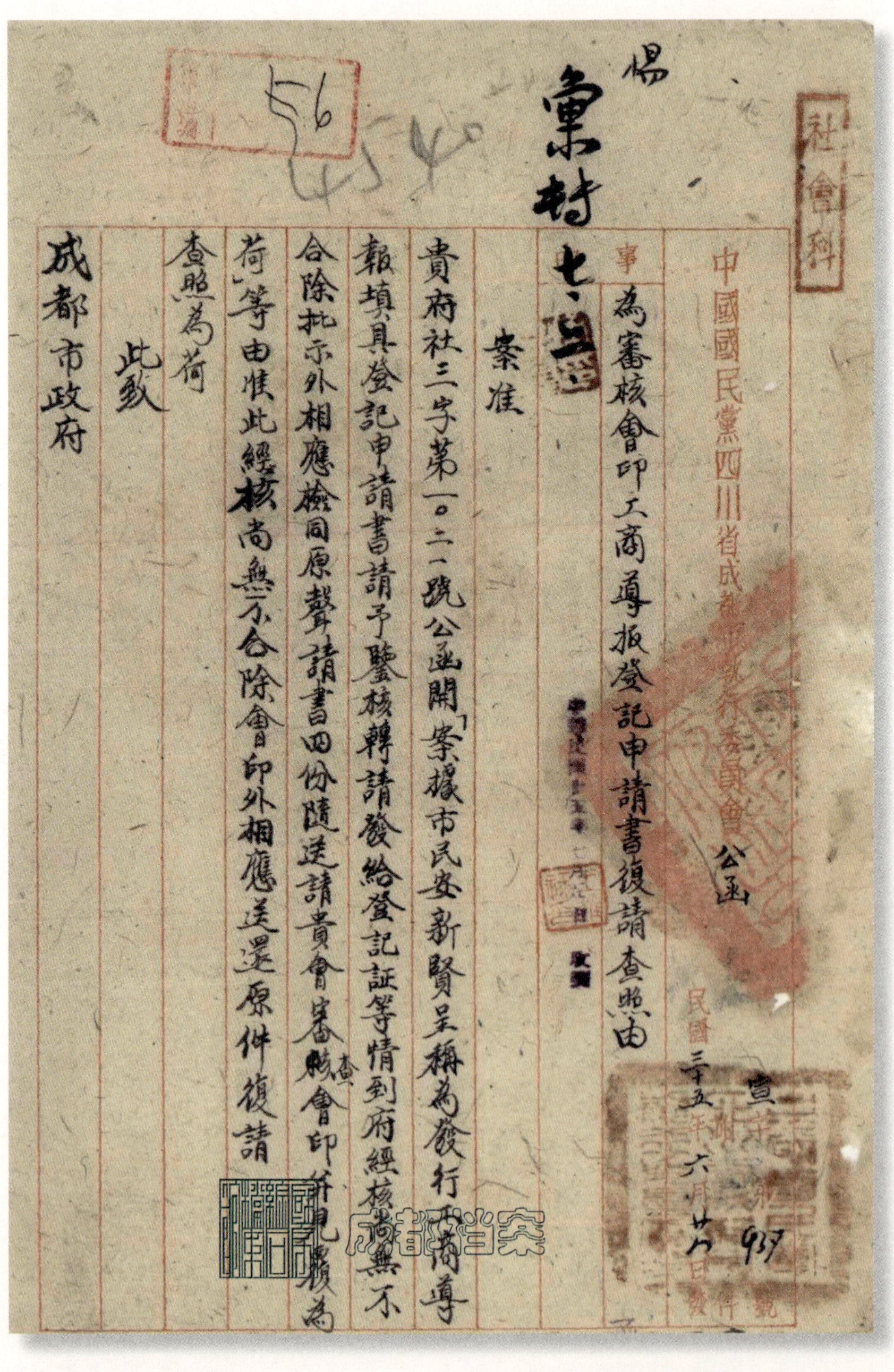

中國國民黨四川省成都市執行委員會 公函

事由：為審核會印工商導報登記申請書復請查照由

民國三十五年六月廿八日 宣字第937號

案准

貴府社三字第一〇二一號公函開「案據市民安新賢呈稱為發行工商導報填具登記申請書請予鑒核轉請發給登記証等情到府經核尚無不合除批示外相應檢同原聲請書四份隨送請貴會查核會印并見覆為荷」等由准此經核尚無不合除會印外相應送還原件復請

查照為荷

此致

成都市政府

1948年1月29日，工商导报社给成都市政府关于申请增办《工商导报》晚刊的呈文

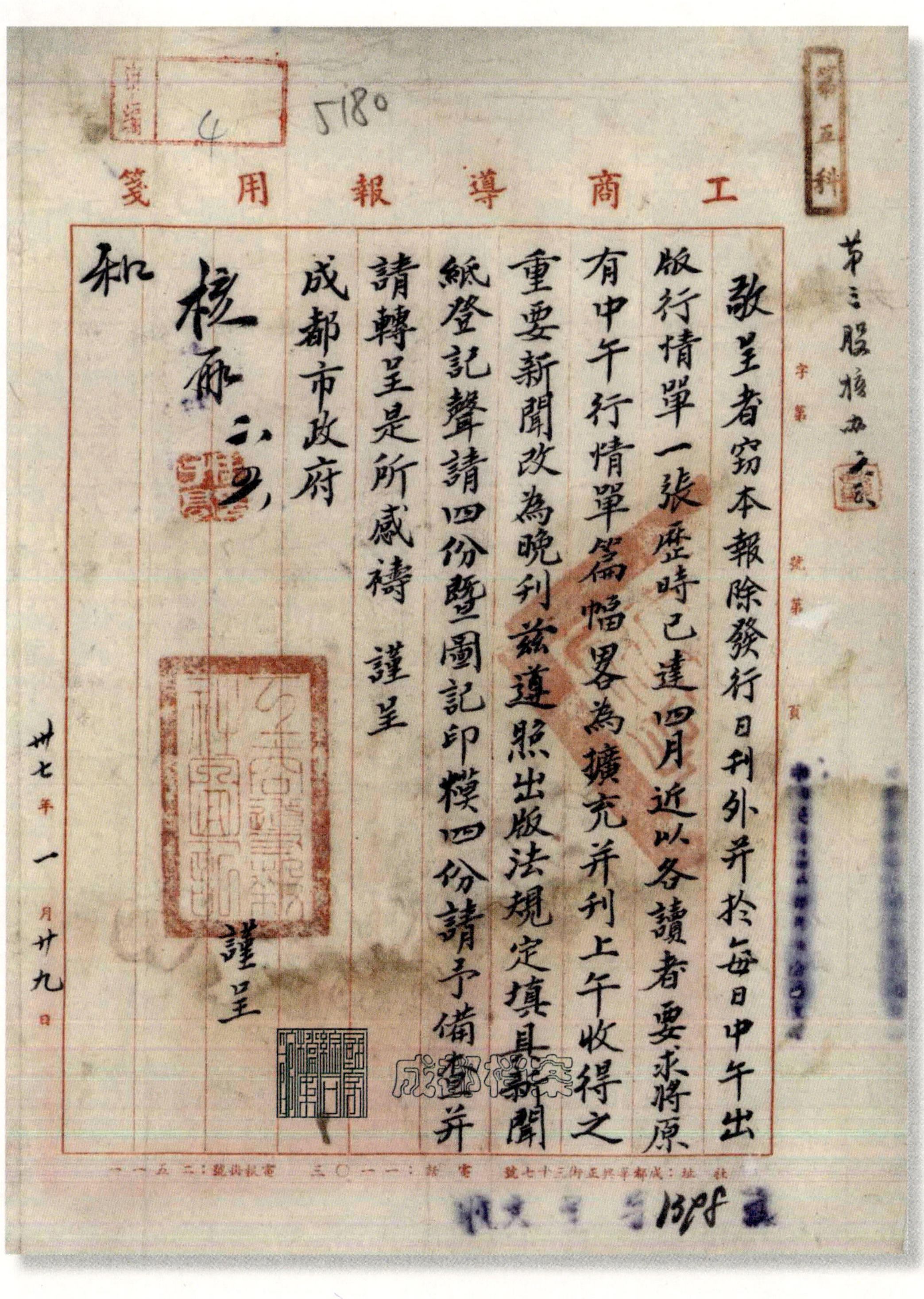

工商導報用箋

敬呈者竊本報除發行日刊外并於每日中午出版行情單一張歷時已達四月近以各讀者要求將原有中午行情單篇幅畧為擴充并刊上午收得之重要新聞改為晚刊茲遵照出版法規定填具新聞紙登記聲請四份暨圖記印模四份請予備查并請轉呈是所感禱 謹呈

成都市政府

謹呈

卅七年一月廿九日

社址：成都華興正街三十七號 電話：一一〇三 電報掛號：二五一一

30
《民众时报》

创刊于1946年5月1日。名誉董事长兼发行人张澜，社长邵石痴，经理杨伯恺，总编辑马哲民，副总编辑赵铭彝，主笔漆颂平（鲁鱼），编辑主任刘明章，编辑有罗启维、耿振华、张漾兮、陈子涛、曾巴波等，印刷厂工人多是杨伯恺从重庆《新华日报》印刷厂等处请来的。编辑部和印刷厂均设在成都金玉街42号，营业部在督院街95号。

《民众时报》是在中共南方局的支持下，由中共党员杨伯恺创办的。它以成都进步政治团体“唯民社”与地方实力派刘文辉的关系为背景，以民盟机关报的名义出版。报社主要成员都是中共地下党员和民盟成员。创刊时周恩来题词：“民主先锋。”

《民众时报》创办目的是：“为人民说话，替大众服务，作民主之先锋，导社会于光明。”其在《发刊词》中说：“这是中国民众觉醒的时候了！这也是中国民众翻身的时候了！所有用中国人民的血来营养，而又以否定中国民众的利益为前提的政治制度、经济组织、社会生活，

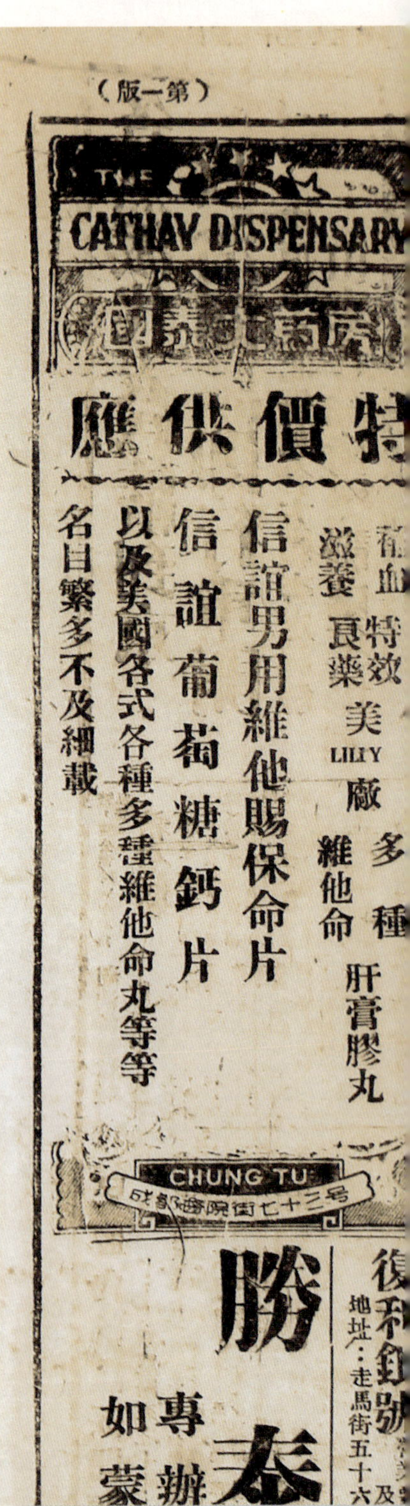
（第一版）

CATHAY DISPENSARY

特價供應

補血特效 滋養良藥
美 LILLY 廠 多種維他命 肝膏膠丸
信誼男用維他賜保命片
信誼葡萄糖鈣片
以及美國各式各種多種維他命丸等等
名目繁多不及細載

CHUNG TU
成都督院街七十三号

勝泰
專辦
如蒙
地址：走馬街五十六及

中華民國三十五年五月十日 民衆時報 星期

民衆時報

中華民國三十五年五月一日創刊

電報掛號七六三三

發行人 張瀾

第九號

社址：編輯部 成都金玉街四二號；電話 五三六；營業部 成都督院街九五號

報價 廣告

新華日報 成都分館

紀念「五一」「五四」

廉價十天（一日—十日）

報紙按原價優待 每月一千二百元 公教人員七折 學生五折 工人四折 外埠另加郵資百元

暫行優待辦法

自十一日起報紙加價 每月二千四百元 一般價七折 公教人員五折 學生四折 工人三折

圖書課航到最新 上海消息半週刊八期 每本三百五十元 北平解放三日刊（五一號特刊） 每份八十元 何麗思漫遊記（英漢對照） 每本九百八十元

社址：督院街八十八號

耶穌南街第四五六號福興隆

張周民啓事

大學 五卷二、三、四 出版了

憲法問題專號

大學月刊社出版書籍：總經銷處：督院街民衆時報營業處。分銷處：各大書局

一、論民主與自由 馬哲民著
二、民主概論
三、民主與教育
四、民主與經濟 沈志遠著
五、中國民主思想發展史 馬哲民著
六、我們為何要實現民主政治
七、大學月刊社論集 馬哲民等
八、論抗建經濟問題

華洋老牌

靈芝藥水

有袪除百病之功！
有起死回生之效！
每日服此藥十滴，
可預防一切時症！

家中常備此藥 可保全家康寧

主治各症：霍亂吐瀉 急症痧疹 頭暈目眩 胸腹脹滿 吐痢嘔瀉 四肢冷厥 時疫痧症 中暑中寒

大瓶 九百六 中瓶 五百三 小瓶 一百八

成都上中東大街 五十八號 華洋大藥房發行

益華印染廠 藺華化工廠 聯合低價供應

不退色 五彩印花

DDT 臭虫藥粉 噴液 噴霧器

上海韓奇逢藥房製

長江實業

豫康銀行

匯通銀行

和通銀行

中祥銀

勝利銀行

亞西實業銀

遺失聲明

濟康銀行

1946年5月10日《民众时报》

及其思想体系与文化式样都应该（被）送进坟墓。代替它的，便是中国民众用自己的手和头脑所创造、所支配，及其所享有的政治、经济与文化。今后的中国，只有改善民众所需要改善的生活条件，发挥民众的力量，提高民众的呼声和要求，服从民众的意志，并将一切转变到以民众作支配的中心，才会有光明的前途，才算是适应了这个伟大的时代。因之，本民众立场，因时代要求以刊行的本报，便不能没有其特殊的使命。”“本报是一站在民众立场，为民众服务的报纸。所有的言论，因此只是表达民众自己的心声，或代替民众作喉舌……因之，本报的内容和形式，及其文字技术，亦必须以民众之需要为归趋。”“民主政治，那是人民时代的杠杆和标帜，所以实现民主政治，又成为本报之一大目标。”“我们宁愿跟在民众后边，做他们的忠实的奴仆，绝不愿自命高贵，自视为对人民有特权的主人。我们宁愿和人民血肉相连，同进泥犁地狱，绝不愿陪伴高贵绅士，登上天堂，或走进象牙之塔。”

《民众时报》的新闻报道广泛选用国内外通讯社的稿件，经常采用新华社消息，报道解放区情况；其特约记者大多是进步作家和民主人士；还经常以“本报专电”发布当局禁忌和封锁的消息，这些都是通过电台从解放区的广播中收到的。

其国内和省内新闻，多报道国统区人民的生活现实，标题制作醒目，如《广州特务横行，焚烧大批书店》《抗战时期拉兵打日本，现在拉兵干什么？军队估拉老百姓，人身自由何在？》《这成什么世界？又一学生被暗杀》《开辟财源妙法之一，邛崃县卖囚犯》《安岳农民苦，包商刮脚粮》等等。

《民众时报》为日报，每天出对开四版。第一版为广告，第二版国际和国内新闻，第三版是本市新闻，第四版省内新闻和文艺副刊。副刊在编辑上仿效《新华日报》，既丰富多彩，又寓有政治性。有散文、诗歌、小小说、杂感，以及张漾兮（笔名舟子）的木刻画。

《民众时报》还设有“社评”，介绍国内外大事，揭露国民党发动内战，谴责美国支持蒋介石，抨击国民党的独裁统治给国家和人民带来的灾难；“半月时评”反对国民党打内战，笔锋犀利，逻辑严密，很受欢迎。还常有《新华日报》的书刊广告，向大众介绍中共地下党员办的联营书店和进步书刊。

《民众时报》的发行受到民众极大的信任和热烈的欢迎，发行量很快就达到五六千份。然而它的发行却引起国民党当局的恼怒，蒋介石亲自问责张群并下令查禁。1946年7月16日，《民众时报》被迫停刊，共出76期。

档案解读

《民众时报》是中国民主同盟在抗日战争胜利后创办的，民盟领导人张澜自任发行人兼社长，共产党员杨伯恺任总经理兼总编辑。《民众时报》敢于针砭时弊、揭露国民党黑暗，被誉为小《新华日报》，成为争民主、反内战、求和平的重要宣传阵地。

档案一：

1946年4月，张澜为创办《民众时报》给成都市政府的呈文

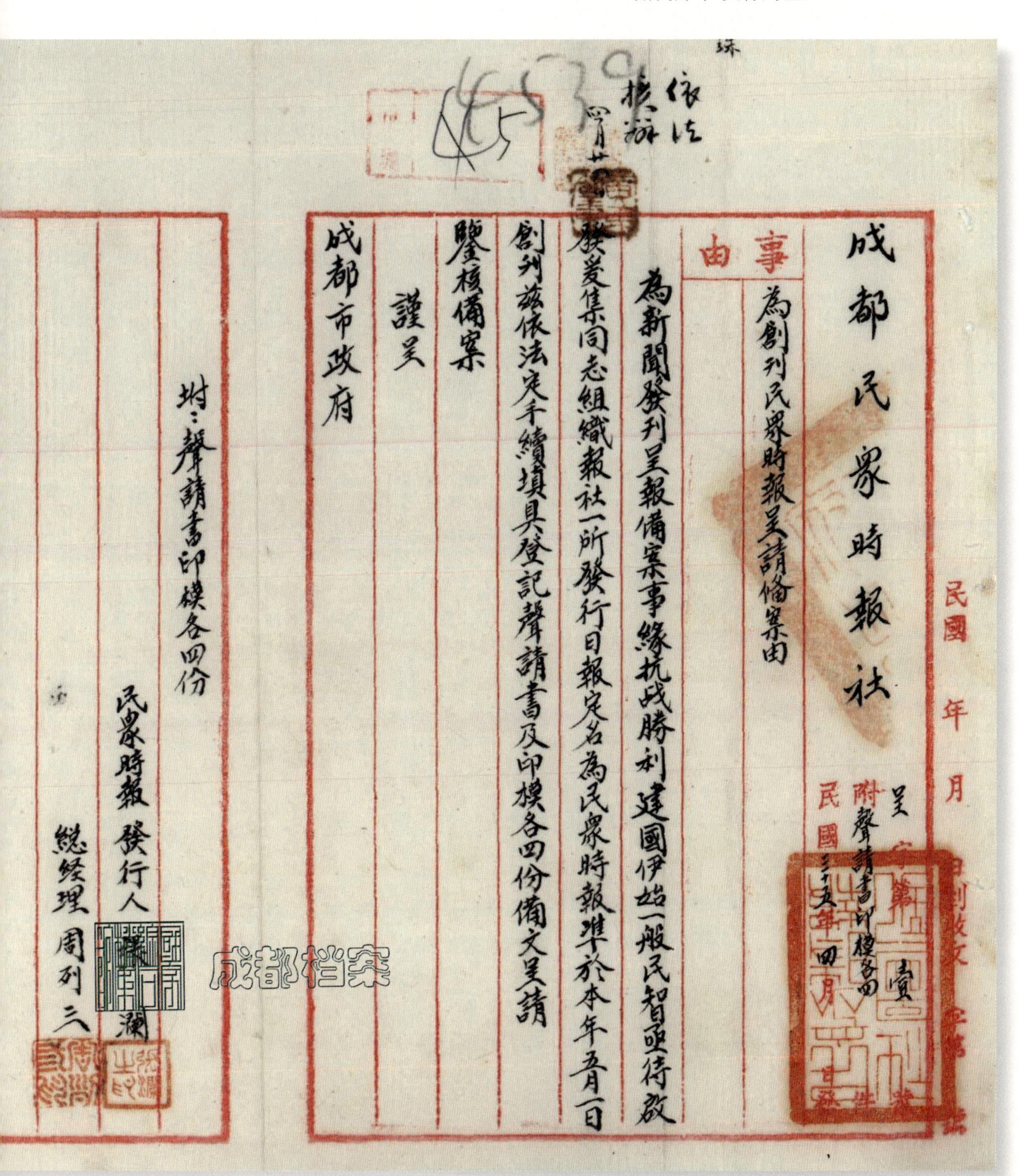

依法核辦

成都民衆時報社

事由　為創刊民衆時報呈請備案由

為新聞發刊呈報備案事緣抗戰勝利建國伊始一般民智亟待啟發爰集同志組織報社一所發行日報定名為民衆時報準於本年五月一日創刊茲依法定手續填具登記聲請書及印模各四份備文呈請

鑒核備案

謹呈

成都市政府

附：聲請書印模各四份

民衆時報 發行人 張瀾

總經理 周列三

附聲請書印模各四

民國三十五年四月

1946年7月《民众时报》通讯员聘书

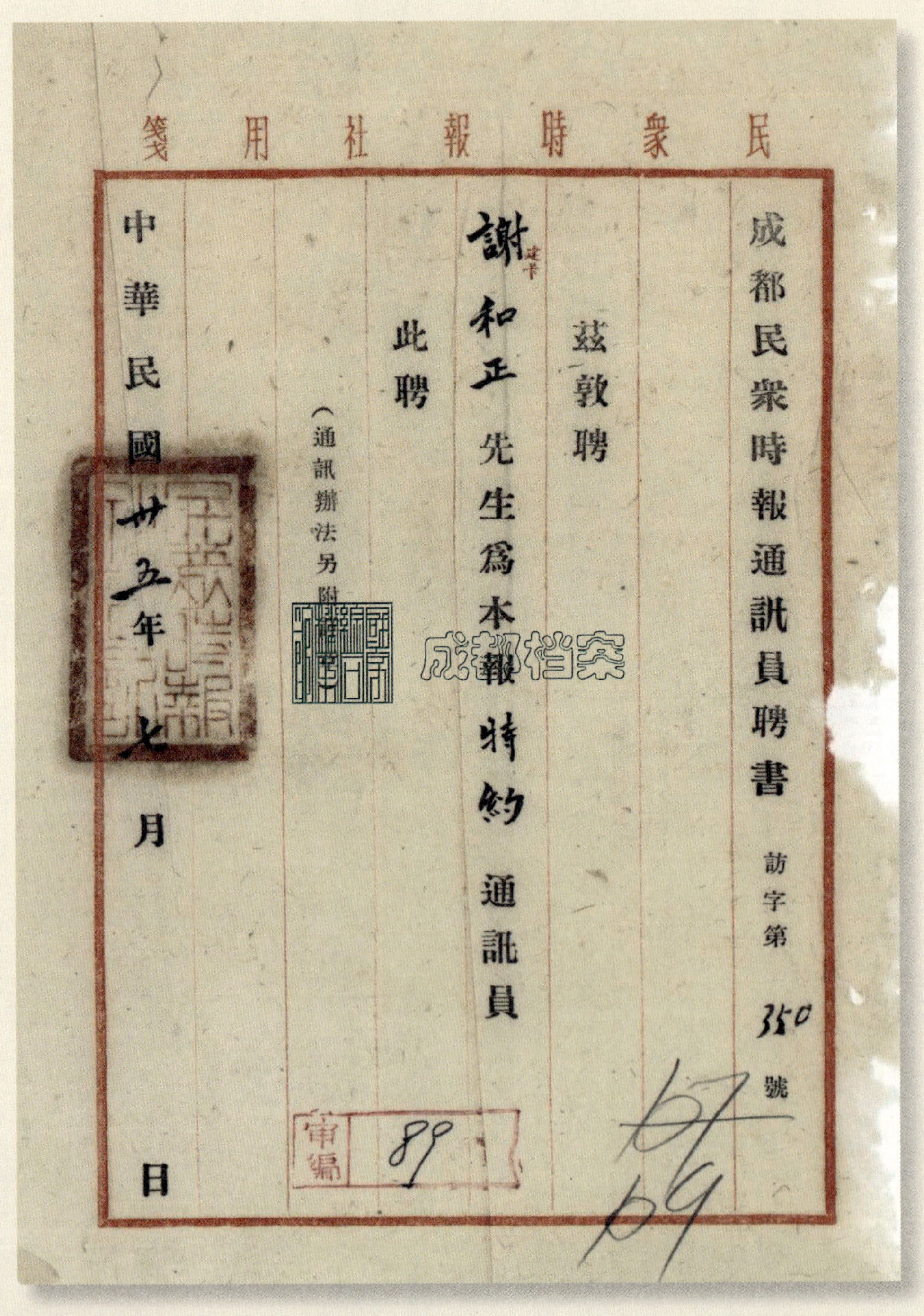
民衆時報社用箋

成都民衆時報通訊員聘書

訪字第350號

茲敦聘

謝和正先生爲本報特約通訊員

此聘

（通訊辦法另附）

中華民國卅五年七月　日

1946年5月，成都市政府送市党部请审查《民众时报》申请登记的公函

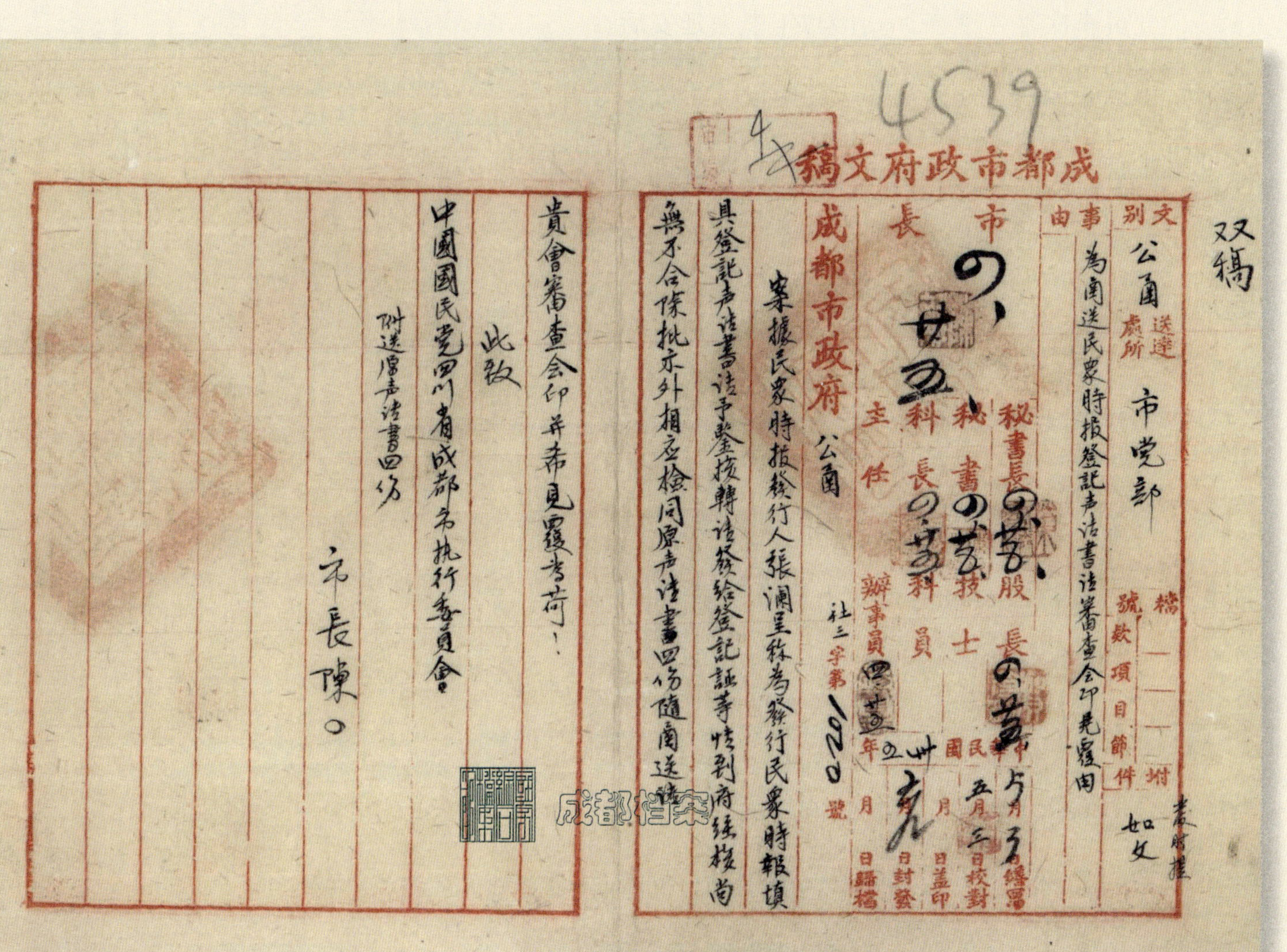

成都市政府文稿

文别：公函

送達處所：市党部

事由：為函送民衆時报登記声請書請審查会印見復由

市長

秘書長 秘書 科長 主任 股長 技士 科員 辦事員

成都市政府公函

社三字第1020號

案據民衆時报發行人張澗星称為發行民衆時報填具登記声請書請予鑒核轉請發給登記証等情到府経核尚無不合除批示外相應檢同原声請書四份隨函送請

貴會審查会印并希見覆為荷！

此致

中國國民党四川省成都市執行委員會

附送原声請書四份

市長陳〇

31 《益报》

1946年6月4日创刊。发行人陈益谦，社长蔡景文，经理陈肇源，总编辑中共地下党员李次平（李衡）。1947年李去延安后，由民盟成员黄是云继任。美术设计由张漾兮主持，采访部由车辐主持，编辑部的人兼任记者。社址在成都兴隆街2号，文光印刷厂印刷。

《益报》第一版为本市新闻；第二、三版是综合版，有社评、小品、杂文、诗歌、散文、漫画等；第四版为国内外新闻。

《益报》是中共地下党支持的，由成都进步人士创办的报纸。该报敢于揭露美国支持蒋介石发动内战的阴谋和抨击国民党独裁专制，主张建立联合政府；敢于报道解放军的胜利消息，歌颂解放区的光明，反映各地民主运动的开展。又因报头为红色，故称“红益报”。《益报》评论“DDT”专栏，

1947年5月，《益报》发行人胡霖森为申办登记给成都市政府的呈文

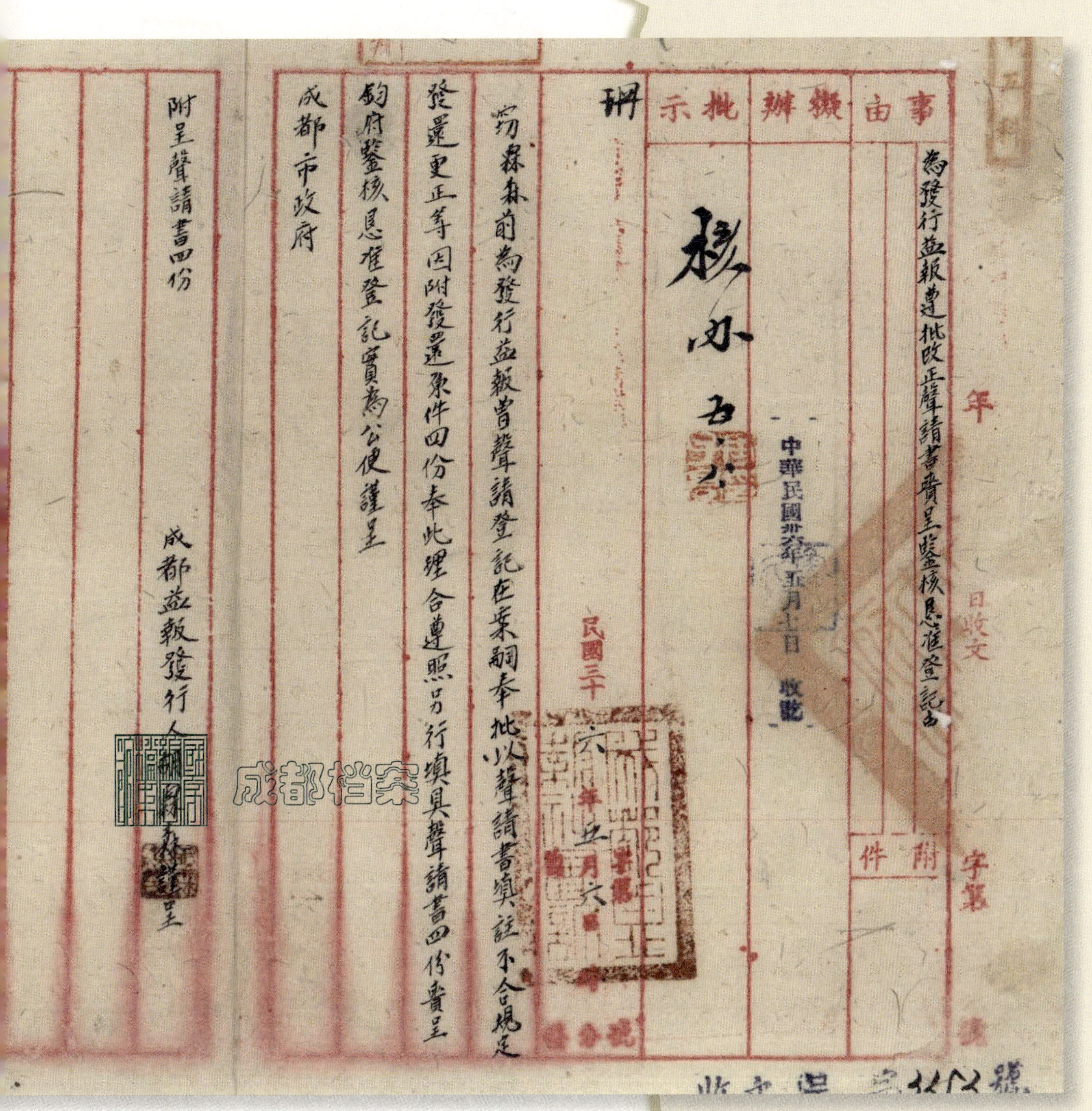
事由：為發行益報遵批改正聲請書賷呈鑒核恳准登記由
擬辦
批示：核办 五.六
附件

中華民國卅六年五月七日 收

竊霖森前為發行益報曾聲請登記在案嗣奉批以聲請書填註不合規定發還更正等因附發還原件四份奉此理合遵照另行填具聲請書四份賷呈鈞府鑒核恳准登記實為公便謹呈
成都市政府
附呈聲請書四份
成都益報發行人胡霖森謹呈

民國三十六年五月六日

由民盟成员曾巴波负责，撰稿人有中共地下党员翁耘圃和著名作家陈翔鹤、刘盛亚等。

国民党对《益报》从政治上、经济上施加压力，约见经理陈肇源，对其进行威胁利诱，派特务盯梢等，加之物价飞涨，经费困难，该报于1947年初停刊。

其后《益报》于1947年3月1日复刊。报头换成黑色且完全改变了宣传立场，称“黑益报”。中共地下党员周方担任《益报》编辑期间，发表了支持学生运动的文章，在国大代表选举问题上同政府唱反调，并大量摘登有关解放战争的内容。1947年10月最终停刊。

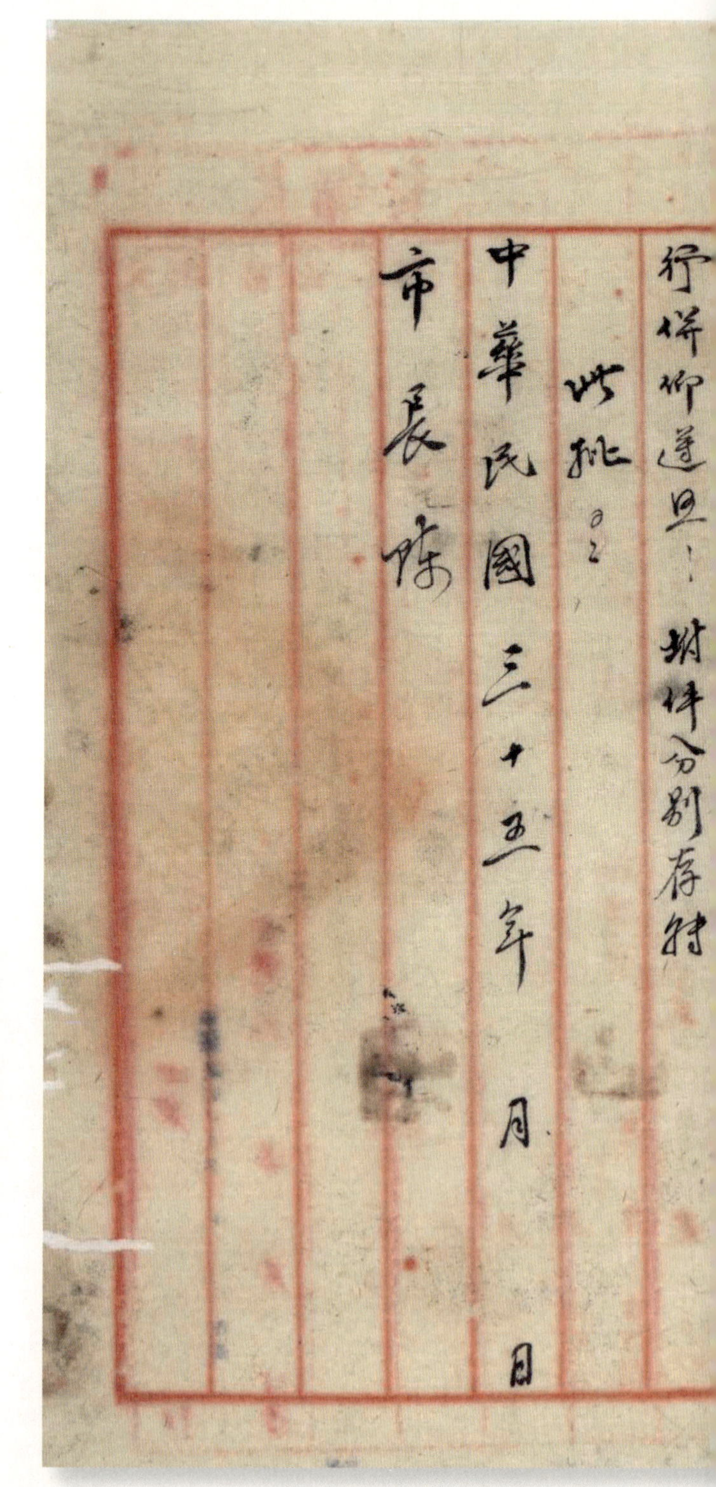

中華民國三十五年 月 日

市長陳

1946年8月，成都市政府关于《益报》申请登记的批文

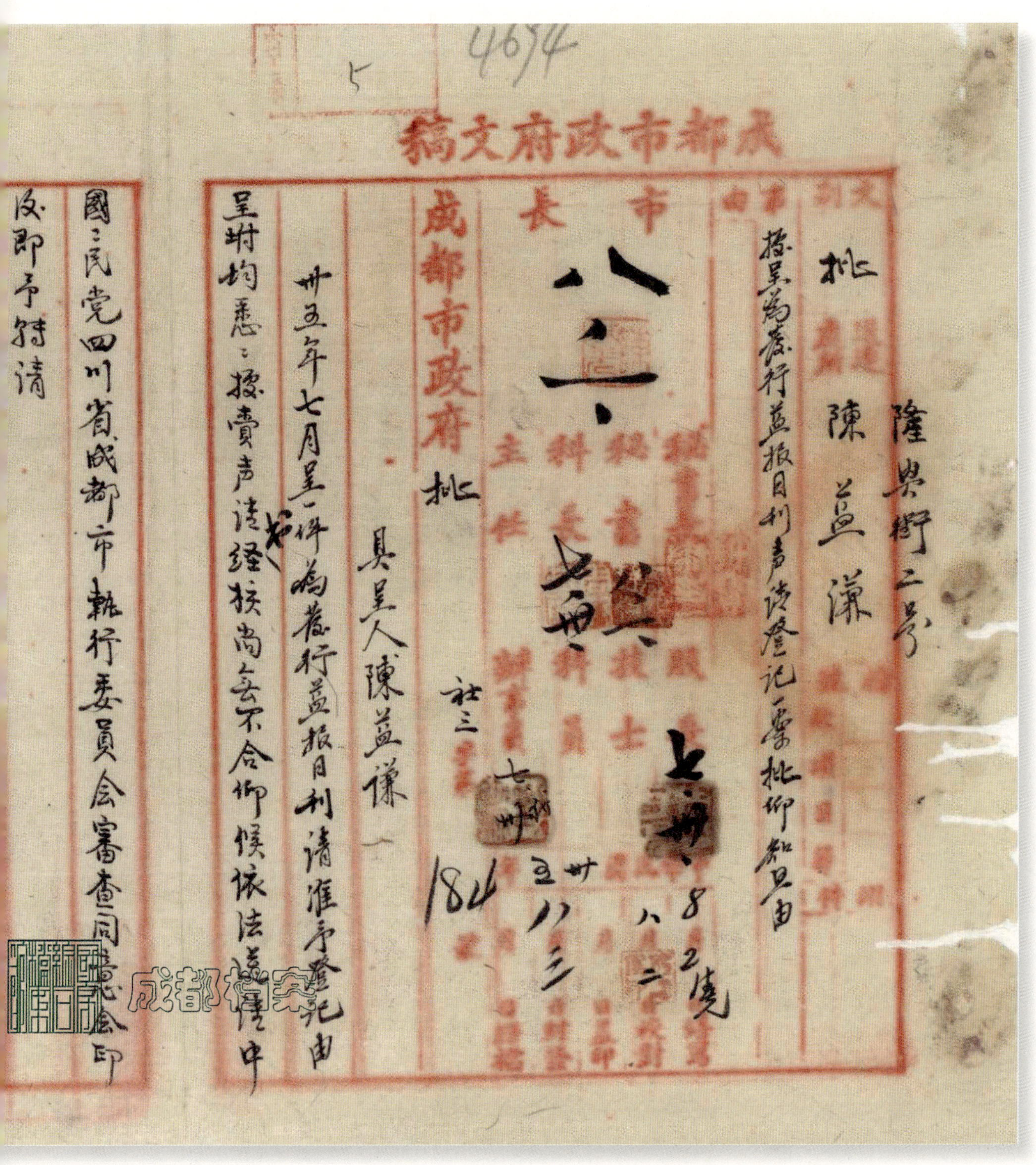

成都市政府文稿

文別：批

事由：據呈爲發行益報日刊聲請登記一案批仰知照由

隆興街二号 陳益謙

市長

成都市政府 批

具呈人陳益謙

卅五年七月呈一件爲發行益報日刊請准予登記由

呈件均悉。據貴聲請經核尚無不合，仰候依法轉呈中

國國民黨四川省成都市執行委員會審查同意會印

後即予特請

1947年9月，中国国民党四川省成都市执行委员会送成都市政府关于同意《益报》声请并按章发照的公函

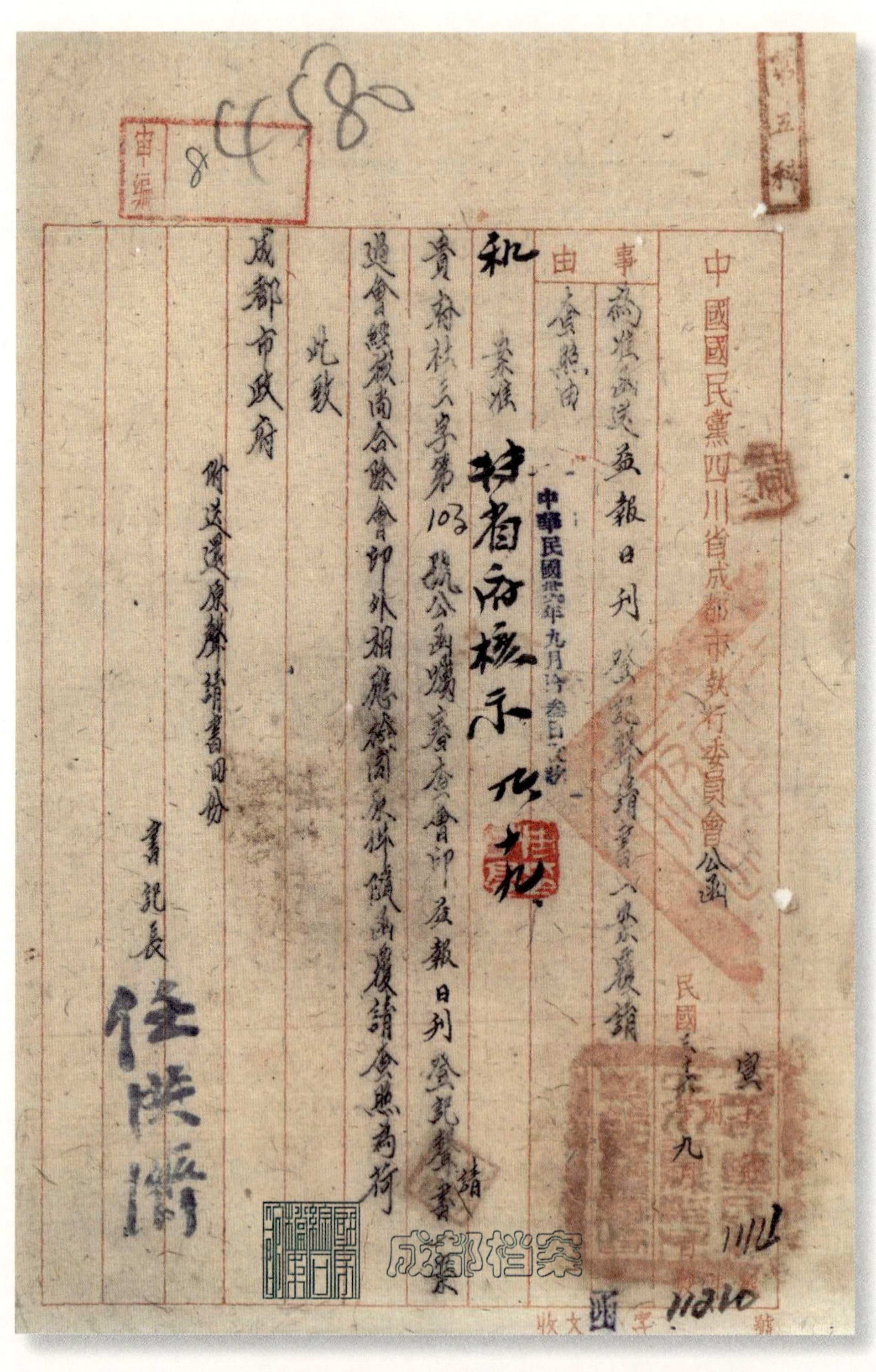

中國國民黨四川省成都市執行委員會公函

事由：爲准函送益報日刊登記聲請書一案審覆請查照由

案准

貴府社三字第103號公函囑審查益報日刊登記聲請書過會經核尚合除會印外相應檢同原件函覆請查照爲荷

此致

成都市政府

附送還原聲請書四份

書記長

32

《西方日报》《西方夜报》

《西方日报》创刊于1947年10月10日，由西康省主席刘文辉出资创办。董事长刘元瑄，社长兼主笔杨露，副社长兼总经理许成章；总编辑陈落，副总编辑是民盟成员张光畴；主笔是中共地下党员杨可诗（杨正南），编辑部主任是中共地下党员翟静之；编辑有中共地下党员帅士熙、帅雪樵等。报社还聘请彭迪先、黄宪章、杨东莼、罗髫

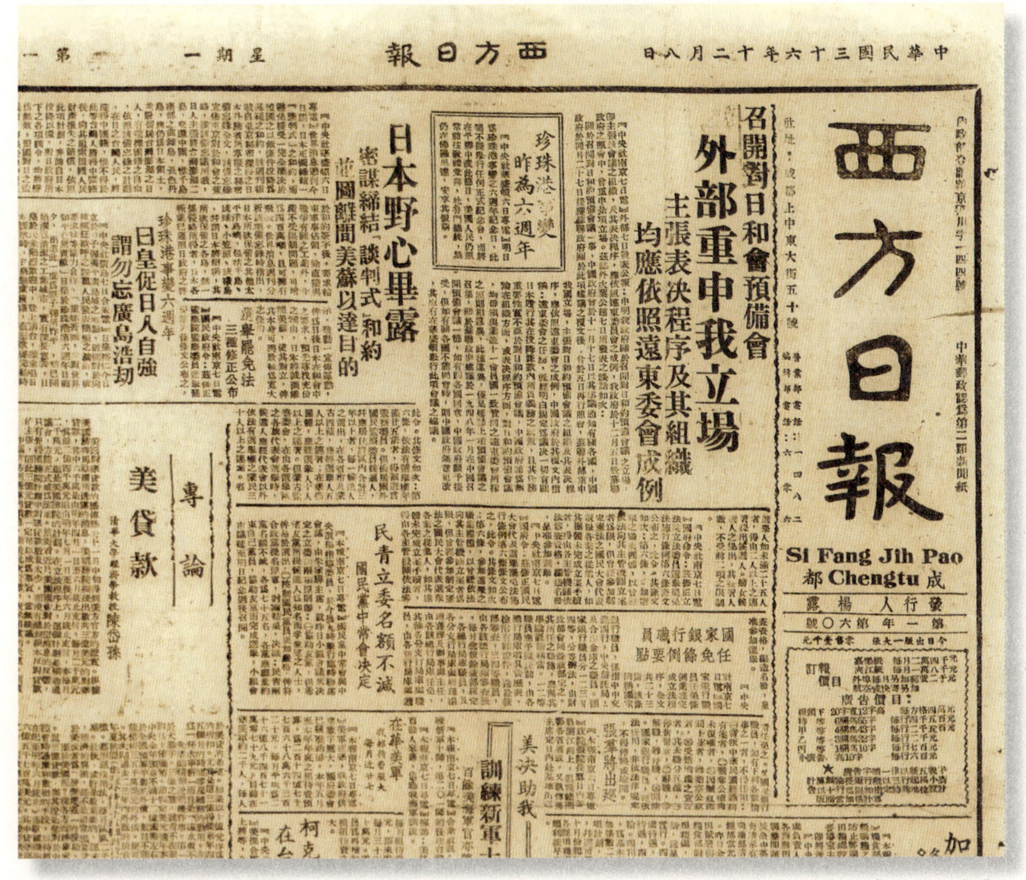

中華民國三十六年十二月八日　西方日報　星期一　第一

西方日報

Si Fang Jih Pao
成都 Chengtu
發行人 楊露

召開對日和會預備會
外部重申我立場
主張表決程序及其組織
均應依照遠東委會成例

珍珠港事變
昨為六週年

日本野心畢露
密謀締結「談判式」和約
並圖離間美蘇以達目的

珍珠港事變六週年
日皇促日人自強
謂勿忘廣島浩劫

專論
美貸款

民青立委名額不減
國民黨中常會決定

國家銀行職員
任免條例要點

1947年12月8日《西方日报》

渔、周太玄等学者、教授为主笔。报社成员多是中共党员和进步人士，中共成都市委对该报给予大力支持和关心。社址在成都上东大街50号，印刷厂设在王家坝街。日发行量高达1万左右。

《西方日报》在其《发刊词》说："我们深愿为大多数人服务，博访周咨，只要于国家有利，于人群有益之事，无论大小，都尽量提出，以供参考。反之于国家有损，于人群有害者，必无所忌讳的予以纠正，期能改善。"

《西方日报》是对开4版的大报，除新闻、社论、评论、专论以外，还办有《西苑》《周末文艺》《方生》等副刊。其中《西苑》刊登过著名作家叶圣陶、朱自清、聂绀弩、邵荃麟、焦菊隐等的作品。《周末文艺》有郭沫若、卢剑波、林如稷、戴望舒、黎烈文、陈白尘、臧克家、端木蕻良等为其撰稿。其他副刊还有华西大学、四川大学民协"方生文艺社"办的《方生》副刊；翟静之、杨可诗主编的《西窗》副刊，刊载国内外时事、政治、社会的内容。此外还有敖学祺主编的《乐府》副刊，西方妇女社主编的《西方妇女》半月刊，

《稷下》双周刊和四川大学边疆研究会主编的《中国边疆》等。

随着解放战争的发展，经请示中共成都市委同意，中共地下党员胡立民、严开民、倪烈光、崔之富以及民协成员刘元彦（刘文辉之女）等，于1949年1月20日创办了《西方夜报》以扩大宣传阵地。经理刘元彦，编采倪烈光、崔之富等。社址在成都上中东大街50号，编辑部在王家坝街20号。

《西方夜报》揭露国民党的腐败，反映国统区人民的苦难生活，支持青年学生的斗争，报道解放战争的胜利发展情况。

1949年4月20日，《西方日报》总经理许成章和印刷厂厂长叶文林被捕。为了防止遭到更大的迫害和损失，《西方日报》《西方夜报》决定同时停刊。停刊的当天，即4月22日，《西方日报》还发表了《中共下总攻击令》，全文刊登了毛泽东、朱德的《向全国进军的命令》。

1947年8月，《西方日报》发行人杨露送成都市政府关于申办《西方日报》的呈文

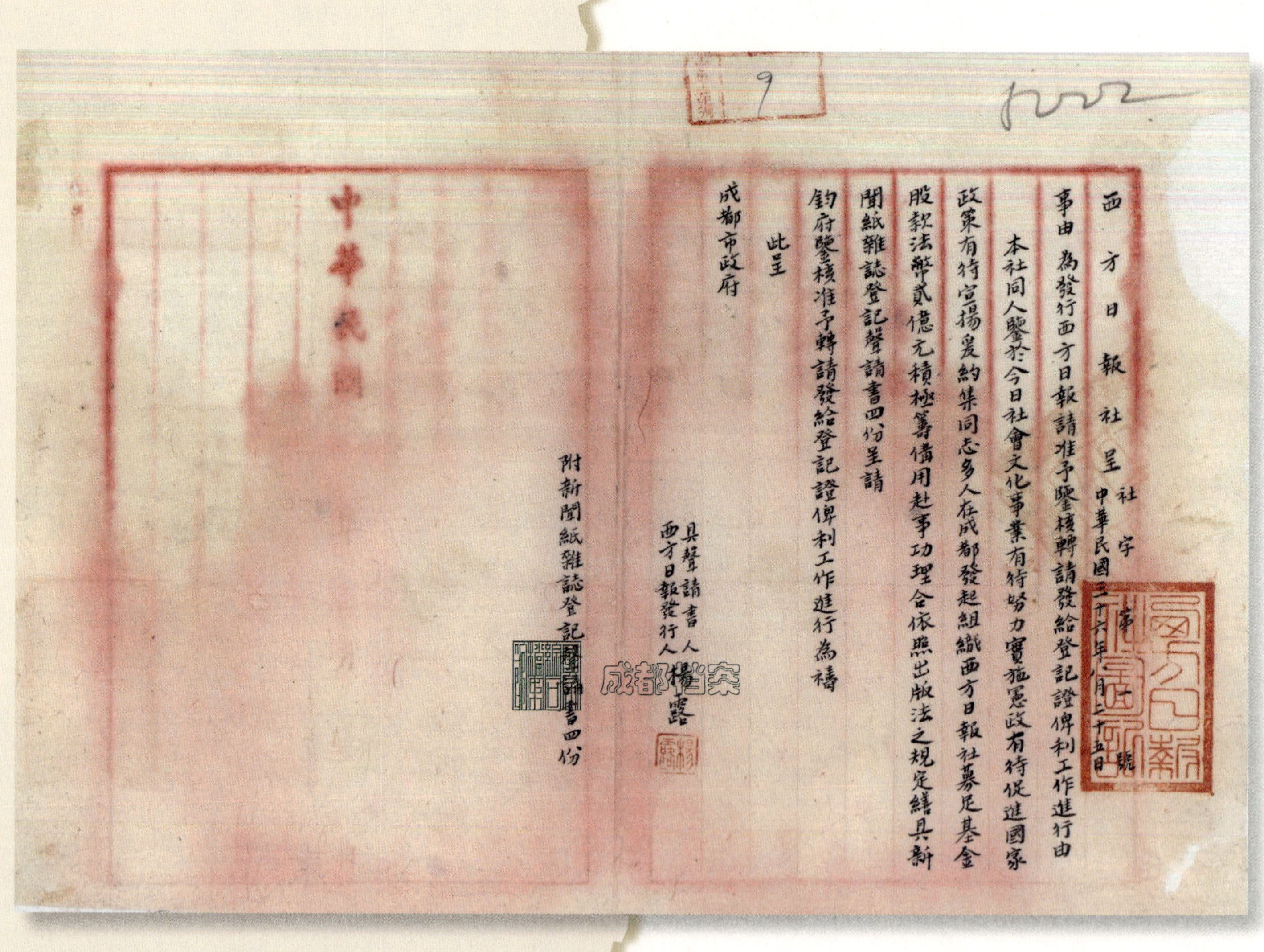

西方日報社 呈 社字第 號 中華民國三十六年八月二十五日

事由 為發行西方日報請准予鑒核轉請發給登記證俾利工作進行由

本社同人鑒於今日社會文化事業有待努力實施憲政有待促進國家政策有待宣揚爰約集同志多人在成都發起組織西方日報社募足基金股款法幣貳億元積極籌備用赴事功理合依照出版法之規定繕具新聞紙雜誌登記聲請書四份呈請

鈞府鑒核准予轉請發給登記證俾利工作進行為禱

此呈

成都市政府

具聲請書人 西方日報發行人 楊露

附新聞紙雜誌登記聲請書四份

中華民國

1947年11月，西方日报社请成都黎明社协助提供稿件的公函

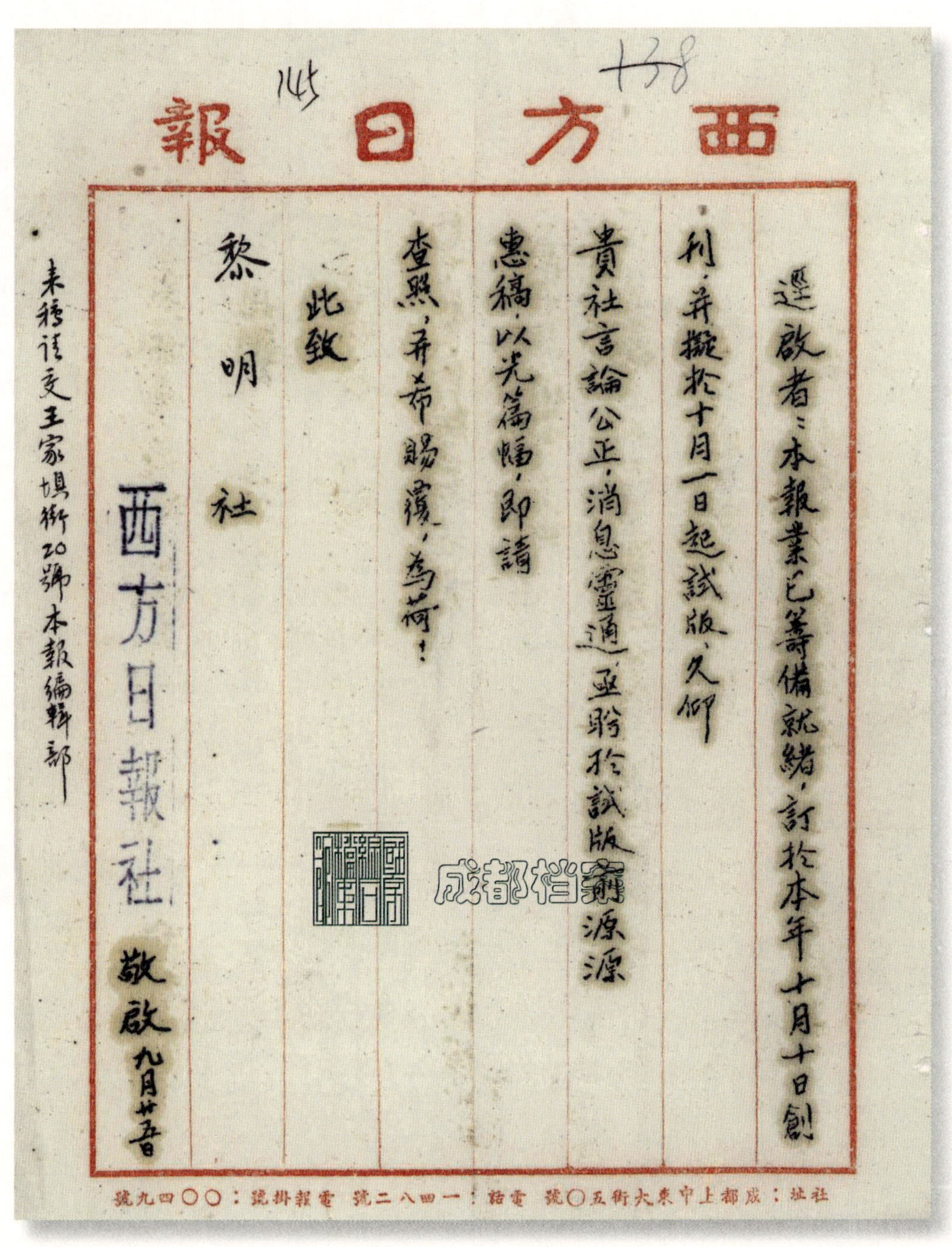
西方日報

逕啟者：本報業已籌備就緒，訂於本年十月十日創刊，并擬於十月一日起試版。久仰貴社言論公正，消息靈通，亟盼於試版前源源惠稿，以光篇幅，即請查照，并希賜覆，為荷！

此致

黎明社

西方日報社 敬啟 九月廿五日

來稿請交王家塡街20號本報編輯部

社址：成都上中東大街五〇號　電話：一四八二號　電報掛號：〇〇四九號

1949年4月，《西方日报》给成都市政府关于暂时停刊的呈文

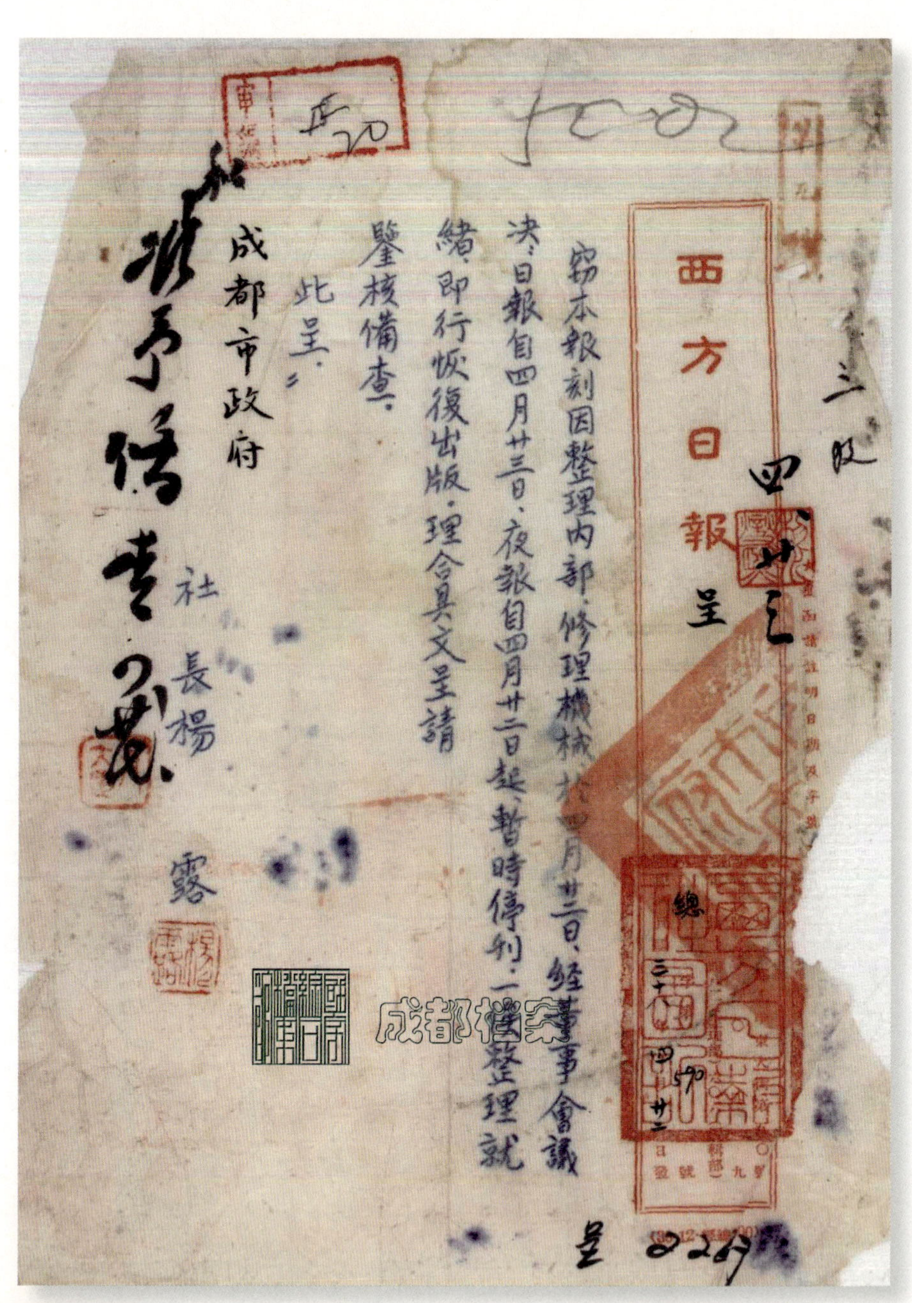
西方日報 呈

竊本報刻因整理內部、修理機械，於四月廿二日、經董事會議決、日報自四月廿三日、夜報自四月廿二日起、暫時停刊、一俟整理就緒、即行恢復出版、理合具文呈請

鑒核備查。

此呈。

成都市政府

社長楊露

档案解读

1949年4月22日，《西方日报》社长杨露给成都市政府报告说：本报“因整理内部，修理机械，于四月二十二日经董事会议决，日报自四月二十三日，夜报自四月二十二日起，暂时停刊”。《西方日报》在停刊的最后一天还登载了毛泽东、朱德的《向全国进军的命令》。

33 《火炬报》

1949年7月创刊，不定期出版，单面油印，每期1–3张，月出五、六期，发行60—100多份，至成都解放时，共发行三十余期。

该报由中共川西边临时工作委员会领导的川西边人民游击纵队主办。负责人是中共党员、原《华西晚报》工作人员秦世禄。他在1949年成都“六二六”大逮捕时撤退到灌县（今都江堰市），发动400多农民组成“猎枪队”，后将其改编为川西边游击纵队岷江支队4大队。同时秦世禄受党组织的安排，在成都秘密创办《火炬报》。

《火炬报》刊登人民解放军胜利进军的消息，解放区的报纸社论和文章，中共中央的决议、指示以及共产党领导人的著作和讲话。它登载的第一篇文章是毛泽东的《论人民民主专政》，也刊载了毛泽东主席在天安门城楼宣告“中国人民从此站起来了”的消息，此后还刊登了刘文辉、潘文华、邓锡侯起义等重大新闻。为了迎接成都解放，它还介绍五星红旗的制作方法，转载《东方红》《没有共产党就没有新中国》《三大纪律八项注意》等革命歌曲。

《火炬报》初期发行五六十份，后增至百份。它采用念读的方式传达宣传中共中央的路线、方针、政策和战略、策略，鼓舞游击队员们的革命热情。

为了办好《火炬报》，秦世禄和战友们付出了许多心血。为适应对敌斗争，他们在半年中7次转移驻地。除吃饭、睡觉外，他们几乎把所有时间用于收听各个电台的广播，在最短的时间内把最重要的消息传达给游击队员们。

秦世禄还自创了一套速记法，以准确记录电台播出内容；他刻制蜡板字迹清晰、排版合理，使有限的篇幅能容纳尽可能多的内容。

1949年底，《火炬报》停刊。

报界英烈生平

1. 王右木（1887—1924）

《新四川旬刊》《人声》报创办人。

四川江油市人，1911年考入成都通省师范学堂数理科，1914年毕业后被选拔为官费生入读日本明治大学经济系，1918年毕业后归国回川。1919年王右木任国立成都高等师范学校学监。

1920年冬，王右木在成都组织成立马克思读书会；1921年1月，他创办宣传“自治”的《新四川旬刊》；1922年2月，创办四川第一份全新的、公开系统宣传马克思主义、宣传社会主义运动的《人声》报。1922年4月，王右木与李硕勋、阳翰笙、童庸生、钟善辅等在成都成立四川社会主义青年团。1923年10月，王右木、刘亚雄、钟善辅等组织了中国共产党在四川的最早组织——成都独立小组，王右木任书记。

1924年春，根据党的决定出任四川督办署《甲子日刊》主笔。1924年夏天，王右木在赴广州参加党的会议后回川，在贵州境内被当地反动派秘密杀害。1952年，毛泽东为王右木颁发了亲笔签名的烈士证书。

王右木创建了成都的党、团组织，他始终是建党初期成都革命活动的倡导者和领导者，为成都革命运动发展作出了不可磨灭的贡献 。

2. 徐佑根（1893—1927）

《西陲日报》社社长。

1893年生于成都，中共党员。1925年10月任《西陲日报》社社长期间积极宣传反帝反封建。1926年徐佑根东下武汉投奔革命，1927年3月加入中国共产党，后任汉口工人纠察队队长，同年7月不幸被捕牺牲。

3. 陈岳安（1889—1927）

《国民公报》编辑，《星期日》周报发行人。

四川江安县人， 1916年曾一度主办《国民公报》。

1915年在成都经营“华阳书报流通处”，他大量购进宣传新文化新思想的《新青年》《甲寅》《少年中国》《湘江评论》《新潮》等十数种报刊发行，极大促进新文化在成都的传播。

1919年陈岳安任《星期日》周报发行人，1920年因他经营的“华阳书报流通处”鲜明的政治倾向而被捕入狱。1921年中国共产党成立后，他在成都冒险发行中国共产党机关报《向导》和中国共产主义青年团机关报《中国青年》。

1927年10月，陈岳安在重庆磁器口翻船事故中遇难。

4. 袁诗荛（1897—1928）

《四川学生潮》创办人之一，《半月》报编辑。

四川盐亭县人，1919年5月在国立成都高等师范学校读书时被推举为四川全省学生联合会会刊副理事长。1920年5月与王维彻、邓砚僧、钟伯良等创办《四川学生潮》

周报。

1921年袁诗荛在《半月》报发表《改造四川的方针》文章，系统全面地阐述改造四川的十大方针。1922年2月，他在《人声》报发表《红色的新年》提出“赤色化”的革命口号。1925年加入中国共产党，后任中共川西特委委员兼宣传部部长。

1928年2月16日，被四川军警团联合办事处逮捕杀害。

5. 钱芳祥（1900—1928）

《野火》周刊主要负责人。

四川巴县人（现为重庆），1924年考入成都大学预科。1925年加入中国共产党，后任成都大学社会科学研究社的执行委员会主席兼组织部长，把社科社办成了“青年革命团体”。《野火》创刊后，钱芳祥除积极投稿外还参与印刷和组织发行工作。1927年任成都大学特支书记。

1928年2月16日，军警团包围成都大学，钱芳祥等共产党员和进步学生不幸被捕，被枪杀于成都下莲池。

6. 李正恩（1906—1928）

《野火》周刊主要负责人。

四川宣汉县人，1924年考入成都大学预科，1926年升入生物系本科，在成大期间接触进步思想，组建“社会科学研究社”和“三民主义研究小组”并加入中国共产党。其后李正恩历任成都大学共青团支部书记、中国共产党成都大学支部书记。他还参与创办《野火》半月刊，宣传革命思想，揭露军阀罪恶。

1928年2月16日，军警团包围成都大学，李正恩等共产党员和进步学生不幸被捕，被枪杀于成都下莲池。

7. 龚堪慎（1904—1928）

四川学联机关报《四川学生》周刊创办人。

四川宣汉县人，1925年2月考入成都的法政专门学校后加入中国共产党，后任法政学校党支部书记。同年6月参与和领导了成都声援五卅示威活动。

1926年与共产党员张星石共同创办四川学联机关报《四川学生》周刊，传播马列主义理论，宣传革命理想，揭露帝国主义和军阀统治者的罪恶，推动学生运动广泛开展作出了重要贡献。

1927年龚堪慎先后当选四川学生联合会第四届执行委员会主席，中共川西特委学委会书记。他带领成都学生向国民党反动派开展了一次又一次的英勇斗争，充分展示了他坚强的革命意志和卓越的组织能力。

1928年2月16日，军警团包围成都大学，龚堪慎等共产党员和进步学生不幸被捕，被枪杀于成都下莲池。

8. 刘愿庵（1895—1930）

《火星旬刊》创办者。

陕西咸阳人，1908年随父到江西入南昌大同中学堂读书。1911年辛亥革命爆发后，弃学奔赴南京参加学生军声讨袁世凯，后一度在川军任职。

1923年，刘愿庵在成都参加恽代英组织的“学行励进会”接受共产主义思想。1925年五卅惨案发生后，他在积极参与和领导反帝爱国斗争中加入中国共产党，同年任中共重庆地方执委会委员兼中共成都特别支部书记。

1928年4月，刘愿庵任中共四川临时省委代书记，1929年6月任中共四川省委书记。刘愿庵为发展四川党组织，发动工农运动，组织武装斗争，进行了大量艰苦卓绝的工作。

1930年5月5日，刘愿庵在重庆被捕英勇就义。

9. 梁伯隆（1904—1930）

《锦江日报》主编，《国民新闻》总编辑，《贯彻日报》主笔。

四川省宜宾市人，1923年考入上海震旦大学，1924年加入中国共产党。1924年秋，党派梁伯隆赴广州黄埔军校任职，1925年参加讨伐广东军阀陈炯明的东征，1926年任《国民新闻》总编辑，1927年任南昌《贯彻日报》主笔，后参加南昌起义。

1929年在成都任西南大学主任委员，主办《西南日报》（后改名《锦江日报》），同年6月被成都三军联合军警团办事处以“共产党重要分子”名义逮捕，1930年10月31日被枪杀于成都东门外下莲池。

10. 谭德政（1905—1933）

《四川晓报》负责人。

四川绵阳人，1924年考入江油龙棉联立师范学校，1925年五卅期间组织同学上街游行抗议帝国主义暴行，1927年加入中国共产党并成立党的外围组织“涪波社”，1929年在成都任中共成华南区区委书记，1933年任中共四川省委宣传部部长。

1933年10月因叛徒出卖而被捕，同年12月被成都军阀杀害于成都忠烈祠街。

11. 谢荣华（？—1933）

《四川晓报》发行部负责人。

1933年10月被叛徒出卖被捕，同年12月被成都军阀杀害于成都半边桥街。

12. 朱亚凡（？——1940）

《时事新刊》记者、编辑。

四川省丰都县人，1928年在上海参加义勇军，1930年翻译列宁的《唯物论与经验批判论》，1937年被党派往乐山五通桥区任区委领导，1940年初党安排他到成都《时事新刊》任编辑。

1940年因“抢米事件”被国民党特务构陷，同年3月被国民党杀害于成都通惠门。

13. 洪宗希（？—1940）

《新华日报》成都川西北分销处负责人。

1940 年“抢米事件”后被国民党特务抓捕，同年 3 月被杀害于成都龙泉驿。

14. 薛特恩（1914年—1940）

《大声》周刊发行人。

1914年生于成都市，30年代在成都陕西街经营“薛子芳理发店”，1931年以成都中华基督教改进会成员的身份投入反日运动，1935年与车耀先等创办“四川注音符号促进会”，普及民众教育，1937年1月任《大声》周刊发行人。

1940年“抢米事件”后被国民党特务抓捕，同年3月被国民党杀害于成都龙泉驿。

15. 罗世文（1904—1946）

《四川晓报》创办人，《新华日报》成都分馆负责人。

四川威远人，1923年加入中国社会主义青年团，1924年与杨闇公、萧楚女等人发起“四川劳工互助社”等进步团体，1925年加入中国共产党，先后任中共四川临时省委宣传部长、省委军委书记、省委书记等职，1933年在川陕根据地工作后参加长征。抗日战争时期先后任中共四川省临时工作委员会书记、川康特委书记。

1940年3月在成都被国民党抓捕，先后被关押在重庆白公馆、贵州息烽监狱和重庆渣滓洞。在监狱中，罗世文和车耀先、韩子栋、许晓轩等组织临时党支部，带领难友同敌人展开坚决的斗争。1946年8月18日被国民党杀害于重庆歌乐山。

16. 车耀先（1894—1946）

《大声》周刊创办人。

成都大邑县人，早年曾投身川军，1929年加入中国共产党，后任川康特委军委委员。在成都以经营“努力餐”饭馆为掩护从事革命活动，1934年在成都主办“四川注音符号促进会”，1937年1月创办《大声》周刊宣传党的抗日民族统一战线方针政策，同时还组织“成都各界华北抗敌后援会”“大声抗敌宣传社”等，帮助进步青年奔赴延安参加革命。

1940年3月“抢米事件”后被捕，1946年8月18日被国民党杀害于重庆歌乐山。

17. 陈子涛（1920—1948）

上海《文萃》杂志的编辑，成都《华西晚报》《自由画报》记者、编辑。

广西玉林人，1939年任《广西日报》编辑，1944年任《华西晚报》要闻部编辑，1946年6月，《华西晚报》被国民党特务破坏后陈子涛赴上海参加《文萃》杂志（党在国统区的重要刊物）编辑工作，还参加了中共上海地下党创办的《评论报》《消息》的编辑工作。1947年2月，陈子涛加入了中国共产党，同年3月任《文萃》主编。

1947年7月23日，陈子涛被捕，1948年12月27日被国民党活埋于南京雨花台。

18. 王白与（1902—1949）

《新蜀报》总编辑、总经理，《华西日报》社总编辑、社长。

四川蓬安县人，1921年考入北京陆军测量大学，1927年在重庆任国民党第21军政治部宣传科长，后任四川省政府编译室主任兼川康绥靖公署军官研究班政治部主任，1929年任重庆《新蜀报》总编辑。1934年王白与在成都创办《华西日报》任社长，期间他延揽大量进步人士宣传进步思想，刊载新文艺作品，尤受青年读者欢迎。

1944年，他和杜重石、李扬波等创办《大义周刊》，撰稿反对蒋介石独裁暴政，刊载介绍苏联经济建设和解放区情况。1948年1月王白与被推选为中国国民党革命委员会（民革）负责人之一。

1949年8月在从事对国民党军界上层人物的统战工作时被捕。1949年11月27日，被国民党枪杀于重庆松林坡。

19. 唐征久（1912—1949）

《华西日报》编辑，《华西晚报》总编辑。

四川岳池县人，中共党员，民盟成员。1938年任“中国青年新闻记者协会”理事，后任《华西日报》编辑和《华西晚报》总编兼川康通讯社编辑。因从事革命两次被捕，1944回老家教书继续从事地下工作。

1948年8月，唐征久因策动岳池广安起义再度入狱，1949年11月27日被国民党杀害于重庆渣滓洞。

20. 杨伯恺（1892—1949）

《民众时报》总经理。

四川省营山县人，1917年杨伯恺赴上海求学，1919年赴法国勤工俭学，1922年6月加入共青团不久转为中共党员，1925年任中共重庆地方委员会委员。

1937年杨伯恺在成都文教界和川军上层从事统战工作。1944年协助张澜在成都建立中国民主同盟四川支部，任中国民主同盟中央委员兼四川支部宣传部长。1942年至1945年任《华西日报》主笔，1946年5月创办《民众时报》任总经理兼主笔。

1947年6月被捕关押于成都将军衙门监狱，1949年12月被国民党杀害于成都十二桥。

21. 于渊（1895—1949）

《力文》出资人。

四川省射洪县人，1926年率部抗击进入长江的英国军舰，同年加入中国共产党。第一次国内革命战争时期，他拥护国共合作，参加工农革命，接受马列主义思想，同时与党在四川的领导人杨闇公、吴玉章、朱德、刘伯承等交往密切。1930年，于渊按照党的指示发动江津起义因寡不敌众而失败。

1933年于渊任四川省会公安局局长期间，为党的秘密活动提供场所，掩护党的骨干和进步人士，还安插一些党员进入警察局工作。此后他出资支持部分党员和爱国人士在成都创办《力文》半月刊，积极开展抗日救亡活动。

1942年于渊加入中国民主政团同盟（后改为民主同盟），后任民盟成都北区分布主任委员、四川支部执委。

1947年6月被捕入狱，1949年12月7日被国民党杀害于成都十二桥。

22. 秦世禄（1926—1950）

《华西晚报》编辑，《火炬报》编辑。

四川资中人，1946年由杨伯恺介绍在《华西晚报》社工作。1947年6月，国民党特务在成都实行大逮捕，捣毁

《华西晚报》报馆，抓捕报社总经理田一平、主笔杨伯恺等9人。幸免于难的秦世禄转移到都江堰向峨乡建立革命武装。此后他在农民、手工业工人中建立秘密群众组织“互助会”“翻身会”。

1949年3月秦世禄建立向峨党支部。同年他组织成立了党领导下的农民武装“猎枪会”，后改编为川西边游击纵队岷江支队4大队。同时在党组织安排下着手创办秘密报刊《火炬报》，传播革命思想，宣传解放大军胜利进程。

1950年2月，秦世禄在大邑县征粮工作中不幸被捕，惨死于匪徒的铡刀下。

参考文献

1. 王绿萍《四川报刊五十年集成（1897-1949）》，四川大学出版社2011年。

2. 张忠《民国时期成都出版业研究》，四川出版集团巴蜀书社2011年。

3. 中共成都市委党史研究室编著《中国共产党成都历史图志（1923-1949）》，中共党史出版社2008年。

4. 成都市地方志编撰委员会《成都市志·报业志》2000年四川辞书出版社。

5. 成都市群众艺术馆《成都掌故》第三集，四川大学出版社2001年。

6. 成都市档案局（馆）编《丝竹绕蓉城——民国时期成都戏曲档案图集选》，天地出版社 2016年。

7. 四川省地方志编纂委员会《四川省志·出版志》，四川人民出版社2001年。

8. 中共成都市委党史研究室《中国共产党成都历史》，中共党史出版社2011年。

编后记

在成都市国家综合档案馆馆藏历史档案中，存有部分中华人民共和国成立前的红色进步报刊档案。我们依据中共成都党史等相关论述，从中筛选出具有代表性的33种报刊，进行分析选材、探究解读，力图向读者呈现红色进步报刊在传播文化、宣传马列、反帝爱国、救亡图存，以及反内战、争民主诸方面发挥的重要影响，讴歌这些进步刊物创办者们的卓识与智慧、付出与担当、执着与无畏。

本书编撰出版幸得各方大力帮助和支持：四川省图书馆特藏部动用了馆藏的实体杂志、缩微胶片、电子影像等，为我们提供十余种珍贵的报刊封面和内页；四川省博物馆热忱地为我们提供了馆藏《野火》杂志；中共成都市委党史研究室为我们撰写本书提供了十分重要的参考佐证……在此谨致以诚挚的感谢!

在本书的编撰过程中，我们力求观点正确、史实清楚、评论有据，然而由于时间仓促，水平有限，难免有疏漏和错误之处，敬请广大读者批评指正。